CRECER ENTRE PANTALLAS

Cristina Fortuny

CRECER ENTRE PANTALLAS

**Cómo acompañar y guiar a tus hijos
en el uso que dan a la tecnología**

URANO
Argentina – Chile – Colombia – España
Estados Unidos – México – Perú – Uruguay

1.ª edición: febrero 2023

Copyright © 2022 *by* Cristina Fortuny
All Rights Reserved
© 2022 *by* Ediciones Urano, S.A.U.
Plaza de los Reyes Magos 8, piso 1 C y D - 28007, Madrid
© 2022 *by* Ediciones Urano México, S.A. de C.V.
Ave. Insurgentes Sur 1722, 3er piso. Col. Florida
Ciudad de México, 01030. México
www.edicionesuranomexico.com

ISBN: 978-607-748-630-5

Impreso por: Impresora Tauro, S.A. de C.V.
Año de Juárez 343. Col. Granjas San Antonio.
Iztapalapa, Ciudad de México, 09070

Impreso en México - *Printed in Mexico*

a Isabella e Ignacio
y a todos los adolescentes que quieren compartir
con sus padres lo que les apasiona de la tecnología

ÍNDICE

Parte I
Cuestionamientos

Parte II
El nuevo entretenimiento

Parte III
La adolescencia con redes sociales

Parte IV
Interacciones de riesgo

Parte V
Protección y supervisión entre pantallas

Prefacio

Durante los últimos seis años, luego de cada conferencia, quedaba con la frustración de querer decir mucho más. En 2020, la pandemia me regaló tiempo para plasmar mis reflexiones tras la lectura de libros e investigaciones recientes, cursos realizados y mi trabajo con escuelas y padres de familia, quienes compartieron generosamente sus experiencias —miedos y sentimientos de culpa— sobre el uso que dan niños y adolescentes a las nuevas tecnologías y me invitaron a colaborar en las soluciones de esos conflictos.

El principal motivo para escribir fue mi experiencia con los preadolescentes y adolescentes. Los que tengo en casa, mis hijos Isabella e Ignacio han sido mis grandes maestros, además de los que he conocido dentro y fuera de México en instituciones públicas y privadas. Luego de cada conferencia, mientras recojo los equipos, muchos jóvenes se acercan y cuestionan mis opiniones compartiendo las suyas. Me relatan sus experiencias, piden consejos o me cuentan vivencias, algunas dolorosas, otras de éxito. Ellos me abrieron los ojos e hicieron ver con claridad la importancia de la comunicación y la relación que construimos con los hijos, un tema muy humano que tiende a manejarse con tecnicismos.

Cuando se anunció el confinamiento por el coronavirus pensé en los padres recelosos del efecto que la tecnología tenía sobre sus hijos. Muchos de ellos sentían pánico de su influencia, consideraban que era la causante de los peores males en niños y adolescentes. De la noche a la mañana, la tecnología se convirtió en la única opción no solo para darle continuidad a la educación, sino para mantener las relaciones sociales con sus pares, el entretenimiento e incluso la actividad física dentro de las cuatro paredes.

También pensé en los adolescentes. Ya que muchos de ellos son considerados adictos, criticados por perder el tiempo, etiquetados como egocéntricos, antisociales y juzgados por no prestar atención a seis horas de clases en línea, sin ponerse a chatear, jugar *Roblox* o *Among Us*. Por satisfacer sus necesidades de comunicación, mantener sus vínculos activos y de afecto a través de las plataformas tecnológicas, muchas veces son malinterpretados por los adultos, lo que les ocasiona grandes conflictos.

Además, atestiguar la angustia de los padres despertó en mí la necesidad de escribir. La gran mayoría de las conductas que nos preocupan en nuestros hijos son síntomas. Estos síntomas revelan que existe algo más profundo normalmente relacionado a las emociones. Cuando respondemos a través del control o la eliminación de la tecnología, sin entender la raíz, no se resuelve el problema, sino que *brota* por otro lado. Como madre, este aprendizaje ha sido muy duro y difícil de asimilar. Es difícil aceptar que mi hija pase horas enganchada a TikTok porque siente que recibe reconocimiento, aceptación y se siente valorada como persona en comparación con sus espacios presenciales. Es mucho más fácil quitarle el celular o cerrarle la cuenta que trabajar como familia y en el ámbito personal para que esas necesidades también sean cubiertas en entornos fuera de las pantallas.

Crecer entre pantallas propone a los padres una visión alternativa en el manejo de la tecnología. Los invito a dejar de lado la culpa y la vergüenza de ver a nuestros hijos pegados a una pantalla, a volvernos curiosos y entender que la utilizan para crear puentes y relaciones cercanas. Comprendiendo esto podremos guiarlos en su uso, prepararlos para los riesgos y acompañarlos en sus logros y equivocaciones. Es una invitación que sé que para algunos será revolucionaria.

Quiero compartir con los padres una visión centrada en la relación con sus hijos, donde la tecnología no separa o une por sí sola, sino que es el resultado de cómo la utilizamos, del rol que cumple. En esta visión el miedo no guía las decisiones vinculadas a la tecnología, sino la coyuntura individual de cada hijo. Quiero demostrar que es posible vivir con ella sin que sea causante de eternos conflictos. Podemos divertirnos con ellos y conocerlos más siguiendo este enfoque.

En *Crecer entre pantallas* comparto ideas, estrategias y herramientas que pueden ayudar a los padres en su proceso. Sin embargo, en ningún momento pretendo proponer «la receta» o «los cinco pasos para lograr...». Si lo hiciera, sería como ir donde una nutrióloga que propone el mismo plan de alimentación a todos sin considerar edad, género, peso, talla, actividad física, aspectos hormonales y de la personalidad. Nuestros hijos son seres humanos únicos y, por lo tanto, su vínculo con la tecnología también lo es. Lo que sí pretendo aportar son los ingredientes de la receta que he recopilado en mi trabajo con familias y escuelas en los últimos siete años. De esta manera los padres podrán crear su propia fórmula de acuerdo con sus valores familiares y las particularidades de cada uno de sus hijos.

Posiblemente muchas de las lecciones que propongo hagan *cortocircuito* con los prejuicios y creencias que tenemos culturalmente arraigados. Los invito a que se den permiso de cuestionarlos, muchas veces eso ayuda. Si hay algo que ha hecho la tecnología es crear nuevas formas de pensar y de hacer las cosas en contra de lo que se nos ha enseñado.

Este libro está dirigido a padres con hijos entre los diez y dieciséis años de edad. Sin embargo, es buena idea que los padres con hijos menores a esa edad se preparen para las siguientes etapas. Durante los primeros años se van asentando las rutinas, el empleo que damos a la tecnología en este período será un pilar para facilitar la convivencia con ella durante la preadolescencia y adolescencia. En términos simples, se recomienda sembrar y abonar lo que va a florecer después.

Para facilitar la lectura y comprensión del lector, he incluido un glosario de términos y expresiones que se encuentra al final del libro.

Las historias y ejemplos que comparto son reales, pero, por respeto a la privacidad, utilizo nombres ficticios y se han cambiado varios detalles en las historias. Cualquier parecido es una simple coincidencia.

Finalmente quiero agradecer al lector su confianza al recibir mis ideas. Estas nacen del interés por ayudar a padres e hijos a tener vínculos y relaciones cercanas, en este momento, afectadas por la tecnología. Estoy convencida de que los vínculos familiares sólidos son la base y el ingrediente secreto para crecer y convivir de forma sana y segura con las nuevas tecnologías.

CRISTINA FORTUNY
Querétaro, México, 2022

Prólogo

En la historia de la humanidad a todos los padres del mundo les ha llegado el momento en el que piensan, con gran asombro, que posiblemente las herramientas con las que a ellos los educaron no son suficientes o las más adecuadas para educar a sus propios hijos. Los cambios entre generaciones son normales y obvios, se van presentando retos que dejan boquiabiertos a los nuevos padres, sin embargo, creo que hoy el reto es mucho mayor debido al enorme impacto de la tecnología en todos los ámbitos de nuestras vidas.

El uso y abuso de los dispositivos en niños, jóvenes y adultos es un tema que ha estado en primeras planas en los últimos años y que ha impactado la forma en que todos pensamos cómo educar. Como profesional de muchos años en el campo de la educación y de la psicología, y como madre de jóvenes adultas, he sido testigo de los enormes cambios a los que nos hemos enfrentado al ver cómo los dispositivos electrónicos se han introducido en la vida de los niños en una edad cada vez más temprana.

Observar a los padres sin rumbo en este ámbito digital, confundidos, agobiados, o francamente aterrados, ha sido sumamente complicado, tanto en las escuelas en las que he trabajado como en la consulta privada. Recuerdo haber pensado hace unos años lo difícil que era querer orientar a los padres en situaciones en donde era difícil encontrar investigaciones, libros o expertos que tuvieran respuestas claras, pues en este campo de la tecnología no había referentes a los cuales recurrir.

Es por ello que tengo sellada en mi mente la imagen de esta mujer joven, en *jeans* y tenis y el pelo agarrado con una colita, a la que fui a escuchar impartir una conferencia en un salón de un hotel en la ciudad de Querétaro. La plática era acerca del uso de las pantallas en los niños y jóvenes y estaba absolutamente llena la sala. Al salir del hotel hacia mi coche recuerdo haber pensado algo en la línea de «por fin alguien que tiene respuestas coherentes, bien fundamentadas e inteligentes, yo tengo que conocer a esta mujer e invitarla a dar alguna conferencia». Unos días después conseguí su celular y le mandé un mensaje para decirle que la había escuchado, y que quería conocerla e invitarla a replicar la charla que había dado en el hotel.

Eso fue hace alrededor de unos siete años y esa fue la primera conferencia que impartió Cristina al público. A partir de ese momento, y a lo largo de los años, me ha tocado ser testigo cercano, como profesionista y como gran amiga, de su impactante desarrollo como conferencista nacional e internacional, consultora, tallerista y guía de un gran número de papás y jóvenes con problemas relacionados al uso de la tecnología. A lo largo de estos años he tenido el privilegio de ver el trabajo de Cristina, su profesionalismo, su enorme entrega y su absoluta dedicación al tratar de dar claridad a los padres y jóvenes en este campo aún relativamente nuevo de «crecer entre pantallas» (frase de la misma Cristina de hace algunos años y con la que ahora es conocida internacionalmente).

En pandemia a todos los seres humanos del planeta nos «entró el ímpetu» por dedicarnos a nuevos pasatiempos y aprender nuevas cosas… a Cristina, trabajadora incansable, le entró por sentarse a escribir su primer libro. Me acuerdo el día que me habló por teléfono y me dijo que por fin se había decidido a escribir el libro del cual tantas veces platicamos. A lo largo de los meses de pandemia me tocó escucharla lamentarse porque no se le había ocurrido en ese tiempo aprender a pintar o cocinar, pues esto de la escritura estaba resultando realmente difícil y hasta un proceso doloroso. Otros lo hubieran dejado, pero no Cristina, a principios de noviembre me escribió que estaba terminando y recuerdo literal lo que dijo: «¡Amiga, di a luz otro hijo…!».

Hoy puedo afirmar que ese hijo es una belleza y que llega justo en el momento preciso.

El libro lo leí casi de un tirón y su contenido me pareció no solo útil sino indispensable para educar en estos momentos. La forma en que está organizado y la claridad con la que presenta el material me parecieron de fácil acceso para cualquier padre de familia o educador, e inclusive para cualquier interesado en explorar estos temas, un ejemplo: los abuelos.

Creo que aunque muchos de los puntos que aborda el libro han estado muy presentes en los últimos años en el ámbito de la educación de jóvenes y niños, el libro presenta un panorama sumamente completo de estas temáticas con una perspectiva objetiva y fundamentada en investigaciones serias. Además, aporta nuevas opiniones y una visión fresca como profesionista e inclusive como mamá, el libro es ameno y el desarrollo del contenido bien estructurado y coherente. Cristina busca ser objetiva y no alarmar a los lectores, presenta los posibles riesgos pero también busca el lado positivo y balanceado de dicho uso.

Es un libro muy profesional pero también personal y eso lo hace no solo accesible sino cercano en un tema que puede ser tan delicado y controversial. *Crecer entre pantallas* habla acerca de sitios web que contienen temas difíciles como la anorexia, la bulimia y el suicidio y desde mi punto de vista lo hace de una manera muy asertiva y cuidadosa. El tema de la violencia y los videojuegos es presentado de un modo equilibrado, sin glorificar ni satanizar el uso y tratando de dar todos los ángulos posibles.

Particularmente me llamó la atención la forma de abordaje que hizo Cristina del tiempo con los dispositivos, su perspectiva me parece útil, objetiva y entendible tanto para los padres como para los jóvenes y niños. Las peleas titánicas que me ha relatado una gran cantidad de familias con relación a las reglas de uso de los dispositivos en sus casas ha traído a los profesionistas varios dolores de cabeza, pues la realidad es que no existe «la regla» al respecto, como bien nos explica la autora en este trabajo.

Por todo lo anterior, estoy segura de que este libro es apenas el primero de los muchos que vendrán y que será una lectura de cabecera para los profesionales de varios campos, así como para todos los padres de familia de hoy. *Crecer entre pantallas* proporciona las herramientas necesarias para que un padre de familia tenga más claridad y se sienta más seguro en su «parentaje tecnológico», pero también lo hace muy consciente de su responsabilidad y el trabajo que requiere monitorear y caminar junto a su hijo en este camino de crecer entre pantallas, y no dejar de ver que al final, como en todos los retos que enfrentamos como padres, el vínculo emocional es el foco para formar niños y jóvenes equilibrados y felices.

ÁNGELES PÉREZ-VERDÍA
Querétaro, mayo de 2022

Parte I
Cuestionamientos

Capítulo 1
La tecnología no es una bacteria

«Nada en la vida debe ser temido, solamente comprendido.
Ahora es el momento de comprender más, para temer menos».

MARIE CURIE

Dicen que por WhatsApp no puedes percibir las emociones de la persona que te escribe. No sé si he desarrollado una habilidad particular pero el día que me contactó Nuria diciendo: «Hola Cristina, necesito ayuda. Cometí el error de comprarle a mi hijo una *Gaming PC* y estoy desesperada. Necesito instalarle unos controles o algo», pude sentir su miedo. Conversando con ella le pregunté: «¿Sientes que le diste entrada a una bacteria a tu casa y que si bajas la guardia se va a comer el cerebro de tu hijo?». «Tal cual», me respondió.

Nuria no es un caso aislado, muchos padres comparten esta emoción acompañada muchas veces por el sentimiento de desamparo al no saber cómo proceder.

En este capítulo traigo una propuesta para que la decisión que tomemos los padres con relación a la tenencia y uso de la tecnología por parte de nuestros adolescentes venga desde la necesidad que va a satisfacer esa herramienta y que su rol en la familia no tome mayor protagonismo del que debe tener.

¿Quién controla a quién?

Hay mucho miedo alrededor del uso de la tecnología por parte de los niños y adolescentes. Pareciera que para los padres dar acceso a estos dispositivos es un viaje sin retorno y que una vez que los tienes dentro de la casa debes mantenerte alerta para que no tome el control de tu familia.

Nos da miedo que se vuelvan adictos, sedentarios, antisociales, solitarios, les produzca ansiedad o caigan en depresión, pero al mismo tiempo si no se los damos nos genera la duda de si les estamos negando o incluso dejando de preparar para el mundo en el que les tocó crecer.

La tecnología es una herramienta que debe estar a nuestro servicio. Satisface necesidades y como personas pensantes podemos decidir si utilizarla o no y para qué fin. Es muy nueva y diferente de lo que conocimos, pero no podemos dejarnos dominar por el miedo o darle más protagonismo en la casa del que debería tener. Está allí para ayudarnos a facilitar tareas y al utilizarla de forma estratégica y consciente puede sumar al proyecto de familia que queremos.

Todo es tan nuevo y diferente que perdemos la perspectiva de lo que realmente es: una herramienta. Por sí sola no es capaz de hacernos nada, ni bueno ni malo. Todo va a depender del uso que le demos. No nos confundamos, por muy avanzado y rápido que va todo esto, el control está en nuestras manos. Podemos decidir si usarla o no, cómo usarla e incluso reconsiderar nuestras decisiones, de la misma forma en que lo hemos hecho con otras herramientas, desde un coche hasta una licuadora.

Cuestionar es válido: «¿Es justo comparar las tecnologías que utilizan nuestros hijos con herramientas más básicas como una licuadora?». La realidad es que el acceso a nuestros datos y el uso de algoritmos creados con base a lo que se conoce del comportamiento humano, y formas de persuadirnos, las coloca en otro nivel. Sin embargo, a medida que se conoce e informa sobre el funcionamiento de las plataformas y dispositivos tecnológicos, las personas podemos seguir utilizándolas con sentido crítico sin perder nuestro poder de decisión. Por eso, es fundamental aprender sobre las herramientas que introducimos en nuestras casas, para no tener un uso a ciegas de lo que estamos haciendo[1].

Una vez reconocida esa diferencia puede resultar lógico preguntarnos: ¿cuenta un adolescente con la capacidad de tomar la batuta en el uso de sus múltiples dispositivos o más bien terminan ellos siendo «controlados» por los videojuegos y las redes sociales? Es un buen tema de debate. Para entenderlo, lo he venido preguntando directamente a los adolescentes en mis conferencias, asesorías y talleres: «¿sienten que son víctimas de los gigantes tecnológicos?, ¿creen que están siendo manipulados?, ¿se sienten indefensos ante los algoritmos?». Los jóvenes que tienen claridad del funcionamiento de las plataformas y de cómo pueden llegar a hacerlos sentir tienden a mostrarse más empoderados tanto en el uso como en la búsqueda de soluciones para aquellos usos que pueden resultarles contraproducentes. Arantxa, una joven de catorce años, me lo explicó así en un taller: «Mira yo sé que si *googleo* «aretes» luego en Instagram y TikTok me empieza a aparecer publicidad de aretes por todas partes. Pero a mí en realidad me gusta porque hacen la búsqueda por mí y no por eso voy a salir corriendo a comprármelos. Si me hartan lo que hago es que indico que no quiero seguir viendo esa publicidad y ya».

De aquí la importancia de saber qué tanto conocen nuestros hijos sobre las tecnologías que utilizan y aprender nosotros también. El estar en la oscuridad del «no saber» es lo que puede darle más poder a los dispositivos del que merecen.

Ver la tecnología como herramienta, a pesar de ser más compleja y sofisticada que otros instrumentos, nos permite percibirla como algo opcional. En términos de «poder» o de quién controla a quién, este enfoque nos da la batuta a los seres humanos y no les otorga poderes especiales a los dispositivos sobre nosotros. Tampoco le da el

---

1. Esto resulta significativamente relevante en el uso de tecnología durante la primera infancia.

poder de ser buenos o malos por sí solos, sino que el adjetivo vendrá por el resultado que consigue en función de satisfacer la necesidad de una persona.

Si un adolescente utiliza un videojuego para divertirse, pero el entorno lo altera demasiado —ya sea porque son más estímulos de los que puede procesar, el contenido donde se desarrolla la historia lo perturba o porque la comunicación con otros *gamers* resulta muy tóxica— para este adolescente en particular este videojuego como herramienta no está cumpliendo la función por la cual él quería jugar. Esto no quiere decir que ese videojuego es malo para todos los adolescentes. Habrá adolescentes que lo juegan, se divierten y pasan un buen rato con sus amigos. Así como habrá adolescentes que encontrarán formas de divertirse con herramientas distintas a un videojuego.

Nuevas formas de resolver lo de siempre

A pesar de que para nuestros ojos todo esto es muy nuevo y va muy rápido, las necesidades que resuelve la tecnología siempre han existido, no son distintas, solo que nos brinda más y nuevas opciones para satisfacerlas.

Esto lo encuentro a diario en la interacción con mis hijos. Un día me iba a poner a pintar mandalas y vi pasar a mi hijo de diez años, entonces, le pregunté: «¿Quieres pintar conmigo?» En seguida respondió: «¿Puedo pintar con mi *iPad*?» En ese momento pensé en lo que dejaría de desarrollar mi hijo por pintar en el *iPad* en comparación si pintara con sus colores en un papel, comenzando por lo obvio: la motricidad fina. Él me conoce muy bien y respondió lo que sabía que yo estaba pensando: «Mira mamá, tengo esta *app* que se llama *ProCreate* y tengo mi *Apple Pencil*, ambos me permiten crear estos diseños que quiero hacer». Mejor que en una tienda de *Apple*, me dio un recorrido por todas las funcionalidades de la aplicación, para qué servían, qué podía hacer con ellas y las configuraciones posibles. Me quedé viendo el *Apple Pencil* y era igual a mis plumones, solo que el color lo pone la tableta y no había que sacarle punta, pero en términos de motricidad fina, que además mi hijo por su edad ya la debe tener bastante desarrollada, no había mucha diferencia. Luego de la clase que recibí cada uno utilizó las herramientas que mejor funcionaban para satisfacer la necesidad creativa de pintar.

Y así como este, encontramos innumerables ejemplos de cómo para una necesidad que existe desde siempre estamos encontrando en la tecnología formas muy diferentes de resolverlas. Antes pedíamos un taxi para movilizarnos largas distancias sin coche propio, pero ahora existen formas más eficientes y seguras de hacerlo a través de aplicaciones como *Uber* o *Lyft*. Nos encanta escuchar música porque nos inspira, mejora el humor o nos gusta cantar en el coche, pero al menos que sea por un tema de que te guste lo «retro», ya no compramos un *CD*. Utilizamos plataformas como *Spotify* que cuenta con más de treinta y cinco millones de canciones, te organiza tus listas y te propone otras que pueden gustarte según su algoritmo. Para enviar un mensaje a todos los padres del salón de tu hijo es más rápido comunicarlo a todos de una vez por medio de un grupo de WhatsApp que llamar por teléfono a cada una de las familias.

Para nuestros hijos resulta más natural adoptar nuevas formas de hacer las cosas porque son opciones que han sido posibles desde que nacieron. A nosotros muchas veces nos confronta con hábitos muy arraigados que traemos y ponemos cierta resistencia al cambio. Sin embargo, creo que mantener el foco en las necesidades y ver la tecnología como una opción puede quitarnos la angustia de estar siempre rebasados por la innovación.

¿Qué satisfacen nuestros hijos con la tecnología?

Cada hijo en distintos momentos puede satisfacer necesidades muy diferentes en los usos de la tecnología, muchas de ellas a veces imperceptibles para los ojos de los adultos. Como es normal en el proceso de desarrollo de las personas, según la edad, tenemos necesidades y prioridades diferentes. Por lo general, cuando encontramos a nuestros hijos «pegados» a sus dispositivos tendemos a asociarlo directamente con «tiempo de ocio» o «perder el tiempo» y no siempre es así.

En la tecnología nuestros hijos encuentran una amplia gama de recursos que les permite atender necesidades tan distintas como las siguientes:

Aprendizaje. El internet ha hecho posible tener acceso a cualquier información. Hoy en día, quien tiene acceso a internet y no aprende algo que le interesa es porque no quiere. Nuestros hijos lo saben y no se complican la vida. Ante cualquier duda, curiosidad o interés saben que existen millones de plataformas a las que pueden acudir. Por eso, cada vez nos preguntan menos y más bien nos comparten lo que aprendieron. Otro aprendizaje que ocurre, menos obvio, es a través de los videojuegos, ya que jugando aprenden y desarrollan diferentes habilidades, de las cuales hablaré con más detalle en el capítulo 6.

Creación de contenidos. Una característica de las nuevas generaciones es que les gusta crear sus propios contenidos. Ellos saben que existen las plataformas para hacerlo, son fáciles de usar y la mayoría no requiere grandes inversiones de dinero. La tecnología les permite expresar y explorar su creatividad en múltiples formas, desde la producción y edición de un video, foto o canción, hasta construcciones en *Minecraft* o *Roblox* que te hacen dudar si es realmente posible que lo haya hecho un menor de edad.

Al adolescente, plataformas como las redes sociales también le sirven para compartir versiones de sí mismo con sus amigos y el mundo, con las cuales experimenta para ir formando su identidad.

Entretenimiento. En las pantallas hay un sinfín de videos, películas, series y juegos para divertirse, distraerse y pasar un buen rato. Distraerse forma parte importante del desarrollo equilibrado de nuestros hijos y aunque es frecuente sentir el impulso como padres de preferir que hagan algo más asociado a lo productivo, es legítima la necesidad de divertirse y tener tiempos de esparcimiento que pueden ocurrir con tecnología.

Comunicación. Las redes sociales y plataformas de chats y videollamadas les permiten mantenerse conectados con quienes en la etapa de la adolescencia son más importantes en su vida: sus amigos.

Esa comunicación entre sus pares va más allá de resolver temas de las logísticas de su día a día como «Pásame la tarea» o «¿Dónde estás?». La tecnología les ha brindado la facilidad de comunicarse constantemente en la búsqueda de mantener sus vínculos activos, sin importar que sus amigos no se encuentren presentes físicamente. Nuestra generación pasó horas en el teléfono (no sé si recuerdas el dolor de cuello que quedaba luego de estar tanto tiempo con el auricular entre hombro y oreja) y las peleas eran porque la línea estaba siempre ocupada. Nuestros hijos hacen exactamente lo mismo, pero a través de múltiples chats en sus dispositivos. No nos peleamos por la línea telefónica que ahora casi nadie usa, sino por verlos invertir grandes cantidades de tiempo en sus pantallas. Aunque no puedo comprobarlo, estoy convencida de que si nosotros hubiésemos crecido con teléfonos inteligentes los hubiésemos utilizado igual que ellos, porque la necesidad de vinculación también estuvo presente en nuestra adolescencia.

Pertenencia. Estar en un grupo de WhatsApp, obtener comentarios en las publicaciones de Instagram, conocer y jugar el videojuego de moda a través de los dispositivos son formas en que los adolescentes confirman que pertenecen a un grupo.

Si son jóvenes que tienen intereses que no son populares en los entornos sociales en los que se desenvuelven de forma presencial, el internet les brinda la oportunidad de encontrar «su manada» sin la limitante de la ubicación geográfica. Por ejemplo, si tienen interés por el aeromovilismo, y a nadie de su colegio o familia le gusta, pueden encontrar comunidades de aeromovilismo en internet con quienes compartirlo y sentirse «parte de», en vez de dejar de lado ese interés o sentirse fuera de grupo como probablemente nos hubiese pasado a nosotros en nuestra época.

Valoración y reconocimiento. En las interacciones con las redes sociales, nuestros hijos reciben retroalimentación en forma de *likes*, número de seguidores y comentarios. En los videojuegos ocurre a medida que avanzan de nivel, los avatares que obtienen y directamente en la comunicación con otros *gamers* en aquellos juegos que se juegan en línea. Crecen en una era donde estas plataformas han generado una cuantificación a la popularidad o símbolos de estatus que, aunque siempre ha sido importante en la etapa adolescente, antes se vivía de un modo más cualitativo.

Independientemente de que a los adultos nos parezca artificial o «menos real» que la validación que se obtiene en espacios presenciales, los adolescentes lo viven sin hacer esas distinciones. En plena pandemia Manuel, de quince años, inició una cuenta de TikTok donde mostraba recetas de cocina y pasó a tener decenas de miles de seguidores en cuestión de semanas, además de numerosos comentarios, la mayoría de ellos positivos. Ante «el éxito», Manuel decidió invertir más tiempo en su cuenta de TikTok que en sus pocas atractivas, aburridas y agotadoras clases en línea, en las cuales no se sentía valorado y era constantemente criticado por las pocas ganas que le echaba o por no prestar suficiente atención. En TikTok Manuel recibía lo que en otros espacios no.

De allí la importancia de que como padres generemos ambientes en donde estas necesidades se satisfagan a través de diferentes fuentes. Este tema lo abordaremos con mayor detalle en el capítulo 9.

Escapismo o evasión de problemas. Al igual que cuando llegamos cansados de un día de trabajo y quieres sumergirte en tu serie de Netflix, nuestros hijos también enfrentan dificultades, estrés, quieren descansar y sumergirse en videojuegos, videos divertidos en TikTok o YouTube.

En circunstancias de excesiva incertidumbre en los espacios presenciales, como puede ser una enfermedad grave de un familiar, un proceso de separación conflictivo de los padres, una mudanza o una pandemia (por si alguien se lee este libro dentro de 100 años), entrar a un videojuego o una red social donde hay un mayor grado de certeza sobre lo que se espera de ellos y lo que hay que hacer, les permite tomar un respiro antes de regresar a su realidad. Evidentemente esto puede ser sano mientras no se evada o se postergue enfrentar la realidad de manera indefinida.

Sentirse acompañados. Cuando tienen un problema o atraviesan una situación difícil y no consideran buscar ayuda entre las personas que los rodean de forma presencial, sus dispositivos y las redes sociales son medios que utilizan para buscar quien los escuche o los apoye en esa transición. Esto puede ocurrir con personas que conocen previamente o no. También pueden hacer uso de foros o comunidades en los que se platique sobre el problema que atraviesan.

Lo determinante para que esta necesidad sea atendida a través del uso de la tecnología de forma positiva es que la persona o comunidad que consigan sean personas de bien, preparadas y tengan buenas intenciones. En caso contrario, pueden caer en el riesgo de que la persona los malinforme o incluso tenga malas intenciones y tome ventaja de su situación de vulnerabilidad para aprovecharse de ellos.

Ante la imposibilidad de asegurar que se encuentren con alguien de bien, siempre invito a mis hijos y a los adolescentes a tener una persona adulta cercana con quien sientan que pueden apoyarse para superar cualquier adversidad.

La lista de necesidades podría no tener fin, varía cada día, con cada situación y está relacionada con la personalidad, las edades y etapas de desarrollo.

Lo importante es tener claro que para cada una de estas etapas es una elección personal decidir satisfacerlas con tecnología o no.

No te hace peor o mejor padre

El enfoque de las necesidades también nos ayuda a prescindir de los estereotipos sociales sobre qué hacen «los buenos padres» con sus hijos en lo que respecta a la tecnología. En este momento pareciera que socialmente eres mejor padre en la medida que das menos tecnología, minimizas las horas de uso y retrasas lo más posible la tenencia de dispositivos electrónicos. El estereotipo no surgió de la nada, se sustenta en varios estudios y opiniones de algunos expertos que dominan los titulares de los medios que se comparten a través de los grupos de WhatsApp de las mamás. Pero ¿qué pasa con las familias para quienes este esquema no funciona porque en su caso y coyuntura han encontrado en la tecnología la mejor opción para satisfacer determinadas necesidades? Si se dejan llevar por los estereotipos caen en el grupo de los «malos papás» y puede que sientan culpa o lleven un «doble discurso»: dicen una cosa y hacen otra.

Pero si tomamos decisiones que involucran el uso de la tecnología con base en las necesidades que tenemos nosotros o nuestros hijos, como una opción más dentro de un abanico de posibilidades, no importa si socialmente se ven bien o mal. En vez de buscar que alguien nos diga a qué edad «deberías» darles un celular o cuánto tiempo «deberían» ver el celular o jugar un videojuego, buscamos esas respuestas en nosotros de acuerdo con nuestra realidad, necesidades y valores familiares.

Imaginemos una familia en la que ambos padres trabajan fuera de la casa y sus hijos de diez y doce años asisten a clases de natación por las tardes en un lugar cercano al que pueden trasladarse solos en bicicleta, ya que no cuentan con ningún adulto que pueda acompañarlos. Los padres necesitan saber desde sus lugares de trabajo que sus hijos llegaron bien tanto de ida como de regreso a la casa. ¿Cuáles son las opciones que tienen los padres para satisfacer esa necesidad? Podrían llamar desde la recepción del centro deportivo o que el hijo pida el celular prestado a algún adulto de confianza. También podrían coordinar con algún instructor que conozcan para que les avise a los padres si llegaron bien. Finalmente podrían darles un celular analógico o un teléfono inteligente para que les chateen al llegar al destino e instalar Life360 para monitorear el recorrido.

¿Cuál es la opción correcta? La que los padres decidan que les funciona mejor. Cada decisión tendrá sus implicaciones, costos y ganancias. Si son jóvenes con las competencias que se necesitan para tener un teléfono inteligente, los padres podrían decidir la opción tecnológica —por practicidad y beneficios—, establecer los límites y configurar el dispositivo para proteger su seguridad. Si no están interesados en el nivel de detalle que brinda una plataforma de localización y consideran que la opción del teléfono inteligente abre la puerta a otros peligros para los cuales no se sienten preparados para protegerlos como familia, podrían decidir opciones menos intensas en tecnología.

Muchos caminos llevan a Roma, lo importante es que te sientas capaz de tomar la decisión de qué camino escoger por ti mismo, reconocer las necesidades a satisfacer y colocar a la tecnología en el rol de herramienta, donde no tiene control sobre tu familia sino que está a su servicio.

Es natural que ante la innovación y lo desconocido las personas sintamos miedo, más aún si es algo que involucra el sano desarrollo de nuestros hijos o los expone a situaciones que pueden representar un riesgo. Nos pasa a nosotros y les ha pasado a generaciones de padres anteriores.

Sin embargo, me tomé el atrevimiento en este capítulo de invitarte a visualizar las tecnologías que utilizan nuestros hijos como herramientas, reconocer que son avanzadas y complejas, pero que aun así con información y conciencia, tenemos la capacidad de decidir si utilizarlas o no, sin darle más protagonismo o poder del que deben tener en nuestras vidas y dinámicas familiares.

Si son herramientas su rol es satisfacer necesidades y su uso generalmente es opcional, no obligatorio. Es interesante tomarnos el tiempo de conocer qué necesidades satisfacen nuestros hijos con ellas, ya que son múltiples y muy variadas. Me atrevo a predecir que una vez que platiques con ellos te puedes llegar a sorprender.

Juntos y con comunicación podemos decidir si están siendo las herramientas adecuadas, considerar opciones y probar. La paternidad tiene mucho de ensayo y error.

Espero que luego de leer este capítulo consigas dejar a un lado estereotipos de lo que hace un buen o mal padre con relación al uso de la tecnología de sus hijos adolescentes, especialmente si has llegado a sentir culpa. Recuerda que, a través de un buen análisis y abriendo la comunicación con tus hijos, no hay mejor experto que tú para decidir cuánta tecnología es poca o demasiada.

Recuerda que:

- La tecnología no es una bacteria de la cual tienes que estar constantemente protegiendo a tus hijos. Son herramientas y, como adultos, estamos en la capacidad de tomar decisiones sin que la tecnología tome el protagonismo en nuestra familia.
- Hay múltiples formas de satisfacer una misma necesidad. La tecnología te brinda una opción, pero no es la única.
- Nuestros hijos satisfacen múltiples necesidades con sus dispositivos. Si nos acercamos con curiosidad tendremos un panorama más claro del rol que ocupa la tecnología en sus vidas.
- La decisión de dar o no tecnología basada en las necesidades y coyuntura de tu familia no te hace mejor o peor padre.

Ejercicios:

1. Escribe una lista de las necesidades que crees que satisfacen tus hijos con sus dispositivos y la razón por la cual consideras que escogieron a la tecnología como mejor opción.
2. Comparte la lista con ellos y conversen si están de acuerdo o no con tus apreciaciones.
3. Evalúen en conjunto si existen otras opciones que consideren igual o mejor para satisfacer algunas de esas necesidades.
4. Pregúntales a tus hijos: Cuando sean padres ¿qué harán diferente en cuanto al uso de la tecnología de sus hijos?

Capítulo 2
«El tiempo de pantalla» se quedó obsoleto

«Si tu única herramienta es un martillo, tiendes a tratar cada problema como si fuera un clavo».

ABRAHAM MASLOW

En marzo 2020, en México al igual que en otros países, se suspendieron las clases presenciales como medida preventiva ante la pandemia por el coronavirus.

Sin anestesia, los padres fuimos testigos de cómo las opciones presenciales se redujeron al mínimo o simplemente desaparecieron para nuestros hijos y la tecnología se convirtió en el principal medio para que sus vidas continuaran. Tanto los padres más recelosos de la tecnología como los más tranquilos vimos cómo el «tiempo de pantalla» se incrementó muy por encima de los hábitos de uso pre coronavirus y la gran pregunta era «¿y ahora qué va a pasar?».

Esta experiencia nos expuso a los padres a la realidad de que las tecnologías que utilizan nuestros hijos son más multifuncionales y complejas de lo que creíamos y que el lineamiento de «tiempo de pantalla» por sí solo nos quedaba corto. Una idea que varios investigadores y especialistas venían advirtiendo desde años previos.

Como para algunos soltar esta métrica puede estar acompañada de mucho escepticismo, quise dedicar este capítulo a explicar las razones por las cuales el «tiempo de pantalla» resulta obsoleto para las tecnologías actuales y cómo su uso puede llevarnos a conclusiones erradas que generen fricciones constantes con nuestros hijos. También, compartiré opciones alternativas para analizar el uso de las pantallas por parte de los adolescentes de forma más asertiva y menos conflictiva.

¿De dónde viene el término «tiempo de pantalla»?

En los años cincuenta, cuando se masifica la presencia de los televisores en los hogares, los investigadores necesitaban una medida para determinar los efectos que tenía esa tecnología en las personas.

En ese entonces, la televisión contaba con pocas opciones de canales, con una programación que adecuaba los horarios a las audiencias.

Los comportamientos de las personas frente al televisor eran bastante parecidos: una actividad pasiva, con poca interacción con el contenido y generalmente sedentaria. Quizás en lo que podía diferir es en que había momentos de consumo en solitario y otros en los cuales se compartía en familia.

Para esa tecnología cuantificar las horas que cada persona invertía viendo televisión era una variable que podía considerarse bastante homogénea y por eso el «tiempo de pantalla» resultaba de utilidad tanto para investigar como para dar lineamientos a los padres sobre la cantidad de tiempo recomendable para cada etapa de desarrollo de sus hijos.

A partir de 1972 aparecen los videojuegos y videoconsolas como el *Atari Home Pong* que hacen posible jugar videojuegos en los televisores de las casas. Con el avance de la tecnología fue posible reducir los costos de producción y mejorar tanto la calidad gráfica como el sonido de estos dispositivos, dando entrada de forma exitosa en la década de los ochenta a nuevas generaciones de consolas como *Nintendo Entertainment System* y *Sega Genesis*. Esto generó un cambio en los hábitos de entretenimiento en los hogares y de nuevo se utilizan las horas, en este caso de juego, como variable para fines investigativos y de crianza.

Casi cuatro décadas después aparece una nueva especie de pantallas en la vida diaria de las familias, desconocidas hasta el momento. Por un lado, el *iPhone* (2007) como evolución del *iPod*, el cual integra en un solo dispositivo la posibilidad de hacer llamadas, tener tu agenda, revisar correos y tomar fotografías. Y tres años más tarde, el *iPad*, una pantalla multifuncional que pocos imaginaron el alcance que tendría, especialmente en la vida de niños y adolescentes.

El concepto de «tiempo de pantalla» se ha utilizado también para analizar el impacto de estos dispositivos, especialmente porque el tiempo que invertimos en ellos supera todo lo antes visto.

Sin embargo, en los últimos años hay una línea de investigadores como Candice Odgers, Andrew Przybylski, Alicia Blum-Ross, Sonia Livingstone, Devorah Heitner y Amy Orben que cuestionan el concepto de «tiempo de pantalla» aplicado a las nuevas tecnologías, considerándolo obsoleto dadas las características y circunstancias de uso de estos dispositivos.

Las horas dicen poco

El «tiempo de pantalla» es un término muy relacionado al buen uso de la tecnología. La lógica es sencilla, las horas que inviertes en una actividad son horas que no inviertes en otras, por lo tanto, si ves toda la tarde televisión pues no queda tiempo para estudiar, hacer ejercicio, interactuar con otros u otras actividades.

Además, en la actualidad los propios dispositivos y plataformas nos ofrecen la posibilidad de saber las horas de uso, así como establecer nuestros propios límites de tiempo. Esto pudiese interpretarse como una confirmación de lo anterior. Pareciese que los gigantes de la tecnología quieren hacernos ver que es importante cuidar el tiempo que invertimos en sus productos.

Sé que para algunos puede sonar como una herejía proponer la utilización de otro tipo de criterios. Por eso quiero explicar de dónde vienen los cuestionamientos a este término y por qué contar horas de uso de pantallas de las tecnologías actuales es un criterio que se queda corto a la hora de sacar conclusiones sobre que tan bien o mal se están relacionando nuestros hijos con sus dispositivos.

En primer lugar, *las tabletas y los teléfonos inteligentes son multifuncionales*. Sirven para miles de cosas, muchas de las cuales implican movimiento, actividad física, creación, aprendizaje e interacción con otras personas. Un panorama muy distinto a un televisor sin conexión a internet. Entonces cuando sumamos horas de uso, si no estamos 100 % seguros de que durante ese tiempo estaban haciendo exactamente la misma actividad, estamos sumando peras con manzanas.

Por lo tanto, fijar un número de horas o pedirles a nuestros hijos que las reduzcan, sin primero conocer qué hacen realmente con sus dispositivos y en cuáles situaciones, es como pedirle a una persona que toma 20 pastillas diarias que las reduzca a la mitad sin conocer qué medicinas toma, para qué y el efecto que tendrá dejar de tomarlas.

En segundo lugar, *dentro de una misma plataforma existen diversos modos de uso que satisfacen necesidades diferentes*. Pueden invertir una hora en una red social como Instagram, pero pueden estar consumiendo información que les aporta algún aprendizaje, tomar una clase de ejercicio a través de un *Live*, creando una publicación o ver la vida de los demás. Lo que ocurre dentro de esa hora en Instagram, en sus diferentes modalidades de uso, tiene efectos disímiles en nuestros hijos.

En los videojuegos ocurre lo mismo. Los juegos actuales cuentan con múltiples formas de jugar que le permite al jugador tener experiencias diferentes dentro de un mismo juego.

Eso lo aprendí un día en el que escuchaba a mi hijo jugar con sus amigos un videojuego en línea. Por momentos competían por ser los últimos en quedar en pie, pero de repente los escuchaba ponerse de acuerdo para construir ciertas estructuras en un mapa y luego jugaban a ser espías. Más tarde, cuando le pregunté cómo podían jugar cosas tan diferentes, me explicó que un rato estuvieron en el modo *Battle Royale*, otro en Modo Creativo y luego en Modo Espías. Llevando esta experiencia al mundo presencial es como haber tenido tres amigos en el jardín de mi casa, y que por un rato jugaron a «Las traes», y por otro rato construyeron un lego y por último jugaron a «Policías y ladrones». Aunque todos pueden calificar como juego, cada uno implica aprendizajes y habilidades diferentes, aunque ocurran dentro de una misma plataforma.

Tercero, *una misma publicación dentro de una red social no necesariamente genera la misma emoción en todos los niños y adolescentes.* Por ejemplo, un video donde una joven comparte rutinas de ejercicios, puede motivar a un adolescente a hacer más deporte y otro puede sentirse feo, inconforme con su cuerpo e incapaz de tener disciplina en su actividad física. Cada publicación puede ser interpretada y significar ideas distintas para cada persona.

El tiempo invertido en una plataforma no nos habla sobre las emociones que despierta en los usuarios ni sobre el impacto que ha tenido en su bienestar. Si un joven siente envidia, insatisfacción por su vida o una percepción negativa de sí mismo al estar en una red social, el tiempo invertido «resta» a su bienestar general. Pero si por el contrario, un joven siente alegría, motivación por aprender, entusiasmo o felicidad, el tiempo invertido «suma».

Una vez tuve la oportunidad de trabajar con una familia con dos hijos de once y trece años, de quienes aprendí cómo las tres complejidades anteriormente mencionadas hacen que utilizar solamente el «tiempo de pantalla» como variable para sacar conclusiones podría llevarnos a diagnósticos errados. Los padres estaban preocupados especialmente por su hijo menor, ya que consideraban que estaba siempre pegado a su tableta, mientras que el mayor no tanto. Les daba miedo que el chico estuviese desarrollando una conducta adictiva a la tecnología y decidieron restringir el uso de la tableta a los fines de semana. El mayor podía seguir usando su teléfono inteligente como siempre lo hacía.

Un día, al papá se le dañó su celular y tomó prestado el celular de su hijo mayor y al hacer una búsqueda en internet se dio cuenta de que le aparecía una publicidad relacionada a temas de sexualidad. Su intuición lo llevó a revisar el historial de búsquedas y se encontró con que prácticamente lo único que había visto su hijo en los últimos meses había sido videos de pornografía amateur. Preocupado fue a revisar también la tableta de su hijo menor y encontró que veía videos de cómo jugar mejor su videojuego y de temas que le interesaban como coches, aviones y viajes.

En términos de «protección», el criterio de las horas de pantalla resultó engañoso, ya que no incluía lo que hacía cada hijo con los dispositivos. El hijo mayor «aprobaba» el criterio del tiempo mejor que su hermano y quedaba fuera del radar a pesar de estar consumiendo contenidos que pueden resultar perjudiciales.

Al llegar a este punto quizás te salte la duda: pero ¿qué pasa con los lineamientos de asociaciones como la Academia Americana de Pediatría en las que se recomienda un rango de horas adecuadas de uso de pantallas por edades? Es un cuestionamiento muy relevante y por eso a pesar de que este libro está centrado en la etapa de la adolescencia, considero muy importante resaltar que hay una clara diferencia de uso de tecnología durante la primera infancia (cero a seis años) y la adolescencia.

En niños muy pequeños no podemos hablar de un uso intencionado de pantallas. Es prácticamente improbable que un niño de tres años decida entre ver un documental, usar una aplicación para editar un video, jugar en una plataforma o hacer una videollamada. Es más común encontrar que, sin el involucramiento y acompañamiento de un adulto, no haya diversidad en el uso sino que más bien se concentra en consumo de contenidos o juegos que capturan su atención y lo mantienen entretenido.

En este sentido, las recomendaciones que comparten diversas asociaciones de pediatría son muy pertinentes porque ante un uso excesivo se pueden comprometer el desarrollo de habilidades y capacidades que deben ocurrir en esa etapa y que tienen efecto en etapas posteriores.

Regresando a los adolescentes, profundizar en el análisis con información y variables adicionales al tiempo, nos brindará respuestas más certeras a la situación de cada uno de nuestros hijos.

Etiquetarlos de adictos no nos lleva a ninguna parte

Cuando los observamos con los lentes del «tiempo de pantalla», que pasan horas y horas en sus dispositivos, los llamamos adictos. Se asume que están en una misma actividad por mucho tiempo y que esta los domina, no tienen control sobre ella y es similar a no poder dejar de beber, fumar, consumir drogas o apostar. Eso es una posibilidad, se puede desarrollar una adicción a muchas cosas.

Hemos normalizado utilizar el término adicto o adicción para definir cualquier actividad que involucra tecnología y le dedicamos muchas horas, como ver cuatro o cinco capítulos de Netflix seguidos. Bajo esos criterios prácticamente todos podríamos calificar como adictos. Pero estas conductas, en la mayoría de los casos no cumplen todos los requisitos para ser declaradas un trastorno conductual.

El uso abusivo de este término puede llevarnos a subestimar o no reconocer cuando estamos realmente frente a un trastorno conductual adictivo a la tecnología; pensar que es normal o que todos los adolescentes ahora son así.

Por otra parte, iniciar una conversación con nuestros hijos adolescentes sobre nuestra preocupación por las horas de uso que invierten en sus dispositivos electrónicos con frases como: «Es que no sueltas ese celular, estás adicto a ese aparato» o «Me tienes harto de ese videojuego, pareces adicto», probablemente no termine bien. La etiqueta y la crítica los coloca en una posición defensiva y renuente a escuchar.

En una investigación realizada por EU Kids Online[2], se preguntó a los adolescentes su opinión sobre la educación en materia digital

---

2. EU Kids Online: https://www.lse.ac.uk/media-and-communications/assets/documents/research/eu-kids-online/reports/EU-Kids-Online-2020-10Feb2020.pdf

que recibían en casa y la respuesta predominante fue precisamente que tendemos a etiquetarlos de adictos, pero poco conocemos sobre lo que hacen con sus dispositivos: «No saben a qué jugamos», «No conocen con quién nos comunicamos», «No entienden lo que representa esa *selfie* para mí».

Taylor Fang de dieciséis años, autora del ensayo ganador del concurso «¿Qué les falta saber a los adultos sobre nuestro uso de la tecnología?» organizado por MIT Tech Review, hace la siguiente sugerencia: «Si les preocupa nuestra relación con las redes sociales, deberían comenzar por incluirnos en las conversaciones sobre tecnología»[3].

Al llamarlos adictos, los adolescentes más que pensar «oh, no lo había pensado, estoy en peligro, debo dejar de usar mis dispositivos», nos perciben como personas que desconocemos y reaccionamos de acuerdo con lo poco que sabemos del uso de la tecnología, especialmente si no somos capaces de darles una argumentación. También lo interpretan como una falta de interés de nuestra parte por aprender lo que hacen y el porqué. Y algunos no se sienten aceptados o reconocidos por sus logros en espacios digitales o al menos no en el mismo grado que aplaudimos o celebramos lo que consiguen de forma presencial y que es familiar para nosotros, como me lo explicó una vez Pablo de catorce años: «Solo ven y valoran lo tradicional, lo que ellos vivieron. Lo demás lo ignoran o no dan mucha importancia, como si no existiese esa parte de mí. Creo que hasta les da rabia cuando me ven feliz por conseguir un nuevo nivel» (en referencia a un videojuego).

Claudia de quince años me compartió una experiencia: «Una vez fui corriendo a mostrarle a mi mamá que había conseguido 2000 *likes* en mi video de TikTok y en vez de ponerse feliz, se puso histérica y comenzó a hablarme de que mi autoestima no depende de los *likes* y que hasta cuándo iba a estar pegada a esos videítos, que mejor me

---

3. «Lessons From Teen Digital Life In Times Of Lockdown». https://www.forbes.com/sites/esade/2020/04/10/lessons-from-teen-digital-life-in-times-of-lockdown/#5f8fdb456f7e Revisado abril 2020-abril 2022.

pusiera a estudiar». «¿Le volviste a hablar a tu mamá sobre estos logros en TikTok?», le pregunté, «Obvio, no», me respondió con la revirada de ojos que si tienes una hija adolescente probablemente ya conoces.

Seguramente los padres de ambos adolescentes estaban buscando lo mejor para ellos y tenían miedo de cómo las interacciones de sus hijos con la tecnología podrían afectar su bienestar, pero ¿de qué nos perdemos cuando abordamos nuestras preocupaciones por la tecnología desde una posición radical?

Primero, si ignoramos sus experiencias, logros, conflictos y problemas en entornos digitales dejamos de conocer una parte de la persona en la que se están convirtiendo; nos perdemos sus intereses, saber cómo es el mundo en el que se desenvuelven.

Segundo, el no sentirse aceptados, valorados o reconocidos por sus gustos y logros dificulta la construcción de vínculos y relaciones sanas con nuestros hijos y el riesgo es que, en los momentos difíciles, cuando necesiten ayuda, cometan errores o se encuentren en peligro —que eventualmente va a pasar— no sientan la confianza de pedir apoyo para encontrar una solución. Aunque no seamos tan tecnológicos como ellos, los padres contamos con la experiencia, madurez y recursos para ayudarles a salir adelante y somos quienes lo haremos desde el amor más puro que existe, sin ningún interés de por medio, como sí pueden tener otras personas a quienes nuestros hijos recurran.

Nuevas realidades necesitan nuevos criterios

Si no utilizamos el criterio de «tiempo de pantallas» entonces ¿qué hacemos? Porque tampoco se trata de no tener ningún tipo de límites. Los padres necesitamos una guía para saber qué es lo mejor para el bienestar de cada uno de nuestros hijos.

Las nuevas tendencias proponen pasar de lineamientos cuantitativos, como contar horas, a análisis cualitativos en donde se consideren diversas variables que incluyan tanto aspectos internos de cada adolescente como externos del ecosistema en el cual viven.

Una propuesta recomendada por varios especialistas como Lisa Guernsey, investigadora en temas educativos y la doctora Jenny Radesky, pediatra y especialista en uso de tecnología en menores de edad de la Universidad de Michigan, es utilizar las siguientes preguntas[4] como marco de referencia de análisis:

- ¿Cuáles son sus intereses? ¿Cómo es su personalidad? ¿Qué reacciones tienen ante diferentes usos de la tecnología?
- ¿Qué usos les dan a sus dispositivos? ¿Para qué utilizan las redes sociales y/o los videojuegos?
- ¿En qué contexto utilizan sus dispositivos?

La profesora Sonia Livingstone, investigadora de la universidad London School of Economics and Political Science, propone un esquema similar, el cual consiste en que los padres nos enfoquemos en garantizar que nuestros hijos, según su edad y etapa de desarrollo, reciban los niveles óptimos de aprendizaje, actividad física, interacción social y entretenimiento, entendiendo que hoy en día, pueden ocurrir con y sin pantallas[5].

Las condiciones de vida de cada familia, así como la personalidad y necesidades de cada adolescente, determinan cuánta tecnología se utiliza para conseguir esos niveles óptimos. Una familia que tiene acceso a espacios públicos seguros tiene más recursos presenciales (sin pantallas) para que sus hijos se entretengan, hagan ejercicio e interactúen con otras personas. Mientras que para una familia sin acceso a esos espacios la tecnología se vuelve más relevante para que sus hijos compartan con amigos, se diviertan e inclusive se mantengan activos.

---

4. En inglés este análisis es conocido como las 3 Cs por las iniciales de: Child, Content y Context.

5. Seminario web (*webinar*) realizado el 12 de marzo de 2020: *Pantallas que usan los niños*, parte 1: en todas partes e «irrelevantes».

Estos enfoques además de ajustarse mejor a las características de las tecnologías actuales, considero que construyen mejores relaciones con nuestros hijos, ya que les resta protagonismo a los dispositivos. Los lineamientos que trazamos para el uso de la tecnología se salen del discurso de bueno o malo y más bien giran alrededor de temas más generales. En vez de decir: «Puedes usar X horas tu teléfono», podemos hablar por ejemplo, sobre la importancia de tener actividad física para mantenernos sanos y entender que hoy en día ellos pueden elegir salir a trotar al parque o hacer un *Live* de *kick-boxing* por Instagram.

Evidentemente establecer lineamientos de uso bajo estos criterios tan dinámicos requiere un mayor esfuerzo de nuestra parte en comparación al criterio del «tiempo de pantalla». Implica más análisis y conocimientos sobre los usos, necesidades y aspectos de personalidad de nuestros hijos. Pero al mismo tiempo nos acerca más y permite guiarlos de formas más efectivas sin desgastar la relación en una etapa en la que nos necesitan más de lo que ellos creen.

Recuerda que:

- Con la tecnología actual el lineamiento de «tiempo de pantalla» por sí solo se queda corto a la hora de analizar si el adolescente está desarrollando una buena o mala relación con las tecnologías que utiliza.
- Normalizar llamarlos adictos para describir su relación con la tecnología no ayuda a construir relaciones cercanas con nuestros hijos que nos permitan guiarlos en el uso que les dan a sus dispositivos.
- Se proponen dos alternativas diferentes al «tiempo de pantalla»:
  - Análisis de las 3 Cs: tomar la decisión en base a las respuestas de las siguientes preguntas:

◆ ¿Cuáles son sus intereses? ¿Cómo es su personalidad? ¿Qué reacciones tienen ante diferentes usos de la tecnología?

◆ ¿Qué usos les dan a sus dispositivos? ¿Para qué utilizan las redes sociales y/o los videojuegos?

◆ ¿En qué contexto utilizan sus dispositivos?

▪ Garantizar que nuestros hijos, según su edad y etapa de desarrollo, reciban los niveles óptimos de aprendizaje, actividad física, interacción social y entretenimiento, entendiendo que hoy en día puede ocurrir con y sin pantallas.

 Ejercicios:

1. Escribe una lista de palabras o frases alternativas a «adicto» para describir la relación de tus hijos con la tecnología.
   Por ejemplo:
   • A Pablo le apasiona ver videos de *youtubers* que juegan videojuegos.
   • Eugenia es fan de crear videos en TikTok.

2. Conversa con tus hijos sobre cuáles son las plataformas que más utilizan y por qué. Pregúntales si te recomiendan descargar alguna y de ser así inténtalo, puede ser una buena forma de conectar con ellos.

3. Reflexiona sobre las diferentes asociaciones que puedes encontrar entre las plataformas que utilizan tus hijos y su personalidad, intereses y forma de manejar sus emociones.

4. Describe el contexto o conjunto de circunstancias en las cuales se desarrolla la vida de tu hijo que influyen en sus usos de la tecnología. Por ejemplo:
   • ¿Cuenta con espacios presenciales públicos seguros?
   • ¿Tiene la posibilidad de realizar actividades presenciales fuera de casa?

- ¿Los intereses o habilidades que le interesa desarrollar requieren de tecnología?
- ¿La escuela a la que asiste involucra un uso intensivo de tecnología?
- ¿Sus amigos y familiares viven cerca o se necesita de la tecnología para mantener el vínculo?
- ¿El trabajo de los padres tiene horarios flexibles o fijo? ¿Demanda muchas horas de su tiempo?

5. En la siguiente tabla escribe la lista de actividades que pueden realizar tus hijos con y sin pantallas para cada una de las siguientes categorías:

	Sin pantallas	Con pantallas
Entretenimiento		
Aprendizaje		
Actividad física		
Interacción social		

Capítulo 3
La paternidad entre pantallas: ¿hacia dónde vamos?

«La mejor manera de predecir el futuro es creándolo».

PETER DRUCKER

Cuando tenía dieciséis años me gané una beca para ir a estudiar el IB (Bachillerato Internacional) en un colegio en Esuatini, un país que queda en el sur de África. Desde que soy madre, reflexiono sobre esa decisión de mis padres y realmente pienso que fueron un poco atrevidos. Estamos hablando de los años 90, cuando no había WhatsApp, Zoom ni Life360. Apenas comenzaba a masificarse el correo electrónico. Tampoco era tan común este tipo de experiencias educativas y mucho menos enviar a los hijos a estudiar tan lejos. Un día platicando con uno de mis hermanos sobre esto, me compartió que una de las razones más importantes que impulsó a mi familia a tomar esta decisión fue la oportunidad que me brindaba para aprender inglés. En aquel entonces, saber este idioma de forma fluida se consideraba una gran ventaja en el campo académico, profesional y personal, para el mundo que mis padres imaginaban para mí y por eso estuvieron dispuestos a asumir que me fuese tan lejos. Veintisiete años después puedo confirmar que estudiar el IB en Esuatini me ha permitido acceder a muchas oportunidades, no solo gracias al aprendizaje del idioma inglés, sino por la formación académica y el cúmulo de experiencias personales durante esos dos años.

De la misma forma que mis padres creyeron que el inglés sería una herramienta determinante en mi futuro, yo como mamá también quiero darles a mis hijos las habilidades y conocimientos que les permitirán estar lo mejor preparados posible.

No imagino un futuro sin tecnología, por eso en este capítulo comparto las habilidades personales y algunos aspectos de nuestros estilos de crianza que considero relevantes para crecer y vivir con ella.

¿Qué metemos en su maleta?

¿Alguna vez te han invitado a un lugar al que nunca has ido y empiezas a meter cosas como loca en la maleta «por si esto» o «por si aquello»? A mí sí. En una de ellas, cuando mis hijos eran más pequeños, nos invitaron a ver una charrería en Querétaro. Nunca habíamos ido y la única referencia que yo tenía eran los Toros Coleados que vi en un viaje a los llanos de Venezuela con unos amigos de la universidad y, particularmente en ese lugar, no había nada más aparte de la manga de coleo. Por lo tanto, para ir a la charrería, prácticamente me llevé la mitad de la casa, porque ya era mamá de dos niños, mientras que a los Toros Coleados fui con poco equipaje, andaba en plan universitario y tenía veintidós años. Mi sorpresa fue llegar a un lienzo charro que tenía de todo y en el coche se quedaron los cambios de ropa, el papel de baño, los *toppers* con comida y la hielera con el agua embotellada. «La maleta» fue hecha pensando en un lugar diferente al que terminamos yendo.

Con la paternidad puede sucedernos algo parecido. A pesar de que es una experiencia mucho más larga (¿realmente se acaba?), dinámica y compleja que un viaje, podemos aplicar un análisis similar a decidir qué meter o no en una maleta.

Lo primero es pensar en el lugar a donde van. ¿Qué características tiene el mundo donde se desenvuelven?

Es mucho más grande. Aunque la Tierra tiene el mismo tamaño, nuestros hijos no tienen barreras geográficas. Pueden acceder a cantidad infinita de información, cierta y falsa, así como comunicarse con quien quieran, buenas o malas personas, sin que el lugar donde vivan sea una limitación. A los padres se nos hace humanamente imposible estar al tanto de absolutamente todo lo que hacen.

Es novedoso y lleno de oportunidades. La tecnología ha eliminado muchas barreras de entrada, con lo cual se hace posible ejecutar muchas ideas que antes no eran posibles. Esto abre amplios espacios para la creatividad y la innovación.

Es un parque de distracciones. El modelo económico de la gran mayoría de las plataformas se sustenta en la publicidad. Por lo tanto, obtener y mantener su atención es lo más valorado y se utilizan todos los medios posibles para lograrlo.

Brinda experiencias personalizadas. Gracias a los algoritmos las pantallas te muestran lo que quieres ver, lo que está en consonancia con tus ideas y posturas. Para ciertas cosas puede resultar muy útil, pero para otras puede ser muy limitante, ya que existe la posibilidad de creer que todo lo que uno opina siempre es lo correcto porque te lo reafirman constantemente.

La vida «parece» siempre bella. Las redes sociales están llenas de imágenes donde millones de personas muestran principalmente lo magnifica que son sus vidas, sean ciertas o no. Esto nos somete a una constante comparación donde, en la mayoría de los casos, siempre cualquier logro puede ser aminorado por el de alguien más.

Se puede ser cruel sin consecuencias. La comunicación entre pantallas genera la sensación de que puedes decir muchas cosas que nunca te atreverías a decir cara a cara.

La lista puede extenderse, incluso sería muy interesante si la completas o haces tu propia lista. Sin embargo, decidí concentrarme en lo que ha sido consistente en mi trabajo con adolescentes.

Una vez visualizado ese mundo, el siguiente paso es pensar qué necesitan para desarrollarse y crecer en esos entornos. En otras palabras, decidir cuáles competencias son indispensables de «empacar» en sus maletas.

En mi lista incluyo:

Pensamiento crítico. Para que ante la infinidad de contenidos y opciones de entretenimiento sepan escoger cuáles son para ellos. De igual forma puedan decidir qué publicar, así como saber qué tipo de fotos y videos pueden comprometerlos.

Saber tomar sus propias decisiones. Que no dependan al 100 % de un adulto pues este no podrá estar presente en todo lo que hacen. Resolver por sí mismos también implica poder hacerse responsables de las consecuencias que resulten de sus decisiones.

Aprender a manejar el tiempo. Para que las potenciales distracciones de la tecnología no los aparte o desvíe de alcanzar las metas que son importantes para ellos.

Autoestima. Para no poner su valor como persona en *likes*, seguidores, comentarios o cualquier otra métrica que proporcionan las redes sociales y los videojuegos.

Resiliencia. Para que tengan la capacidad de convertir los reveses que reciban en los entornos digitales —desde no saberse invitados a una fiesta a ser víctimas de comentarios crueles— en un aprendizaje que les permita evolucionar hacia una mejor versión de sí mismos.

Empatía y compasión. Para mejorar la toxicidad que existe en algunos entornos digitales. Es importante tener la capacidad de ponerse en los zapatos de los demás, intentar ver una situación desde el punto de vista del otro e identificar si las acciones que toman ayudan a resolver un problema o, por el contrario, lo empeoran para la persona afectada.

Adaptación. Para no vivir en una frustración tras otra ante los constantes cambios e incertidumbre sobre lo que vendrá.

Esto es lo mínimo indispensable que no me gustaría dejar fuera de «sus maletas». Es válido que quieras incluir otras competencias o excluir algo de mi lista. Lo más importante es que vaya acorde a ese lugar que describiste y a la personalidad de cada uno de tus hijos.

¿Te suena todo esto muy bonito, pero no te queda claro cómo llevarlo a la realidad de ser padre de un adolescente? Te entiendo. Son conceptos estratégicos que necesitan tácticas para materializarlos. Ahora te voy a compartir algunas sobre paternidad con tecnología en general. En los siguientes capítulos encontrarás otras tácticas específicas.

¿Cómo convertir «esa maleta» en realidad?

Para poder desarrollar en nuestros hijos todas las competencias que consideramos importantes para crecer entre pantallas, podríamos considerar incluir lo siguiente a nuestro estilo de crianza:

Establecer límites. El límite tiene la finalidad de protegerlos de un peligro que identificamos y a que ellos todavía no cuentan con las habilidades o recursos para evitarlo o defenderse (este tema lo abordaremos con mayor profundidad en los capítulos dieciséis y diecisiete). Por ejemplo, instalar filtros de contenido en sus dispositivos y configurar controles parentales en las plataformas, sería la manera de protegerlos de contenidos que pueden asustarlos o que no están en su capacidad de procesar. Con esto conseguimos que puedan ver You-

Tube, Netflix o hacer búsquedas en Google, con la probabilidad mínima de que les aparezcan, de forma accidental, contenidos inapropiados o perjudiciales para su edad.

A través de los límites también se construyen hábitos que son importantes que tengan en el futuro, como por ejemplo, mantener la atención en un mundo que está diseñado para tenernos distraídos.

Es importante explicar a nuestros hijos las razones o de dónde nace la necesidad de poner estos lineamientos, así como qué se espera de ellos para eliminar o modificar un límite. Por ejemplo decirles: «puedes hacer videos en TikTok pero sin publicarlos. Primero necesito estar seguro de que tienes los criterios para hacerlo de forma segura. Los veremos juntos los sábados y si consistentemente durante los tres próximos meses observo que tus videos no suponen ningún peligro para ti o para alguien más, entonces podrás publicarlos».

También hay que estar abiertos a recibir retroalimentación de los hijos con respecto a esos límites, ya que son ellos quienes pueden darnos el *input* para saber si esa regla tiene sentido. Por ejemplo, si el videojuego está diseñado para jugarse en equipo, poner una regla en la que no puede comunicarse con otros jugadores, es como pedirle: «puedes jugar Catán (el juego de mesa) pero solo».

Dentro de los límites que establezcamos hay que dar espacio para que los adolescentes tomen sus propias decisiones, practiquen, se equivoquen y asuman la responsabilidad. Como menciona Christine Carter, en su libro *The New Adolescence*, «Los adolescentes a quienes se les da tanto límites como la libertad de tomar sus propias decisiones tienden a ser personas disciplinadas y capaces de motivarse a sí mismas». Estas habilidades son muy importantes en un entorno donde es humanamente imposible para los padres estar encima de las millones de cosas que ocurren en cada dispositivo.

Otra ganancia de este modelo es que en la medida en que los adolescentes participan o son coautores de sus propias reglas, es mucho más probable que las cumplan, con lo que se genera menos desgaste en la relación padre e hijo, sin caer en la permisividad.

Mi hija me dio una gran lección de disciplina durante la cuarentena por la COVID-19, cuando resolvió el problema de organizarse ante la educación a distancia que recibía en confinamiento. Por sí misma encontró que seguir en casa el mismo horario que tenía en la escuela, era su mejor forma de hacer las tareas y asignaciones. La solución que encontró me pareció brillante, pero el secreto es que nació de ella. No hubiese sido igual si la idea la hubiese dado yo.

Curiosos más que reactivos. Esto requiere la habilidad de poder apretar el botón de pausa cuando asalten los miedos, prejuicios y creencias ante un uso o conducta de un hijo vinculada con la tecnología.

Todos los días mi hijo invierte parte de su tiempo viendo videos de *youtubers* que juegan videojuegos. Al principio no entendía el valor o qué tenía de divertido ver a alguien jugar. Lo percibía como si yo me sentase a ver un video de YouTube de una señora viendo y comentando mi serie de Netflix, con un tono de voz que además me pone los nervios de punta. Definitivamente no para mí. Pero antes de reaccionar y decirle algo pasivo-agresivo como: «¿y no hay otra cosa más interesante de ver?», con mi cara de «por favor no quieras ser como ese *youtuber*», me senté a ver el video con él y comenzamos a platicar sobre su contenido. Resulta que de ahí iba sacando *tips* y estrategias que le permitían ser mejor jugador, lo cual además era uno de los principales temas para conversar con sus amigos en el colegio. Me di cuenta que esos videos eran para mi hijo, lo mismo que las cuentas de Instagram que yo sigo y veo porque sus contenidos son interesantes para mí.

El ser menos reactivos y más cuestionadores es vital en un mundo donde todo se está haciendo de formas muy diferentes a como crecimos y que nos cuestiona constantemente si la fórmula que nos sabemos, con la que nos sentimos seguros, es realmente la única. Es como visitar un país con una cultura muy diferente a la nuestra y no abrirnos a la experiencia de aprender por qué viven cómo viven, qué comen, probar la comida; sino más bien estar constantemente criticando o poniendo cara de «huácala» a todo lo que es distinto, sin preguntarnos si realmente lo nuestro es mejor, peor o simplemente son dos formas de vivir.

Dispuestos a aprender de por vida. Algo muy particular de esta era es la velocidad con la que cambian las cosas. Cuando terminamos de entender cómo utilizar una red social, en la noche se descarga una actualización y funciona diferente. Cuando ya le agarramos el tino a Instagram, a los adolescentes les llama más la atención TikTok. Una vez que entendemos la euforia por *Fortnite*, pierden el interés y pasan horas con *Call of Duty WarZone*.

Todo va tan rápido que da la sensación de que llevamos viviendo más años con la tecnología del que realmente tenemos. Google inició en 1998, YouTube en el 2005, Netflix comenzó con su plataforma de *streaming* en el 2007, el iPad se lanzó en 2010, pero pareciera que han estado allí gran parte de nuestra vida.

La rapidez con que cambian las tecnologías que están disponibles para nuestros hijos hace que estemos inscritos en un curso que no tiene fin, no solo por saber cómo funcionan sino también entender cómo los niños y jóvenes se relacionan con cada una de estas invenciones. No hay mucho tiempo para procesar ni afianzar el aprendizaje. Es como llegar al salón y pedirle al profesor: «Disculpe, ¿podríamos repasar la tabla del 8?» y que respondiese: «No, ni te preocupes. Usa la calculadora porque ahora lo que necesitas saber son ecuaciones diferenciales».

Los adolescentes se mueren de risa cuando llegamos con la gran noticia de un *youtuber*, videojuego o aplicación y es algo que ellos conocen desde hace mucho tiempo. O cuando les pedimos ayuda con algo y ellos saben una forma de hacerlo en segundos; a nosotros en cambio nos hubiese tomado horas. Una vez le pedí ayuda a mi hija para transcribir unas notas que había tomado en unas clases. Agarró su celular, puso Google Lens, con la cámara seleccionó las notas y de inmediato las envió a mi computadora. Me sentí hasta ridícula.

El modelo en el que uno centraba su formación académica en una sola área ha ido quedando obsoleto. Es muy cruel, quien no quiere aprender y actualizarse se va rezagando, hasta el punto de que puedes quedar aislado o vivir en un mundo paralelo.

Tener el rol de chofer, o *uBer Mom*, como una de las facetas de mi maternidad me ha permitido ir aprendiendo vocabulario, significados, tendencias y modas. Creo que sin esas horas literalmente se me hubiese hecho muy difícil entender lo que dicen los jóvenes, aunque hablemos el mismo idioma.

Platicar en sus términos, ser curiosa sin ser intrusiva, ayuda a la comunicación con los adolescentes. No nos posiciona como expertos, los expertos son ellos, pero sí como un recurso a quien ellos pueden acudir para contarnos sus cosas, aunque tengan que ver con tecnología. Es un alivio no tener que darnos «una clase previa» para que entendamos el contexto de lo que nos van a explicar, como me comentó Roberta, una adolescente que estaba frustrada luego de una sesión con su terapeuta porque se pasó la mitad de la consulta explicándole que era un *streak* en Snapchat y por qué no era lo mismo que tener seguidores en Instagram.

Hay que estar abiertos a aprender de por vida, no para saber cada plataforma tecnológica que usan o usarlas mejor que ellos, sino para poder identificar cuáles son los riesgos, qué habilidades necesitan y qué cosas de nuestra experiencia podemos compartir con ellos para ayudarlos a enfrentar los retos que esas plataformas representan. Entonces, a pesar de que nuestra generación no vivió muchas de las cosas que hoy son posibles para nuestros hijos, como por ejemplo el envío de un *nude*, el saber que eso sucede y que muchos experimentan presión social por enviarlos, nos permite compartir con ellos cómo manejamos situaciones de nuestra adolescencia en las cuales también nos sentimos presionados (como pudo ser el probar alcohol o el cigarrillo). Aunque son temas diferentes, sabremos cómo ayudarlos.

Tomar decisiones propias en ausencia de evidencia científica. Cuando quedé embarazada de mi primer hijo, una de mis reacciones fue ponerme a estudiar, quería estar preparada para «hacerlo bien». Me leí el clásico: *Qué esperar cuando estás esperando*[6], fui a un curso psicoprofiláctico y le preguntaba cosas a las mamás que me encontraba con niños pequeños. Uno busca formas de hacer las cosas lo mejor posible y ahorrarse cometer errores. Si esos datos vienen de la ciencia, de investigaciones, pues aún mejor, porque se supone que quienes lo realizan son los expertos.

Sin embargo, en el tema de la tecnología y sus efectos en nuestros hijos o en el cómo manejarla, no existe un consenso entre los investigadores ni estamos cerca de que lo consigan.

Por un lado, está la tendencia que compara el uso de pantallas con el consumo de drogas y la identifica como culpable del incremento en las tasas de ansiedad, suicidio y depresión en los jóvenes.

Por otro, está un grupo de investigadores que cuestiona las metodologías científicas utilizadas y el manejo de los datos del grupo anterior. Afirman que carecen de suficiente evidencia para hacer las afirmaciones que hacen. En sus propias investigaciones demuestran que el uso de la tecnología por sí sola no explica la causalidad de trastornos conductuales en niños y adolescentes.

No podrías decir a este le creo más que al otro porque viene de Harvard, porque todos son de universidades reconocidas en el mundo. Sin embargo, aunque tiene algo de divertido ver sus peleas intelectuales en Twitter, la disparidad de sus resultados y lo extremista de sus posiciones no nos brindan mucha claridad a los padres sobre qué camino seguir.

«Hay mucho que todavía no se sabe, la tecnología cambia muy rápido y toma mucho tiempo ver realmente los efectos», afirma la profesora Sonia Livingstone. Tiene sentido, el uso que daban los niños y adolescentes a los teléfonos inteligentes y las tabletas hace diez años no son necesariamente los mismos que le dan hoy. Existen otras redes sociales, juegos y más capacidad de transmisión y almacenamiento de datos que habilitaron nuevas funciones que antes tampoco estaban.

---

6. Eisenberg, Arlene. Sandee. Hathaway, Heidi E. Murkoff. *Qué esperar cuando estás esperando*. Madrid: Editorial Planeta. 1997.

Como el crecimiento de nuestros hijos no se puede poner en pausa mientras los investigadores llegan a una conclusión única, si es que la consiguen, a los padres nos toca educar en la incertidumbre tomando nuestras propias decisiones, dependiendo de lo que tenga sentido para cada hijo y nuestras dinámicas familiares. Si nos dejamos llevar por cada titular, podemos vivir entre el pánico de poderles estar generando un mal irreversible y la relajación de que no hay nada de qué preocuparse.

La estrategia detrás de muchos de estos titulares es hablarle al dolor de los padres y uno de ellos es el miedo a poner a sus hijos en peligro o no estar haciendo bien el trabajo. Con eso logran captar nuestra atención, obtener más *clics* y que sea reenviado por más personas. También es una estrategia para vender productos o servicios que prometen evitarnos y aliviarnos ese dolor. Del mismo modo, existen campañas con titulares llamativos que hacen referencia a investigaciones que promueven usos de la tecnología para desarrollar ciertos aprendizajes a través de plataformas que venden.

Por eso, en esta época es importante que los padres tengamos sentido crítico tanto a la hora de consumir y reenviar información, como al momento de decidir qué tecnología y cómo será utilizada en nuestra familia.

Creencias que traemos en «nuestras maletas»

La tecnología que usan nuestros hijos tiene la peculiaridad de que todos los días nos está tocando teclas de creencias que tenemos muy arraigadas por la cultura y la crianza que recibimos de nuestros padres. Es decir, «cosas» que recibimos a lo largo de nuestra formación para «nuestras maletas». Si no estamos conscientes de dónde vienen nuestras reacciones podemos establecer una relación de constante crítica a todo lo que vemos que hacen, sin darnos el permiso de conocer y entender lo que realmente están haciendo con sus dispositivos.

En estos años de trabajar con familias, e incluso en mi experiencia como mamá, he ido identificando algunas de estas creencias que tienden a generar conflictos con el uso que le dan nuestros hijos a la tecnología:

El descanso te pone en peligro. Si compartes como yo, ser hija de padres que vivieron la posguerra, entenderás que crecí con esta idea de que tienes que producir algo todo el tiempo. Ellos crecieron en una coyuntura en la cual, si no trabajaban varios turnos incluso en trabajos diferentes, literalmente no comían. Afortunadamente yo no tuve que vivirlo así, pero mi historia familiar hizo que mis padres me educasen con un esquema parecido, tenía que producir calificaciones y estar ocupada todo el tiempo: leyendo, pintando, en deportes, pero el descanso no se valoraba, más bien era de vagos. Si te descuidabas y descansabas de más, no ibas a sacar buenas calificaciones, con las cuales no entrarías a una buena universidad, no conseguirías un buen trabajo y pasarías necesidades. La creencia era: cuidado con el descanso, puede ser peligroso.

Cuando camino por la casa y me encuentro a mis hijos «echados» en sus diferentes formatos, y además los acompaña un dispositivo como la cereza del pastel, esta creencia activa mi miedo a que ese momento de inactividad los está haciendo perderse de algo que según yo, los haría tener una mejor vida como leer un libro, montar bicicleta o trepar un árbol. Lo más irónico es que, a veces cuando me asalta este miedo, me acerco y están leyendo, viendo un video o teniendo conversaciones propias de su edad con sus amigos.

Pero eso no es todo, mis hijos van al colegio por seis horas, donde en cada clase se enfrentan a diferentes retos al mismo tiempo, desde los académicos hasta los agotadores dramas entre compañeros. Además, tienen tareas en la tarde y hacen una hora de ejercicio. El hacerme consciente de dónde venía mi reacción me hizo ver que mis hijos se cansan y que está bien descansar. Eso a veces pasa con y sin sus dispositivos.

Vales según lo que produces. Quien produce más tiene más y vale más. Por lo tanto, los minutos en que no están haciendo nada que consideremos productivo nos asalta el miedo de que su futuro pueda estar comprometido.

Es común que los padres no consideren el juego como algo productivo. Jugar está asociado a connotaciones negativas como perder el tiempo o una actividad poco seria. Sin embargo, el juego es una de las mejores formas de aprender algo, desarrollar habilidades e incluso trabajar.

Si el juego no tiene un valor productivo para los padres y además se tiene la creencia de que el valor de una persona está asociado a lo que produce, verlos jugar con una tableta o consola nos detona nuestro instinto de protegerlos.

Una vez una *coach* me mostró dos fotografías, en una aparecía Gandhi y en la otra un carpintero y me preguntó: «¿Quién vale más?». La verdad es que sabía que Gandhi fue una persona muy conocida y el otro señor no, pero no podía ponerle un valor como tal a cada uno. «Exacto» me dijo, «no puedes ponerle un valor porque las personas somos invaluables. Hay que separar: esto soy yo y esto es algo que yo hago, pero no porque vendas jabones de cien pesos tu valor como persona está en múltiplos de cien pesos».

Nuestros hijos son invaluables, por lo tanto, no valen ni más ni menos por las actividades que realicen o dejen de realizar con o sin tecnología.

Para que valga tienes que sufrirlo. Como resultado del internet y plataformas como redes sociales también se han creado nuevas profesiones o trabajos que implican esfuerzos diferentes a los cuales estamos acostumbrados. Si además es una actividad que el adolescente particularmente disfruta, o que no la padece, produce un corto circuito con otra creencia muy común entre algunos padres: para que algo tenga realmente valor tiene que haber cierto grado de sufrimiento en ese esfuerzo.

Un día recibí un mensaje directo de una seguidora de mi cuenta de Instagram. La señora estaba realmente furiosa. Su hijo se había inscrito para participar en un torneo de *Fortnite* al cual ella lo acompañó. En el registro le pidieron sus datos bancarios, los que compartió y no le dio ninguna importancia. Resultó que el equipo de su hijo ganó el segundo lugar y a los dos días a ella le depositaron 200 USD.

Su enojo venía de que su hijo se había ganado 200 USD por la «tontería» de jugar un videojuego y que además sus familiares y amigos lo llamaban para felicitarlo. Ahora cómo le iba exigir que estudiase y se esforzase si por jugar un par de horas había ganado mucho más que lo que gana un practicante por hora en su empresa.

Primero que nada, la felicité porque, como le expliqué, si su hijo ganó el segundo lugar fue porque es realmente bueno. No cualquiera logra ocupar esos puestos y para llegar allí seguramente se esforzó, solo que haciendo algo que quizás ella no le asignaba el mismo valor que a otra actividad.

Los 200 USD, según la perspectiva de esta mamá, no eran merecidos por la forma en que habían sido ganados. Le pregunté: «y si a tu hijo lo hubiese seleccionado un equipo de fútbol porque tiene potencial y le hubiera pagado un fee por firmar de 200 USD ¿te sentirías más cómoda con el origen de ese dinero?». Se quedó pensando y me respondió: «sí, la verdad es que sí». Ahora el fútbol es socialmente más reconocido que los videojuegos, pero años atrás que un hijo quisiera dedicarse de forma exclusiva al fútbol era una desgracia. En ambos casos, la creencia de que no hay esfuerzo sin sufrimiento o que no es posible esforzarte mucho y al mismo tiempo disfrutar lo que haces no permite reconocer el logro de un hijo que se destaca en algo poco convencional de acuerdo con el discurso social de cada época.

Ahora más que nunca, no se saben cuáles van a ser las profesiones del futuro y es muy probable que existan muchas más posibilidades de generar ingresos o conseguir objetivos que difieran de lo que conocemos o valoramos.

Un ejemplo lo viví con un proyecto de ayuda social de una escuela. Los alumnos de secundaria querían crear una petición en la página Donadora.org, pero la escuela no aceptaba el proyecto porque «ellos no tenían que hacer nada si no solo subirlo a internet». Los alumnos no entendían porqué no podían utilizar una plataforma que les permitiese maximizar el alcance de la audiencia a quien podían pedir una donación. Si cada uno de los veinticinco alumnos conseguía que diez personas en el mundo donasen 10 USD se alcanzaría un total de 2,500 USD, que en pesos mexicanos era un monto que nunca iban a alcanzar vendiendo galletas o donas.

Sin embargo, la escuela no cedió, y lo peor es que nunca se tomó el tiempo de entender «el otro tipo de esfuerzo» que implicaría para los alumnos redactar bien el argumento para la petición, quizás aprender de *storytelling* o hacer un *pitch* de ventas, conocer el funcionamiento de la plataforma, utilizar su *networking* para conseguir donaciones; tareas diferentes a ir caminando y tocando puertas de vecinos (que tampoco ocurre, por cierto, porque siempre terminan comprando las donas las propias mamás), pero no quiere decir que no implica el uso de habilidades y talentos o que no exista esfuerzo.

Conversar con nuestros hijos sobre nuestras creencias, de dónde vienen y preguntarles si consideran que se mantienen vigentes es muy interesante. Se puede aprender tanto de ellos y, aunque puede costarnos mucho trabajo desprendernos de lo que tenemos muy arraigado, siempre valdrá la pena darle un chance y probar las nuevas creencias con relación al esfuerzo, el valor de las personas y la percepción del descanso.

«Los hijos son prestados» escuché una vez decir a alguien. Estoy de acuerdo, me veo como una persona responsable de proporcionarles los recursos para que en su momento salgan lo mejor preparados posible para enfrentarse por sí mismos al mundo. Estaré allí siempre para apoyarlos cuando me necesiten, pero que no dependan de mí para que logren ser lo que quieran en la vida.

No tenemos control sobre lo nuevo que vendrá, pero sí podemos trabajar puertas adentro para conseguir que salgan lo mejor preparados con las habilidades que ya saltan a la luz con relación a la tecnología.

Recuerda que:

- El mundo en el que crecen nuestros hijos es diferente al mundo en que crecimos nosotros.

- Visualizar esas diferencias permite identificar las competencias que son necesarias para crecer y vivir en un mundo que cada vez más involucra el uso de la tecnología.

- Algunas competencias importantes para el siglo XXI son:
  - Pensamiento crítico.
  - Tomar decisiones por sí mismos.
  - Manejo del tiempo y distracciones.
  - Autoestima.
  - Empatía y compasión.
  - Resiliencia.
  - Adaptación

- Para conseguir desarrollar esas habilidades y competencias podemos incluir en nuestros estilos de crianza:
  - Establecer límites que nos permitan protegerlos.
  - Ser padres curiosos más que reactivos.
  - Estar dispuestos a aprender de por vida.
  - Tomar decisiones propias en ausencia de evidencia científica.

- Es interesante identificar si traemos creencias heredadas de nuestra crianza que sean la base de muchos conflictos con relación al uso de la tecnología por parte de nuestros hijos. Por ejemplo:
  - El descanso te pone en peligro.
  - Vales según lo que produces.
  - Para que valga tienes que sufrir.

Ejercicios:

1. Conversa con tus hijos sobre aquello que sus abuelos consideraban determinante para el futuro:
   • ¿Cómo influyó en tus decisiones académicas y profesionales?
   • ¿Qué opinan tus hijos sobre lo que era importante antes? ¿Continúa siendo vigente?
2. Escribe o dibuja cómo crees que es el mundo en el que crecen tus hijos:
   • ¿Coincides con las características que te mencioné en este capítulo?
3. ¿Qué consideras indispensable incorporar a tu estilo de crianza desde ya para que tus hijos puedan desenvolverse satisfactoriamente en el mundo que describiste en la pregunta anterior?
4. Comparte el ejercicio con tus hijos y pregúntales sus opiniones:
   • ¿Coinciden en las mismas percepciones? ¿Qué le cambiarían?
5. Elabora un plan de acciones con tus hijos de acuerdo a las competencias que consideren más relevantes, evalúen del 1 al 5 qué tan desarrolladas están y de qué forma pueden lograrlas.
6. De las siguientes creencias, ¿cuáles consideras que tienes? Luego pregunta a tus hijos si consideran que tienes alguna de ellas. Vean si hay coincidencias y conversen al respecto. ¿Surgieron algunas otras creencias diferentes que tengan potencial de entrar en conflicto con el uso de la tecnología?

Creencia	Yo ¿la tengo?	Mi mamá/ papá ¿la tiene?
El descanso te pone en peligro		
Vales según lo que produces		
Para que valga tienes que sufrir		
Otro:_____		
Otro:_____		

Capítulo 4
Si yo fuera mi hijo,
¿qué necesitaría de mis padres?

«Mi padre solía decir: "No levantes la voz,
mejora tu argumento"».

DESMOND TUTU

«Mamá, de tus conferencias, mi favorita ha sido la del Congreso de Tecnología para sordos», me dijo mi hijo mientras íbamos en el coche a sus clases de natación. Cuando es posible, él me acompaña a mis presentaciones y me ayuda tomando fotos y videos con su *iPad*. Coincido con él, esa conferencia del 10 de noviembre de 2018 fue muy especial. Me tomó unos minutos adaptarme al hecho de estar parada frente a un auditorio donde nadie me veía a mí, sino a la traductora. No por mi ego ni nada por el estilo. Simplemente estaba acostumbrada a conectar con las miradas de los asistentes y en esta ocasión ocurría lo contrario. Si me veían a mí sabía que no me estaban «escuchando». También tuve que tener confianza en que la traductora transmitiese lo que yo quería decir. Un ejercicio de ceder el control que a personas perfeccionistas como yo nos cuesta un montón.

Las técnicas de oratoria que utilizo como cambiar los tonos de voz, hacer pausas, o utilizar música en esta audiencia no aplicaban. Tuve que modificar y adaptar mis recursos, incluir más textos de los que acostumbro en mis láminas, añadir subtítulos en los videos y ajustar mi ritmo de hablar para que tuviese armonía temporal con la traductora.

¿Qué habría sucedido si hubiese dado la conferencia sin considerar a la audiencia? Probablemente el mensaje que quería transmitirles no hubiese llegado o al menos no con la misma efectividad.

En la paternidad puede sucedernos algo similar. Nuestros hijos crecen en entornos que nos resultan nuevos e inexplorados, y con las mejores intenciones a veces los abordamos con estilos de paternidad que no necesariamente resultan efectivos para educar a nuestros hijos en los valores y habilidades relevantes dentro del medio tecnológico.

«Ese corto circuito» entre estilos y tecnología, puede generar conflictos crónicos y deteriorar las relaciones entre padres e hijos, cuando justamente necesitamos lo contrario: fortalecer nuestros vínculos con ellos.

Exploremos tres tipologías de estilos de paternidad desde la mirada del uso de pantallas de sus hijos.

Estilos de paternidad y sus dilemas

Autoritario. Esta paternidad enloquece en el entorno tecnológico porque a la rigidez le cuesta adaptarse a algo que cambia constantemente. Esto se intensifica cuando los hijos entran a la divertida etapa de la adolescencia y comienzan a cuestionar las órdenes que vienen de arriba. «Apagas ya ese videojuego porque lo digo yo» o «Me das tu celular ahora mismo», sin explicarles las razones si no simplemente porque lo ordena la autoridad es interpretado como algo sin sentido: ¿por qué tengo que dejar de jugar y tú sí puedes ver todo el día tu celular? Nuestros hijos tienen acceso a toda la información más allá de lo que venga de nosotros o sus maestros, este tipo de órdenes sin una explicación o con una razón que solo aplica para ellos, sabiendo que es igual de malo para los adultos pierde sentido. ¿Por qué es bueno que yo duerma sin celular en mi habitación y tú lo puedes tener en la mesita de noche?, son órdenes que se perciben como hipócritas y no las interpretan desde nuestro genuino interés de protegerlos de algo.

Cuando no entienden el porqué de una orden relacionada a la tecnología, asumen que es por nuestra ignorancia en el tema y, como siempre van a estar un paso más adelante que nosotros en la parte técnica, encuentran la manera de burlar la orden sin que nos enteremos. Una vez me llamaron de una escuela por un caso de *cyberbullying* dentro de la plataforma Tellonym de un alumno de séptimo de secundaria. Habían logrado dar con el victimario, pero los padres alegaban que era imposible ya que su hijo no tenía ni tendría celular hasta que fuera a la universidad, «precisamente para evitar este tipo de situaciones». Les expliqué a los padres que en realidad su hijo podía usar la plataforma desde una computadora sin la necesidad de un celular. Meses después, me enteré, a través de la escuela, que el chico no solo tenía un perfil en Tellonym sino que tenía un teléfono inteligente guardado en el *locker* del colegio sin que los padres supiesen. ¿Cómo se lo compró?, quién sabe.

Con la paternidad autoritaria algunos adolescentes pueden asumir que siempre deben obedecer a un adulto sin cuestionarse si es correcto lo que les están pidiendo o si va en contra de su seguridad. Con la tecnología esto puede resultar contraproducente. Necesitamos jóvenes que sepan decir que no, ante una petición de un adulto que conozcan en una plataforma digital que los ponga en riesgo, como por ejemplo compartir datos personales, enviar fotos o videos en los que aparezcan desnudos o cualquier otra petición que los haga sentir transgredidos.

Cuando se meten en problemas, los adolescentes que crecen con este estilo de crianza no les cuentan a sus padres por miedo a los castigos y no comparten mucho sobre sus experiencias dentro de los espacios digitales por temor a despertar más restricciones. El riesgo que corren estos adolescentes es que al no pedir ayuda o retrasar pedirla crean el efecto de bola de nieve: el problema final termina siendo mayor que el inicial, pues muchas veces se centran en esconder el error.

Controlador. Este estilo de paternidad tampoco la tiene fácil porque es humanamente imposible tratar de controlar absolutamente todo lo que involucra el uso de tecnología. Aunque decidas vivir sin internet, los hijos van a otras casas o espacios públicos donde sí hay. Es muy doloroso saberse incapaz de tener el control total de la situación, produce mucha frustración y es agotador. La llegada de la adolescencia incrementa la crisis. Se añade el hecho de que los hijos manejan la tecnología mejor que los padres, con lo cual aumenta la sensación de que es algo que se les escapa de las manos y esto genera angustia o incluso culpa por no creerse lo suficientemente buena mamá o buen papá.

Los adolescentes, por su parte, no aprecian tanto que sus padres gerencien minuciosamente sus vidas. Es el momento de voltear a ver otros referentes, descubrir quién quieren ser probando diferentes estilos y formas que, a veces, no corresponde al plan de los gerentes generales de la casa.

A la paternidad controladora le cuesta entender por qué los hijos no cumplen al pie de la letra sus reglas de uso de la tecnología. Una vez una mamá me preguntó un tanto desesperada: «No entiendo, mi hija firmó un contrato antes de que le diésemos su celular donde su papá y yo le pusimos todo: horas de uso al día, procesos que debe cumplir para instalar apps y abrirse cuentas en redes sociales, qué tipo de cosas puede chatear, con quién puede chatear, qué fotos y videos tomarse y cuáles son para enviarse y cuáles no, qué contenidos está autorizada para ver, pero no los cumple todos, no comprendo qué parte no entiende y nos la pasamos peleando todos los días por ese bendito aparato». Para algunos adolescentes el deseo de tener un teléfono inteligente puede superar cualquier cláusula de un contrato. Una cosa es lo que firman y otra es lo que realmente van o estarán en capacidad de cumplir. Eso puede pasar con cualquier estilo de paternidad, la diferencia es que esta pérdida de control le toca más teclas a los padres que viven con la ilusión de poder dirigir la actuación de un hijo adolescente.

Otra conducta común de este estilo de crianza es la constante búsqueda de herramientas que les permitan «controlar» todo lo que sus hijos hacen con sus teléfonos inteligentes, como si estos fueran un dron que ellos dirigen desde un control remoto: «¿Cómo controlo cuánto tiempo juega?», «¿Cómo puedo leer sus chats sin que se dé cuenta?», «¿Cómo puedo ver los videos o fotos que vio en Instagram, TikTok, YouTube?», «¿Qué filtro puedo instalar que no pueda desinstalar?», «¿Cómo hago para que no le gusten los videojuegos o para que no quiera abrir una cuenta en Instagram?».

Como es imposible lograr un control total y además los hijos adolescentes cuentan con más horas de vuelo en tecnología para burlar lo que los padres van instalando, son relaciones muy tensas y se pierde la experiencia de aprendizaje intergeneracional, porque el foco está en un juego muy desgastante parecido al gato y al ratón.

Algo curioso de este estilo de paternidad es que en ocasiones las estrategias que utilizan son a escondidas de los hijos, o al menos eso es lo que los padres creen, como por ejemplo esperar cualquier oportunidad que se presente para revisarles el celular sin que se den cuenta.

En reacción al control es muy común que los hijos tengan diferentes cuentas en redes sociales con nombres falsos para que sus padres no los consigan, desinstalen una y otra vez los filtros de contenido y controles parentales que los padres configuran, hallen la forma de conectarse a la red de wifi del vecino o burlen las restricciones de horario. Hasta he conocido casos extremos donde se han comprado otro celular y dejan un «celular anzuelo» para que los padres revisen lo que quieran y crean que ellos no se han dado cuenta.

A pesar de que la raíz de esa búsqueda de control es seguramente un profundo amor por sus hijos, y un genuino deseo que nada malo les pase, este estilo de paternidad a veces consigue lo contrario. Los adolescentes buscando sus espacios «libres de papás» pueden llegar a plataformas de mayor riesgo, es decir, «en vez de chatear por WhatsApp déjame ponérselo más difícil a mis padres y chateo por Snapchat». O tratando de ver cómo *hackean* un sistema conocen a personas con malas intenciones en internet (ojo no quiero decir que todos los *hackers* son malos). Tampoco se construye una relación de confianza en la cual los adolescentes se sientan cómodos de compartir con sus padres temas relacionados con la tecnología y, cuando están en problemas, también tardan mucho tiempo en ir a pedir ayuda porque eso probablemente termine en más medidas de control.

Cuando el control se manifiesta en actitudes sobreprotectoras por parte de los padres como por ejemplo, llevarles la agenda de todas sus actividades, pedir la tarea por los grupos de WhatsApp si se les olvidó copiarla, buscar que sean invitados a fiestas para que no se sientan excluidos, a la larga también influye en la forma en que los adolescentes usan la tecnología. Puede que les cueste asumir su parte de responsabilidad en un conflicto generado a través del uso de redes sociales, porque siempre sus padres han salido a su rescate con el salvavidas listo. Tienen menos experiencia con situaciones de riesgo, por lo que se les dificulta calibrar el tamaño del peligro en que se están metiendo con las decisiones que toman dentro de las plataformas. Son menos seguros a la hora de tomar sus propias decisiones, porque siempre las han tomado por ellos, por lo que tienden a ceder ante la presión del grupo y esto los hace más proclives a seguir *trends* que abundan en internet, sin cuestionarse mucho los beneficios o peligros que representan para ellos o un tercero.

Permisivo. Aparentemente sería la menos conflictiva porque implica muy pocos o ningún límite. No hay discusiones que vengan por decir que no. Sin embargo, es la que menos protege. Es darle acceso a todo, a destiempo, sin saber muy bien lo que están haciendo, ni medir los riesgos y peligros implícitos de los dispositivos o las plataformas en las que interactúan sus hijos. Muchos se escudan en decir que «la tecnología no se les da», como si se tratara de un pasatiempo que no comparten, como por ejemplo que al hijo le gusta el fútbol americano y a ellos no, pero igual lo llevan a sus prácticas y partidos sin enterarse muy bien de qué trata. El tema es que hoy en día no podemos negar el efecto que tiene la tecnología en el crecimiento y vida de los niños, independientemente de que coincida con nuestras habilidades, gustos e intereses. No podemos prescindir o deslindarnos de nuestra responsabilidad de protegerlos en el entorno digital, porque cada vez la mayor parte de la vida de nuestros hijos ocurre allí.

Hay quienes lo perciben como algo generacional: «Es con lo que les tocó crecer, pero yo soy de otra época», lo curioso aquí es que hay padres que me han dicho esto y son nativos digitales. Todos los seres humanos que nos encontramos vivos en este momento formamos parte de esta época. Que hayamos crecido con otras cosas no implica que estemos viviendo en mundos separados al de los más jóvenes.

El riesgo más obvio de la paternidad permisiva es no cumplir con nuestro rol de protección, es querer ser amigos antes que padres e irónicamente, en la adolescencia, lo que más agradecen nuestros hijos, aunque no lo manifiesten, es tener límites.

Los límites les dan seguridad y particularmente el uso de la tecnología les da herramientas para protegerse de la presión social que enfrentan con sus pares. Escudarse en: «No pude contestar porque ya sabes que la loca de mi mamá no me deja tener el celular en la mesa» o «Me tuve que salir del grupo porque mi mamá supervisa mi celular y no quiero meterlos en problemas», los ayuda a decir que no sin comprometerse socialmente. Es como cuando te invitan a una cena que no quieres ir y te excusas diciendo: «Me encantaría, pero mi esposo tiene un compromiso de trabajo que no podemos cancelar». Obviamente que muchos padres preferirían que sus hijos dijesen un rotundo no, con seguridad y firmeza, sin tener que excusarse, pero para muchos adolescentes esto es difícil y podemos darles una ayudadita.

A la permisividad y ausencia de límites, algunos adolescentes las interpretan como falta de amor e interés de sus padres. Se comparan con sus amigos cuyos padres ponen horarios, restringen el uso de dispositivos en determinadas ocasiones y se preguntan: «¿Por qué a mí no me limitan en nada?». El riesgo es que comienzan a experimentar para ver hasta dónde los padres son capaces de no poner un alto. «¿Qué tengo que hacer para que se preocupen por mí?». Eso trasladado al entorno digital puede significar: qué tipo de publicaciones subo a mi cuenta de Instagram, qué retos hago en TikTok, qué pasa si juego todo un día videojuegos, qué veo en YouTube que pueda atraer su atención o, situaciones de mayor peligro como establecer comunicación con personas dentro de plataformas anónimas o comunidades que es sabido que buscan compartir pornografía. Es como gritar en silencio: «Oigan, volteen a verme».

Si el adolescente tiene dudas sobre el amor e interés que le tienen sus padres, es poco probable que se sienta motivado para ir a contarles sobre su vida digital o compartirles los retos o problemas que enfrenta.

Otros adolescentes reaccionan diferente: «Si nadie me cuida, tendré que cuidarme yo». Buscan, con los recursos que tienen, la forma de protegerse y debo reconocer que en algunos casos que he conocido hacen un trabajo bastante bueno. Investigan en internet y usan las redes sociales para comunicarse con personas que los puedan ayudar, especialmente cuando se meten en problemas. Yo recibo mensajes directos en mis redes sociales con consultas de adolescentes sobre temas muy delicados que son para recibir orientación de un profesional de la salud mental con acompañamiento de sus padres. Mis respuestas van orientadas a que busquen esa ayuda, pero ¿qué pasa si otra persona a la cual contactan quiere aprovecharse de la posición vulnerable en la que están?

¿Autoritario?, ¿controlador?, ¿permisivo? Probablemente en nuestro viaje de la paternidad todos en algún momento podemos reconocernos en mayor o menor grado con alguno de ellos. Una pregunta reveladora que me hago cuando me siento perdida en estos u otros estilos es: si yo fuese mi hijo en esta situación y este contexto, ¿qué mamá o papá necesitaría? Y en el silencio y la calma me empiezan a llegar respuestas, no de publicaciones de cuentas de paternidad de Instagram, sino de mi intuición y propia sabiduría.

Trampas para familias contemporáneas

Lo que valoramos como sociedad también tiene un impacto en las decisiones que tomamos con relación a la tecnología que utilizan nuestros hijos.

En este sentido quise resaltar dos trampas muy comunes en las cuales podemos caer y afectar nuestra paternidad entre pantallas.

Vivir contra reloj. Esta trampa se crea a partir de la intensidad con la que viven algunos padres, haciendo malabarismos para cumplir con todas las demandas que reciben de diferentes frentes o autoimpuestas. Cuentan con poco tiempo y energía para tomar decisiones conscientes sobre la presencia de la tecnología en la familia y poner límites acordes. Los dispositivos se convierten en una forma de sobrevivir el día a día.

Recuerdo cuando mis hijos tenían tres y seis años, por querer que tuvieran «la mejor» educación en todo: escuelas y actividades extraescolares, escogía los lugares donde recibirían esas clases sin considerar las distancias o el tiempo de los desplazamientos. Para comenzar iban a escuelas diferentes, porque me parecía que el kínder de la escuela de mi hija mayor no era el mejor para mi hijo menor. Pude buscar al menos un kínder que quedase cerca de esa escuela o de la casa, pero no, «el mejor» kínder que encontré estaba al otro lado de la ciudad. Por las tardes, a pesar de tener un club cerca de mi casa con muchas opciones de deportes y actividades artísticas, inscribí a mi hija en clases de gimnasia en un centro deportivo que por el tráfico nos tomaba una hora entre ir y volver, además de la hora de la clase. Como la natación es fundamental para evitar los peligros de que se ahogasen en una alberca, escogí las clases que según mi investigación consideré mejores. El detalle es que, en ese lugar, para llegar a la alberca tenía que subir y bajar dos y tres pisos de escaleras, con una maleta que parecía que nos mudábamos y que a veces mi hijo de tres años no quería caminar.

Mi vida transcurría en el coche, yendo y viniendo, estresada porque los imprevistos que surgen al tener niños de esas edades siempre generaban algún retraso y físicamente era agotador. Mi «salvavidas» para mantener la calma en esa vida loca que yo me había creado eran las tabletas, para que estuviesen tranquilos en el coche, para que comiesen más rápido para salir a tiempo, para que me diesen chance de hacer la cena, en fin, hasta para tener un momento en el que pudiese respirar con calma. La intensidad de ese estilo de vida que había escogido me tenía tan cansada que no tenía cabeza para ponerme a averiguar sobre filtros de contenido que los protegiese de contenidos inadecuados, buscar juegos apropiados para sus edades, o ver el costo de que fuésemos en coche sin conversar ni compartir los momentos de las comidas. Menos aun, para sentarme a pensar con mi esposo, cuáles iban a ser los límites del uso de la tecnología, porque en ese momento, cualquier espacio de paz valía más que cualquier cosa y no queríamos arruinarlo por el hecho de que quisieran ver un capítulo más de los *Backyardigans* (el *Paw Patrol* que me tocó a mí), aunque habíamos dicho que uno solo.

Por fortuna, un día ya no aguanté más, y con ayuda de una psicóloga descubrí que ese estilo de vida o esa forma de ser buena mamá que me había inventado no era para mí. Mi agotamiento hacía más daño que el beneficio de las mejores clases, así que, desde entonces, mis dos hijos van al mismo colegio y por las tardes toman clases extracurriculares dentro de la oferta de actividades que brinda el club al lado de mi casa. Si quieren inscribirse en algo que queda lejos la condición es que tengan servicio de transporte para regresar de forma segura a la casa.

Dejar de vivir a ese ritmo me dio el tiempo de entender los límites que necesitaban mis hijos según su edad, pensando en el largo plazo, no en su bienestar inmediato. Tenía la energía para reforzar la regla de no comer con dispositivos en la mesa, ya no tenía la urgencia de sobrevivir a la cena, sino que estaba construyendo un hábito que sabía que nos iba a beneficiar como familia a futuro, en especial cuando cada uno tuviera un teléfono inteligente.

Sobrevalorar el pertenecer. Uno de los aspectos de la vida actual que interfiere en la educación y en el buen uso de la tecnología es la gran importancia que tiene en nuestras sociedades el pertenecer a un grupo, que trasladado a la vida de nuestros hijos significa que sean populares, los inviten a muchas fiestas, tengan muchos amigos y si son «del grupo correcto» aun mejor.

Este factor, en ocasiones, es el más determinante para que los padres cedan en sus límites relacionados a la tenencia y uso de tecnología a pesar de que vayan en contra de lo que consideran más seguro para sus hijos. Me atrevo a decir que nos gana la popularidad a la seguridad. El miedo a que nuestros hijos queden fuera de grupo, viene acompañado con la narrativa de que, al quedar fuera, van a ser molestados o inclusive víctimas de *bullying*. Por lo tanto, ceder en los límites para que pertenezcan se percibe como una forma de protección.

No creo que esto sea imposible que suceda. Ser diferente a lo que hace la gente o tomar una postura impopular puede tener sus costos sociales, pero ¿qué mensaje damos a nuestros hijos cuando tomamos decisiones de dar acceso a dispositivos o plataformas que consideramos no aptas para su edad, porque nos da miedo que sean rechazados por sus amigos? Para mí es dar una señal de que no es suficiente con lo que ellos son como personas para que sus amigos quieran estar con ellos, tienes que tener y hacer lo que es popular para contar con amigos y ceder ante tus ideas si no coinciden con lo que piensa la mayoría. Esto es un terreno que no construye la autoestima que se necesita para vivir en armonía con las redes sociales, y es caldo de cultivo para conductas de riesgo, porque no promueve el decir que no a conductas populares que suponen un peligro para sí mismos o un tercero.

En el capítulo anterior destacamos el pensamiento crítico como una habilidad muy importante para que nuestros hijos crezcan sanamente entre pantallas. En este capítulo, podemos concluir que es igual o más importante para nosotros los padres pensar de forma crítica en función de identificar el estilo de paternidad más beneficioso para cada uno de nuestros hijos así como para estar alertas y no dejarnos llevar por los ruidos del entorno, por el bombardeo del «deber ser» de una buena madre o buen padre que pueden hacernos caer en trampas que nos aparten o alejen del deseo de ver a nuestros hijos desarrollar su máximo potencial en entornos protegidos mientras adquieren las competencias para cuidarse por sí mismos.

Recuerda que:

- No todos los estilos de paternidad son para todos los hijos.
- Con el estilo autoritario:
  - Los padres sufren ante su falta de flexibilidad frente al constante cambio tecnológico.
  - Los adolescentes pueden romper las reglas si no se les explica con claridad las razones al poner determinado límite.
  - Los adolescentes pueden percibir que tienen que obedecer a cualquier adulto sin cuestionar y esto puede ponerlos en situaciones de peligro en entornos digitales donde interactúen con adultos con malas intenciones.
  - Por miedo a castigos los jóvenes tienden a tardar mucho en pedir ayuda a sus padres cuando están en problemas.
- Con el estilo controlador:
  - Los padres se frustran con frecuencia ante la imposibilidad de poder controlar todo lo que un adolescente puede hacer con la tecnología.
  - Los padres utilizan más energía y tiempo en la ilusión de encontrar plataformas y mecanismos de control de dispositivos y plataformas que en desarrollar una comunicación o relación más cercana con sus hijos.
  - Prefieren revisar dispositivos o instalar controles a escondidas de sus hijos, lo cual puede generar un círculo vicioso de desconfianza.
  - Para zafarse del control, los adolescentes pueden dedicarse a desinstalar lo que configuran los padres o buscar

espacios digitales de mayor riesgo donde los adultos difícilmente tenemos acceso.

- Si el control además pretende evitarles incomodidades a los hijos, los inhiben en desarrollar competencias para la toma de decisiones y hacerse responsables de lo que resulte de las mismas.

• Con el estilo permisivo:

- Es un estilo que deja de lado la protección del adolescente.

- Establece muy pocos o ningún límite, lo cual deja al adolescente sin herramientas para manejar la presión social de sus pares.

- Algunos adolescentes pueden interpretarlo como una falta de amor e interés de sus padres e intentar llamar su atención involucrándose en actividades de mayor riesgo.

- Si no se sienten cuidados puede que decidan cuidarse solos. Sin embargo, pueden estar expuestos a que personas con malas intenciones tomen ventaja de su vulnerabilidad.

- Pueden sentir poca motivación para acudir por ayuda o consejos a sus padres.

• El entorno donde nos desenvolvemos como padres también puede influir nuestras decisiones sobre la tecnología que usan nuestros hijos. Estemos atentos a:

- Adoptar ritmos de vida a contrarreloj guiados por el deber ser.

- Otorgarle demasiado valor a que nuestros hijos pertenezcan a un grupo.

Ejercicios:

1. Si tuvieses que describir tu estilo de paternidad con cinco palabras, ¿cuáles utilizarías?

2. Pensando en los entornos tecnológicos de hoy, ¿consideras que tu estilo de paternidad facilita lo siguiente?
   - El desarrollo de competencias y habilidades necesarias que necesitan tus hijos.
   - La protección que minimice los riesgos en sus espacios digitales.

3. En la última semana, ¿cuántos conflictos han tenido en casa que involucre el uso de la tecnología? ¿Crees que mejorarían o empeorarían las relaciones si haces algún cambio en tu estilo de paternidad?

4. ¿Sientes que han caído en alguna de las trampas que se describen en este capítulo? De ser así, ¿qué acciones concretas pudiesen tomar para poder salir de ellas?

Bibliografía

Agonizing Over Screen Time? Follow the Three C´s. https://www.
nytimes.com/2020/04/13/parenting/manage-screen-time-
coronavirus.html. Revisado 20 de abril de 2020.

Arroyo Liliana. «Lessons From Teen Digital Life In Times Of
Lockdown». https://www.forbes.com/sites/esade/2020/04/10/
lessons-from-teen-digital-life-in-times-of-lockdown/#5f8fdb456f7e
Revisado abril 2020- abril 2022.

Canovas, Guillermo. *Cariño he conectado a los niños*. Bilbao:
Ediciones Mensajero, S.A., 2015.

Carter, Christine. *The New Adolescence*, Dallas: BenBella Books, Inc.,
2020.

Collier, Anne. «Screens kids use, Part 1: Everywhere and
'irrelevant'». Net Family News. https://www.netfamilynews.org/
screens-kids-use-part-1-everywhere-and-irrelevant/ Revisado
abril-2022.

Eisenberg, Arlene. Sandee. Hathaway, Heidi E. Murkoff. *Qué
esperar cuando estás esperando*. Madrid: Editorial Planeta, 1997.

EU Kids Online: https://www.lse.ac.uk/media-and-
communications/assets/documents/research/eu-kids-online/reports/
EU-Kids-Online-2020-10Feb2020.pdf

Gee Elisabeth; Takeuchi Lori M., and Ellen Wartella. *Children and Families in the Digital Age*. Londres: Routledge, 2018.

Giannetti, Charlene C. *Parenting in a Social Media World*. WATAGE, 2013.

Heitner, Devorah. Screenwise: *Helping Kids Thrive (and Survive) in Their Digital World*. Reino Unido: Bibliomotion, Inc., 2016.

Jobs, Steve. Was a Low-Tech Parent https://www.nytimes.com/2014/09/11/fashion/steve-jobs-apple-was-a-low-tech-parent.html Revisado marzo 2020

Kamenetz, Anya. The Art of Screen Time: *How Your Family Can Balance Digital Media and Real Life*. Nueva York: Hachette Book Group, 2018.

Lahey, Jessica. *El regalo del fracaso: aprender a ceder el control sobre tus hijos*. Nueva York: HarperCollins Español, 2017.

Livingstone, Sonia. «Are the kids alright?» http://eprints.lse.ac.uk/102336/1/Livingstone_are_the_kids_alright_published.pdf Revisado mayo 2020-marzo 2022.

Livingstone, Sonia & Blum-Ross, Alicia. *Parenting for a Digital Future: How Hopes and Fears about Technology Shape Children's Lives*. Oxford: Oxford University Press, 2020.

Livingstone, Sonia. Blum-Ross, Alicia. Paige, Mustain. «*What motivates 'tech-free' Silicon Valley parents to enrol their children in makerspaces?*» https://blogs.lse.ac.uk/parenting4digitalfuture/2020/01/01/what-motivates-tech-free-silicon-valley-parents-to-enrol-their-children-in-makerspaces/ Revisado marzo 2020.

Lynn Schofield, Clark. *The Parent App: Understanding Families in the Digital Age*, Oxford: Oxford University Press, 2013.

Mcgonigal, *Jane. Reality is Broken. Reality is Broken: Why Games Make Us Better and How They Can Change the World.* Vintage. Londres, 2011.

Markham Heid. «The debate over screen and health is more contentious than ever». https://elemental.medium.com/kids-are-staring-at-screens-all-day-is-this-really-a-problem-10ffdeef35f5 Revisado abril 2020.

Media and Young Minds. COUNCIL ON COMMUNICATIONS AND MEDIA. *National Library of Medicine.* Pediatrics Nov 2016, 138 (5) e20162591; DOI:10.1542/peds.2016-2591. https://pediatrics.aappublications.org/content/138/5/e20162591 Revisado abril 2020.

Media Use in School-Aged Children and Adolescents AAP COUNCIL ON COMMUNICATIONS AND MEDIA. Media Use in School-Aged Children and Adolescents. National Library of Medicine. Pediatrics. 2016;138(5):e20162592. https://pediatrics.aappublications.org/content/pediatrics/early/2016/10/19/peds.2016-2592.full.pdf. Revisado julio 2020- abril 2022.

Orben, Amy. «Outpaced by technology». https://medium.com/reframing-childhood-past-and-present/outpaced-by-technology-ee9747b9d727. Revisado mayo 2020.

Orben, Amy. «To talk about smartphones affecting the brain is a slippery slope». /https://www.theguardian.com/technology/2020/feb/01/amy-orben-psychology-smartphones-affecting-brain-social-media-teenagers-mental-health. Revisado 20 abril de 2020.

Popper, Nathaniel. «Panicking About Your Kids' Phones? New Research Says Don't».https://www.nytimes.com/2020/01/17/technology/kids-smartphones-depression.html Revisado abril 2020.

Professor Andrew Przybylski delivers the OII London Lecture https://www.youtube.com/watch?v=CsDxg2sTG20. Revisado abril 2020.

Ryan Vickery, Jacqueline. *Worried About The Wrong Things.* Massachusetts: The MIT Press, 2017.

Robb, M. B.; Bay, W., & Vennegaard, T. *The new normal: Parents, teens, and mobile devices in Mexico.* San Francisco: Common Sense, 2019.

Schweitzer, Kate. How to Adjust Screen Time Rules When Kids Are Stuck at Home. https://www.popsugar.com/family/screen-time-rules-for-kids-home-47312464. Revisado abril 2021-marzo 2022.

Tsabary, Shefali. *Padres Conscientes. Educar para crecer.* Barcelona: Penguin Random House. 2018.

Young, Jeffrey R. «Why Talking About 'Screen Time' Is the Wrong Conversation». https://www.edsurge.com/news/2020-02-11-a-new-approach-to-regulating-screen-time-for-kids. Revisado abril 2020.

Parte II
El nuevo entretenimiento

Capítulo 5

Del Sony Trinitron a lo que se puede ver con internet

«Básicamente, la televisión está enseñando, lo quieras o no».

JIM HENSON

Mi abuelo Martín me regañaba cuando me veía bailando frente al televisor mientras miraba un programa que se llamaba Sábado Sensacional. «Las niñas como tú se ven feas bailando así», me decía haciendo referencia a que le parecía vulgar e inapropiado ese programa para una niña de mi edad. Cuando paso al lado de mis hijos mientras ven YouTube, debo confesar que algunos *youtubers* me hacen pensar «¿qué diría mi abuelo si viese a las nuevas estrellas del momento?».

El mundo del entretenimiento dio un cambio de 180 grados. Antes había un número finito de canales, las televisoras decidían lo que íbamos a ver, había una línea editorial, incluso había leyes que determinaban qué contenidos y publicidad estaban permitidos en el horario infantil. La labor de nuestros padres en este sentido era más sencilla porque, mal que bien, simplemente con permitirnos que viésemos televisión unas horas por la tarde, garantizaban que consumiésemos contenidos que no supusieran ningún peligro para nosotros.

Estando en un hotel me encontré a mi hijo pequeño peleándose con el control del televisor porque no lograba ponerle pausa a una película. Le expliqué que no era posible y me miró como diciendo: «¿de qué me hablas?». Claro, ahora nuestros hijos consumen contenidos bajo el formato de entretenimiento sobre demanda, esto quiere decir que deciden qué quieren ver, cuándo, cuántas veces y en qué dispositivos.

Por otro lado, la oferta de contenidos es cercana al infinito. Se suben quinientas horas de video por minuto a YouTube[7], Netflix cuenta con cerca de cuatro mil programas[8] y estas son apenas dos plataformas de las muchas que existen. Los creadores de contenidos no tienen que responder a una línea editorial. Graban sus videos pensando en una audiencia, pero la realidad es que lo puede terminar viendo cualquier otra.

Esto es solo en el formato de video, pero adicionalmente niños y adolescentes consumen contenidos de muchas otras formas: publicaciones en redes sociales, blogs, páginas web, *streaming* de videojuegos, pódcast, *stories* y lo que no me sé o estará por inventarse.

Esto ha ampliado las oportunidades de aprender o incluso entretenernos sin estar limitados a la programación de un canal de televisión, cadena de radio, línea editorial de periódicos. Se expandió el acceso a la información que antes solo estaba disponible en libros o periódicos. Por otra parte, también se han multiplicado diferentes formatos para aprender o entretenerse. En lo personal me impresiona la capacidad de algunas personas de enseñar, en segundos, a través de videos de TikTok. Esa capacidad de explicar algo de forma sencilla, no solo cautiva a los jóvenes, a los adultos también. Luego también están los cursos en línea, los pódcats, por mencionar algunos donde se abordan temas interesantísimos. Esta ampliación representa una gran oportunidad de aprender y entretenerse para nuestros hijos, sin limitar sus intereses a lo que está disponible en el lugar donde viven.

---

7. https://www.statista.com/statistics/259477/hours-of-video-uploaded-to-youtube-every-minute/ Consultado el 12 de junio 2020

8. https://www.marketwatch.com/story/its-not-your-imagination-netflix-doesnt-have-as-many-movies-as-it-used-to-2019-12-04

Leonardo, un adolescente de diecisiete años, se interesó por investigar y aprender sobre las criptomonedas. En poco tiempo, a través de plataformas como Binance, comenzó a hacer sus propias inversiones, las cuales, además de no haberle ido nada mal, también se convirtieron en un tema para compartir y conversar con su mamá. «Un día me di cuenta de que mis únicos temas de conversación con Leo eran cuando se iba a ir a cortar el pelo, cuando iba a ordenar su cuarto o cuando iba a hacer ejercicio» me compartió Alejandra, su mamá. «Era desgastante y sentía que nos alejaba. Hasta que una tarde se me ocurrió preguntarle por las criptomonedas y descubrí que de eso no paraba de hablar. Ahora nos damos los buenos días y de ahí pasamos a revisar cómo nos ha ido con los *bitcoins* o los *ethereum*. A veces le grito: «Leo que el Ripple se está cayendo» y mi esposo y mi hija me ven como loca. Pero yo feliz de que él haya encontrado algo que le apasione que no se aprende en los programas de la escuela, y que además nos ha acercado, y mira, hasta un dinero me he ganado» dice entre risas Ale.

En otro orden de ideas, el consumo de contenidos pasó de ser una actividad de convivencia familiar, donde todos nos sentábamos a ver juntos un programa, a una experiencia muy individual porque cada miembro de la familia tiene sus propios dispositivos. Es decir, si mi abuelo Martín viviese en esta época no podría advertir si estoy viendo Sábado Sensacional.

También cambió la cantidad y calidad de información que obtienen las plataformas de su público. Antes los canales de televisión contrataban empresas de investigación de mercado las cuales, a partir de una muestra estadística, realizaban llamadas telefónicas para saber qué canal y programa estaban viendo las personas en determinadas horas y con eso medían los índices de audiencia de los programas. Esa data la utilizaban para vender espacios publicitarios a los anunciantes. Quienes trabajamos en *marketing* recordamos lo importante que eran las preventas de publicidad con los principales canales de radio y televisión. Para garantizar que nuestros anuncios comerciales se mostrasen cuando los consumidores de nuestros productos o servicios veían televisión o escuchaban la radio, se realizaban intensas negociaciones con estos medios de comunicación. Hoy en día todo esto es muy diferente. Para comenzar la tecnología que utilizan las plataformas de entretenimiento sobre demanda y redes sociales tiene mucha información sobre nosotros. Suelo decir: «Las redes sociales me conocen mejor que lo que me conozco a mí misma». Saben qué vemos, por cuánto tiempo, a qué le damos «me gusta», qué compartimos, qué cuentas seguimos, qué búsquedas hicimos y muchas otras cosas más, con las cuales alimentan su algoritmo. Ya no necesitan de estudios de mercado realizados por un tercero. El algoritmo decide qué nos va a presentar y nos sugiere qué ver, en base a todo lo que sabe de nosotros. Su objetivo es captar y mantener nuestra atención el mayor tiempo posible para poder mostrarnos la publicidad de sus clientes. En el caso de las plataformas que cobran suscripciones, buscan mantenernos viendo o escuchando contenidos para que se justifique continuar pagando por la membresía. Entonces, TikTok quiere que estemos el mayor tiempo en su plataforma para que dé chance de mostrarnos la publicidad de los productos que, según la información que maneja el algoritmo, es muy probable que nos interese comprar. Más tiempo en TikTok es menos tiempo en YouTube o Instagram. Cuando Netflix nos pone «en cinco segundos comienza tu próximo capítulo», no es porque es bien buena onda y no quiere que se nos atrofie el dedo con el control. Su intención es minimizar la probabilidad de que nos pongamos a hacer otra cosa.

La competencia entre plataformas también es por tener la mejor programación, lo cual no necesariamente se traduce en calidad de contenidos. La programación se diseña con base a lo que identifican que le gusta a la audiencia. Por eso cuando los padres nos escandalizamos sobre lo que ven nuestros hijos me pregunto ¿qué estamos haciendo para que ahora esos sean los temas del momento?, ¿qué podríamos hacer diferente?

El reto es enorme. No es humanamente posible curar al 100 % todo lo que está disponible a través de las pantallas para garantizar que vean, lean o escuchen únicamente lo que es apropiado para cada edad, etapa de desarrollo o que sea coherente con nuestros valores. Y no hay que ser ingenuos, dentro de ese mundo infinito de contenidos es cierto que hay cosas muy buenas, divertidas, entretenidas, pero también tienen acceso a información que puede resultar perjudicial e inclusive peligrosa para su desarrollo físico y emocional.

Contenidos que pueden resultar perjudiciales

En los últimos años, a través de mi trabajo con escuelas y familias, me ha tocado conocer muchas cosas que han visto niños y adolescentes. Son infinitas las posibilidades y la creatividad de los menores de buscar información, pero quiero resaltar los siguientes contenidos para estar conscientes de su existencia y sus efectos en el desarrollo de nuestros hijos.

ProAna y ProMia. Son foros donde se promueven la anorexia y la bulimia como estilos de vida, no como un desorden alimenticio. Allí encuentran información que incluye dietas férreas para perder peso, alimentos que son más fáciles de vomitar que otros o procedimientos para falsear pruebas de laboratorio si los padres sospechan que sufren algunos de estos trastornos. Además, son comunidades en las cuales puede haber comunicación e interacción. Se animan los unos a los otros a conseguir sus objetivos y luego de lograrlos le atribuyen el triunfo a una figura ficticia, Ana o Mia, dependiendo de la comunidad. Estos foros pueden encontrarse en forma de blogs, cuentas en redes sociales o grupos de chats.

Terapeutas y profesionales de la salud mental que trabajan con estos pacientes reportan que hoy en día son más complejas las recuperaciones porque la posibilidad de contacto con estas comunidades puede incrementar la posibilidad de recaer.

Con la actual presión que ejercen las redes sociales en los niños sobre su apariencia física, por más que los adultos reforcemos con información y dando el ejemplo que lo importante es estar saludable y no delgado, el volumen de mensajes que reciben rebasa nuestros esfuerzos. Si un adolescente decide buscar en internet un plan de alimentación para bajar de peso, es poco probable que encuentre una información que se ajuste específicamente a sus necesidades. También puede llegar por error a un foro de este tipo y, aunque en la mayoría de los casos un adolescente emocionalmente sano puede darse cuenta de que no es un espacio digital para él, existe el riesgo de que alguno se enrede en estas prácticas muy peligrosas para su salud.

Por eso considero importante mantenernos cercanos para poder canalizar estas inquietudes que ellos tienen con un profesional que pueda orientarlos en hábitos de alimentación y actividad física saludables.

En este libro solo menciono a *ProAna* y *ProMia*, pero existen muchos más, de temas muy diversos como *ProSue* que comparte información sobre el suicidio.

Lo más importante es que nuestros hijos se encuentren bien emocionalmente y que tengan recursos donde acudir cuando enfrenten dificultades. No está en nuestro poder o posibilidad asegurar que desaparezcan estos foros de internet, pero sí podemos actuar en una sana relación con nuestros adolescentes y proveerlos de recursos para enfrentar las diferentes vicisitudes de la vida.

Pornografía. Es un contenido que se ha vuelto de tan fácil acceso que, aunque una persona no quiera verlo, le llega sin pedirlo. La sexualidad es un tema que a los niños siempre les ha causado curiosidad y todavía somos una generación de padres que nos cuesta mucho hablar de este asunto, incluso preferimos delegarlo a la escuela o a algún experto.

La tecnología ha permitido que los niños que sospechen que a sus padres les incomoda abordar sus preguntas sobre sexualidad no se compliquen la vida y resuelvan preguntándole a Siri o a Google. Y aunque no estén particularmente interesados en el tema, haciendo otras búsquedas, les puede llegar información por equivocación. De hecho, 90 % de los niños entre nueve y trece años que tuvieron contacto con algún tipo de pornografía mencionaron que fue por accidente la primera vez[9].

Hay personas que opinan que retrasar el acceso a la tecnología puede reducir estas cifras. Sin embargo, como nuestros hijos no viven aislados, sino que van a otras casas que cuentan con dispositivos, asisten a actividades extraescolares y comparten con otros niños que tienen celulares y tabletas, esa medida pareciera no ser suficiente.

A pesar de que las cifras son bastante altas, siempre pensamos que los niños que forman parte de esas estadísticas no son los nuestros. Es muy curioso porque es más probable que vean pornografía que volverse adictos a la tecnología y sin embargo es un tema del que se habla mucho menos. Puede ser porque aún somos una generación de padres que se nos explicó poco y lo poco que se nos explicó fue en el colegio, teniendo que descubrir el resto por nosotros mismos. No tenemos muchas referencias de cómo hablarlo. Y si nos cuesta hablar de sexualidad con nuestros hijos, hablar de pornografía aún más. Otra hipótesis es que como sociedad hemos aceptado a la pornografía como característica de lo que significa ser varón sin estar conscientes de los costos de esta normalización. La pornografía que está de fácil acceso a nuestros hijos puede estar cargada de violencia, no refleja el consentimiento de ambas partes, mucho menos afecto y lamentablemente muchas de las personas que aparecen ni siquiera lo hacen por voluntad propia. Los adultos podemos reconocer qué es real de esas escenas y qué no. Pero los niños que aprenden de sexualidad únicamente a través de la pornografía se forman ideas muy distorsionadas. A veces las imágenes les impactan tanto que necesitan volverlo a ver para constatar si fue real lo que vieron y un video los lleva a otro. Para procesarlo necesitan contárselo a alguien y, por evitar un regaño, prefieren acudir a un amigo. Por eso cuando un niño en un salón de

---

9. Laguarda, Elena; Laguarda, María Fernanda y Novelo Regina. *A un click de distancia: estrategias para abordar el tema de la pornografía con niños y adolescentes.* México: Ediciones Urano. 2015. Investigación realizada en 730 alumnos de instituciones educativas privadas en la Ciudad de México. 64 % de los niños y 52 % de las niñas de esos grupos de edades afirmaron haber estado en contacto con pornografía.

clases estuvo en contacto con pornografía impacta a más de uno. Nuestras decisiones de crianza impactan a otras familias, queramos o no y viceversa.

¿Qué ganamos realmente por no afrontar esta realidad? Creo que aparte de no pasar por la situación de hablar de un tema que nos puede parecer difícil, no estamos ganando nada. Se pierde mucho. Creo que si asumimos que la pornografía va a llegar de una u otra forma a nuestros hijos nos permite prepararnos para que cuenten con información y herramientas de autocuidado para cuando eso ocurra.

Un gran cambio que supuso para mí el manejo de este tema en casa fue estar expuesta a la pornografía que habían visto niños y adolescentes de escuelas con las cuales trabajo. En ocasiones nuestra generación, especialmente las mamás, al oír hablar de pornografía pensamos en un material erótico o una revista *PlayBoy*. Basta con una rápida visita a un portal como *PornHub* para darse cuenta de que la pornografía a la cual están expuestos nuestros hijos es radicalmente diferente a lo que tenemos en mente y quizás ayuda a tomarnos este asunto más en serio. En lo personal, he tenido que revisar materiales realmente perturbadores que me han afectado más aún sabiendo que habían sido vistos por menores de edad.

Otro factor que me ha ayudado a darle prioridad a educar en este tema ha sido conocer los diferentes impactos que tiene la pornografía, no solo en la persona que la consume sino también en su entorno familiar y en la sociedad que vamos construyendo entre todos. Es de suma importancia que los jóvenes conozcan cómo la pornografía puede afectarles en el desarrollo de su sexualidad, en su día a día y en el mundo en el que van a vivir su vida adulta.

Creo que en la medida en que los padres reconozcamos los alcances que puede suponer seguir normalizando el consumo de pornografía, desde edades tan tempranas, vamos a darle la relevancia que se merece en esta era de la tecnología y lo incluiremos en nuestra agenda de temas familiares.

La edad para comenzar a hablar de estos temas tristemente se ha adelantado muchísimo. Con base a los casos que me llegan yo recomiendo ponerlo en la mesa a partir de los nueve años, adecuando debidamente la información para cada edad. Sin embargo, hay que estar conscientes de que en el momento en que nuestros hijos tienen acceso a un dispositivo con internet, que no va a estar supervisado todo el tiempo, el riesgo está allí. Así que si van a tener un teléfono inteligente o tableta propia mi sugerencia es hablarlo sin importar la edad que tengan.

Existen libros, videos, talleres y otros recursos para formar en la educación de la sexualidad de niños y adolescentes. Una gran motivación es proponernos convertirnos en un recurso a quienes ellos sientan que pueden acudir cuando tienen dudas. Por muy engorroso que nos parezca hablar de este tema, plantéate: «¿qué va a conseguir mi hijo si busca en Google la palabra orgasmo?» y verás que tu respuesta siempre va a ser mejor de lo que él consiga por sí solo.

Un recurso adicional que he utilizado es practicar conversar con otro adulto los temas que me incomoda hablar con mis hijos. Tratamos de anticipar posibles preguntas o respuestas para ir lo mejor preparados posibles. Creo que mostrarme dispuesta y abierta a hablar de lo que haya que hablar sin juicios ni tabúes, ha aumentado la probabilidad de que se acerquen a mí.

¿Cómo saber lo que ven nuestros hijos?

Nunca podremos saber exactamente todos los contenidos que consumen. Aparte del volumen de información y plataformas, las nuevas generaciones tienen poca fidelidad hacia las cuentas y su programación. Un mes pueden seguir e interesarse por un tema y luego pasa algo o encuentran otro que les gusta más y allí quedaron los del mes anterior.

Tecnológicamente es posible revisar los historiales de búsqueda, instalar filtros que te dan acceso a encontrar parcialmente qué vieron. También es tecnológicamente posible que ellos borren esas búsquedas y desinstalen los filtros.

Hay quienes recomiendan que nos sentemos al lado de ellos cada vez que vean videos, películas o series; sin embargo, en la práctica es algo que nunca he podido conseguir. Implicaría un trabajo de tiempo completo y no sé qué tan sano sea para nuestra relación (o mi salud mental).

Por eso he encontrado una fórmula media, imperfecta, pero en mi opinión realista, que se compone de dos cosas:

Primero. Apoyarnos en el uso y configuración de controles parentales y filtros de contenidos en las plataformas que utilizan y dispositivos que tienen, con la finalidad de minimizar la probabilidad de que les lleguen contenidos inapropiados o perjudiciales por error o de forma accidental, especialmente en niños y preadolescentes. A medida que crecen, esta estrategia se vuelve compleja de ejecutar porque muchas de estas herramientas entorpecen o afectan la operatividad de los dispositivos incluyendo funciones que necesitan para trabajos de la escuela o de comunicación. Por eso, es muy importante hablar con nuestros hijos sobre la decisión de instalar o configurar filtros o controles parentales, explicarles los motivos, escucharlos y tratar de tomar una decisión consensuada. Si no están montados en el barco, esta estrategia puede volverse terriblemente desgastante para la relación. Hacerlo a escondidas peor aún. Los adolescentes encuentran particularmente divertido desinstalar lo que descubren que los padres han configurado. Se ayudan los unos a los otros y genera muchísima frustración en los progenitores, quienes se sienten en un eterno partido de *ping-pong*, donde ellos instalan y los hijos desinstalan.

Tampoco recomiendo relegar al 100 % la protección en estas opciones. Si un niño o adolescente quiere buscar un contenido inapropiado, no existe filtro que pueda detenerle. Es muy sencillo encontrar información en internet que le explique cómo desinstalarlo. En esos casos hay que atacar la raíz de donde nace ese interés, la necesidad de saber sobre ese tema o el motivo que lo lleva a mantenerse consumiendo contenidos que ponen en peligro su salud emocional. Si quieren ver pornografía, estar en foros de anorexia y bulimia o están investigando sobre el suicidio, quitar la tecnología no va a resolver el problema. La tecnología nos hace ver los síntomas. La solución está en entender las causas que generan esas necesidades y atenderlas de forma oportuna.

Por estas razones, considero muy relevante que, independientemente de la decisión de apalancar la protección en estas configuraciones e instalación de filtros, utilicemos estrategias como las que veremos a continuación, que nos permitan acercarnos a ellos para conocer los contenidos que consumen.

Segundo. Encontrar espacios frecuentes donde podamos sentarnos a ver juntos lo que a ellos les gusta o interesa, en sus celulares o en la televisión, dependiendo de la plataforma. He encontrado tres aspectos importantes:

1. No poner malas caras ni hacer muecas de desaprobación cuando veo sus programas. Si no logro sonreír, al menos que mi cara sea lo más inexpresiva posible[10]. Poner cara de asco no ayuda en nada para la relación que quiero construir. Nadie quiere contarte sobre sus intereses si percibe que su interlocutor te está juzgando desde el comienzo.

2. Trato de enfocarme en identificar ¿qué les llama la atención de ese *youtuber*?, ¿por qué escogió seguir esas cuentas de TikTok y no otras?, ¿cuál es el mensaje que los atrae? Eso me ha hecho conocer mucho de mis hijos, de sus ideas e intereses. Si me preocupa que se la pase viendo videos de niñas bailando en shortcitos y que luego quiera imitarlas me pregunto: ¿por qué quisiera imitar o parecerse a esas niñas?, ¿realmente quiere ser cómo ellas?, ¿qué ha influido en esa decisión y qué puedo hacer para ampliarle la perspectiva y que construya una autoimagen diferente valorando otros aspectos?

---

10. Con los años he desarrollado una habilidad para que mis oídos aguanten el tono de voz de algunos *youtubers*.

Es muy fácil que nos asalten los miedos de que se identifiquen con ciertos *influencers* como sus modelos a seguir o que se dejen influenciar con mensajes con los que no estamos de acuerdo o que pueden resultar perjudiciales. Sin embargo, en la práctica me he dado cuenta que hay que cavar más antes de entrar en pánico y no dejarnos llevar por nuestra primera impresión. Por un tiempo mi hija veía muchas cuentas sobre parejas adolescentes que se embarazaban y mostraban como era su día a día. Las historias eran maravillosas: el papá iba a la universidad, la mamá se quedaba en la casa cocinando comida saludable, estimulando al bebé, peinada y maquillada. En la noche llegaba el papá directo a jugar un rato con el bebé mientras estaba la cena. Todos comían muy felices y luego venía la rutina de baño y sueño, donde ambos colaboraban y todo funciona armoniosamente. No digo que necesariamente tener un bebé en la adolescencia tiene que ser una historia de terror, pero por experiencia sé que todas las partes de la historia de formar una familia no estaban representadas en esos videos. Me preocupó que mi hija se estuviese creyendo una versión muy fantasiosa. Sin embargo, vimos varios sin yo decir nada y me di cuenta por sus comentarios que lo que más le atraía era que los bebés estaban realmente muy hermosos. Era como ver a unos chavos jugar al papá y la mamá. Yo le echaba broma: «qué suerte tienen esos papás, porque ni tu hermano ni tú se portaban así cuando eran bebés y yo no me veía así. Muy mal yo la verdad. Me la viví en fachas por meses». Ella me respondía: «ay mamá, obvio que está actuado. No te *freakees*».

A veces su elección tiene que ver más con la información que buscan y no se fijan tanto en el «empaque». Para los *gamers*, ver videos en YouTube que les explican como jugar mejor les ayuda a ahorrarse la curva de aprendizaje. Muchos de estos *youtubers* o *streamers* en plataformas como Twitch, tienen una imagen nada conservadora o pueden expresarse en modos que nos resultan muy vulgares, pero muchos niños y jóvenes lo que están buscando son los *tips* para jugar mejor.

Lo que hacemos en casa es platicar sobre la importancia de identificar los diferentes contextos en que se desenvuelve la vida y cómo uno se expresa y comporta dependiendo de la audiencia y situación en la cual está. También sobre el uso de groserías y vulgaridades, sus niveles y lo que dice sobre la persona que las usa.

3. Poner atención al programa y validar sus intereses, aunque no los comparta. No se trata de fingir que nos gusta, se trata de transmitir el mensaje: «te quiero y me importas tanto que, aunque estos no son mis temas, entiendo y acepto que son tus gustos. Si son importantes para ti, son importantes para mí». Aparte de ayudarme a construir mi relación con ellos también he aprendido temas muy diversos. Una amiga de mi hija llegó muy contenta a la casa porque su papá vio con ella todas las temporadas de Riverdale. Estaba claro que él hubiese preferido ver otra cosa, pero le dio mucho valor a que quisiera compartir ese espacio con ella y además les permitió platicar sobre la trama y otras cosas.

Pensamiento crítico: la habilidad que les va a permitir filtrar por ellos mismos

Los padres nos preguntamos: ¿cómo los protegemos de ver contenidos inapropiados o perjudiciales?, ¿qué debemos enseñarles para que aprendan a cuidarse?

En mi opinión, el proyecto es formar personas que estando expuestas a todo sepan escoger qué contenidos son para ellos y qué contenidos no. Necesitamos niños y jóvenes que en nuestra ausencia sepan decirse que no por sí mismos y para ello es importante que cuenten con información, la hayan procesado, puesto en práctica y haberla convertido en conocimiento. A veces pensamos que, por haber ido a una conferencia, un taller o haberse leído un libro, ya están listos. Pero la realidad es que el proceso de aprendizaje es más complejo. No es una vacuna que te ponen una o tres veces en la vida y con eso estás inmunizado. Por eso es importante que como padres nos preguntemos cómo estamos manejando en nuestra vida familiar los temas que nos preocupan que aprendan en internet. Por ejemplo:

- ¿Cómo vivimos la sexualidad en casa?, ¿pueden venir a preguntarnos cualquier duda o comentarnos algo que vieron o leyeron?, ¿qué hacemos los padres cuando nos llega pornografía por nuestros grupos de chats?
- ¿Cuál es nuestra postura sobre el cigarrillo, *vaping*, drogas y el alcohol?, ¿sabemos lo que no sabemos?
- ¿Cómo manejamos en casa el tema de la alimentación y actividad física?, ¿la vinculamos a la apariencia o a la salud?, ¿hacemos ejercicio para sentirnos bien o para que los demás nos vean bien?

Para pensar de forma crítica es importante ser cuestionadores, no creer en todo lo que llega y estar conscientes de que los algoritmos nos están proponiendo contenidos con base en lo que conocen de nosotros. En este sentido como familia podemos preguntarnos:

- ¿Qué pensamos sobre los algoritmos?
- ¿Cómo serían las redes sociales y las plataformas de entretenimiento si no los utilizasen?
- ¿De qué nos perdemos si solo consumimos contenidos propuestos por los algoritmos?
- ¿Qué acciones podemos tomar para librarnos del sesgo de los algoritmos?

Para que sean cuestionadores nosotros debemos serlo también, pero de forma bidireccional, es decir, no se trata solamente de cuestionar todo lo que nuestros hijos hacen, sino también cuestionarnos por qué creemos lo que creemos, reaccionamos ante ciertas conductas y hacemos lo que hacemos. Por ejemplo, podemos cuestionarles: «¿no has considerado buscar un *youtuber* que explique lo mismo, pero menos vulgar?». Y al mismo tiempo pensar: «¿esto se lo estoy diciendo porque me molestan las groserías o porque me da miedo que ahora quiera pintarse el pelo de verde?».

Las películas, videos y series son excelentes recursos para poner en práctica el pensamiento crítico. Algunas de las preguntas que podemos compartir en familia son:

- ¿Cuál fue el mensaje principal de la historia?
- ¿Había otros mensajes secundarios?
- ¿Qué decisiones diferentes pudo hacer el personaje principal para resolver su problema?
- ¿Cómo pudo evitar meterse en ese problema?
- ¿Qué final diferente podría tener?
- ¿Por qué los creadores habrán decidido incluir ese personaje? ¿Por qué los visten así?
- ¿Habrá tenido patrocinadores? ¿Son necesarias esas marcas en ese video?
- Una situación similar en la vida real, ¿puede resolverse de la misma forma?
- ¿Qué consecuencias podría enfrentar una persona que imite esa situación de la película?
- ¿Este contenido fue «nutritivo», «chatarra», «peligroso»?

Enseñarlos a buscar referencias sobre las películas, series y cuentas en redes sociales, también es una herramienta para que aprendan a saber elegir qué ver por sí mismos. No siempre vamos a poder estar en casa para ayudarlos a buscar esa información, pero podemos enseñarlos a hacerlo y así estimular que sean proactivos. Por sus edades son plenamente capaces de buscar la clasificación de una película, así como comentarios, críticas y reseñas en páginas web como estas: www.commonsensemedia.org, www.imdb.com o www.afavordelomejor.org[11].

La idea es que adopten una posición activa, no pasiva, y vayan asumiendo poco a poco sus responsabilidades sobre lo que consumen. Es como leer la tabla nutrimental de los empaques antes de comprar un producto en el supermercado. Pueden saber de antemano si la película o serie tiene temas que previamente hemos platicado que puede resultarles perjudiciales. No es lo mismo ver sin saber que decidir ver sabiendo lo que iba a aparecer. Volviendo al ejemplo de la comida, es saber que las palomitas vienen con mantequilla y la grasa te da diarrea. Si te las comes pues ya sabes lo que te va a pasar. Por ejemplo, cuando salió la segunda temporada de *13 Reasons Why*, nos advirtieron de antemano por diferentes medios que incluía una escena con una violación sexual muy fuerte. Mi hija mayor y yo somos muy sensibles a este tema. Nos pone ansiosas, dormimos mal y nos pueden dar pesadillas. Por lo tanto, decidimos no verlo.

También es posible que de forma accidental lleguen contenidos perjudiciales o inapropiados ya sea porque falló el filtro de contenidos, porque estaban en una situación fuera de la protección de la casa o porque la vida puede ser caótica y esas cosas pasan. Saber medir riesgos, pensar de forma crítica y tomar decisiones son habilidades importantes. No es lo mismo que les ocurra en casa con sus dispositivos, donde pueden decidir apagar el televisor, voltear la tableta o teléfono que estar en casa de un amigo donde pueden sentirse socialmente presionados a ver algo aunque no estén de acuerdo. Los niños tienden a pedir ayuda a un adulto, pero para los adolescentes es más complejo. Hay jóvenes con la personalidad para decir que no quieren ver algo, hay jóvenes recursivos quienes creativamente encuentran una excusa para salir de la situación con un menor costo social y hay quienes optan por verlo. ¿Cómo actuará cada hijo? No podemos predecirlo con exactitud. Sin embargo, platicar sobre estas situaciones y debatir ideas sobre cómo pueden actuar es de gran

---

11. Estos y otros recursos los podrás encontrar en el apéndice.

ayuda. Es salir con herramientas al mundo. De presentarse la situación, aunque nada es garantía, ya cuentan con algunas ideas preconcebidas.

Cada exposición accidental a un contenido inapropiado es una oportunidad para hablar sobre el tema que está de trasfondo. Si es un video misógino, podemos hablar de nuestras posturas ante la desigualdad entre géneros. Si es un video de maltrato animal, podemos hablar de la violencia como forma de entretenimiento. Si es una publicación que utiliza términos despectivos hacia una raza, podemos hablar sobre el racismo. Nuestro aporte es darle una visión alternativa y complementaria a nuestros hijos que no están recibiendo de estos medios. Si no hablamos de esto, y pretendemos que nunca pasó, cedemos el espacio para que ellos lo aprendan de otras fuentes y personas que no necesariamente les darán respuestas acordes a lo que ellos necesitan para su sano desarrollo. No hablar de un tema no lo desaparece de sus vidas, cedemos espacios para que algo o alguien más se encargue de ello.

Como es una etapa en la cual se transforma la relación que ellos tienen con nosotros, puede que no se sientan cómodos de venir a hablarnos sobre estos temas que pueden resultar sensibles o incómodos. Por eso, contar con otras personas relevantes para ellos, como un tío joven, primo, hermano mayor, amigo mayor, a quienes puedan acudir por apoyo, puede ser de mucha ayuda, ya que se convierten en aliados no solo para ellos, sino también para los padres, siempre y cuando, obviamente, refuercen y compartan los valores que tenemos los padres en casa.

Este proceso de aprender a escoger por sí mismos lo mejor para ellos conlleva muchos errores. Es una apuesta a largo plazo, pero a la vez lo he encontrado muy enriquecedor. Creo que he hablado con mis hijos más temas que lo que he hablado con mis padres en toda mi vida. Me ha tocado aprender y reaprender cosas que daba por sentadas. Igual que yo les presento otros ángulos a mis hijos, ellos me cuestionan los míos y tengo que repensarlos. Sin duda, educar en pensar de forma crítica ha generado un crecimiento para todos.

Autocontrol y disciplina: habilidades que necesitan para manejar el tiempo

Si hay algo que nos han repartido a todos por igual es el tiempo. No importan los apellidos ni el dinero que tengas, la raza o religión, todos tenemos el mismo número de horas en el día. Las cosas que construimos en la vida tienden a ser el resultado de cómo y en qué invertimos nuestro tiempo. Si un hijo sueña con ser jugador de fútbol profesional y solo dedica una hora a la semana a entrenar, es poco probable que lo logre en el tiempo que lo requiere una carrera como esa. Si una hija sueña con ser una *youtuber* famosa y solo dedica tiempo a ver videos de los demás, en lugar de ponerse a aprender sobre creación de contenidos, *marketing* digital, edición de videos, cómo funciona YouTube y las formas de monetizar, también es poco probable que lo logre.

Por eso es muy importante en estos tiempos que niños y adolescentes vayan teniendo proyectos personales y aprendan a gestionar su tiempo con la tecnología para lograrlos. Tanto si quieren ser emprendedores o trabajar para alguien más en una empresa. Es importante que tengan la capacidad de decirse a sí mismos: «no, ahora voy a ponerme a trabajar en esto que es importante para mí y mi futuro», en lugar de invertir muchas horas en consumo de contenidos cuyas plataformas por ahora están diseñadas para tenernos a todos entretenidos. No es casualidad que las mismas compañías nos estén ofreciendo configuraciones para que nos pongamos límites de tiempo. Sería muy triste que nuestros hijos cuando sean adultos necesiten tener a una persona que les esté regulando el entretenimiento. Primero, porque dudo que las empresas inviertan en ese tipo de cargos, supervisores de pérdida de tiempo y, segundo, porque probablemente la mayoría de los trabajos se van a realizar a distancia y saldrán adelante aquellos que tengan la habilidad de ponerse límites y tener disciplina de hacer lo que tienen que hacer. Si quieren ser emprendedores aplica lo mismo. Tienen que ser capaces por sí solos de hacer lo que hay que hacer para sacar sus ideas adelante pudiendo decidir pasarse el día viendo contenidos que van a estar tratando de captar su atención todo el tiempo.

El primer paso es conocer y estar conscientes de cómo funcionan estas plataformas y del efecto que pueden tener los algoritmos en nuestras decisiones. Es como cuando uno va a un hotel en el que te venden tiempos compartidos. Todos sabemos que la invitación al desayuno, los descuentos en el *spa*, y otras instalaciones en el hotel, vienen con el costo de tener un vendedor altamente entrenado para hacer lo que tenga que hacer, en función de que compres el tiempo compartido, que nunca quisiste comprar y que además luego es dificilísimo darlo de baja. Una siempre se cree capaz de ir y aprovechar los cupones y el desayuno y salir sin comprar nada, pero es un juego diseñado para hacer todo lo contrario.

Con las plataformas pasa igual. Sabemos cómo funcionan y conocemos hasta qué punto nos enganchan. Entonces, el secreto está en aprender a administrar los distractores.

Este tema lo he trabajado con los adolescentes de la siguiente manera:

- Identificar un proyecto o algo que quieran conseguir. Si no tienen nada, ese es el proyecto, pensar qué les gusta o les gustaría hacer.
- Identificar las plataformas que más usan y el tiempo que le dedican durante la semana.
- Analizar las necesidades que satisfacen con esas plataformas: entretenimiento, aprendizaje, actividad física o interacción social.
- Entender cuáles emociones les hacen sentir esas plataformas, qué predomina: lo positivo o lo negativo. Si además ese tiempo invertido los hace sentir mal, ¿vale la pena?
- Establecer objetivos de tiempo en cada una de ellas que vaya acorde al plan que quieren lograr.

Las estrategias las ponen y deciden ellos. Si me preguntan les doy ideas de cosas que he implementado y me han funcionado. Es un proceso. Cada semana van viendo sus progresos o retrocesos, qué les funcionó y qué no. Tomar estas decisiones por sí mismos y ver los resultados son una parte importante del aprendizaje. No funciona igual si yo les digo qué hacer. Tienen que aprender a conocerse, equivocarse y asumir las consecuencias de sus decisiones. Eso lo van a recordar más que cualquier cosa que yo les diga. Se les ocurren ideas muy creativas. Por ejemplo, un grupo de amigas me contó que en una ocasión cambiaron las contraseñas de las redes sociales que más las distraían durante la semana de exámenes. Es decir, Rosa le puso a Mariana una contraseña en TikTok que Mariana no conocía y por lo tanto no podía entrar. En otra oportunidad, Romina compartió en uno de los talleres, que ella ponía el celular a grabar un video mientras hacía la actividad que tenía que terminar. Su técnica consistía en que en cualquier ocasión que estuviese tentada a ver su celular, cortaba el video. Otro grupo de jóvenes aficionados a los videojuegos me contó que su estrategia consistía en conectarse todos a una sala virtual a la misma hora, mientras cada uno estudiaba o hacía un trabajo que tenía que entregar. Buscaban simular que se hubiesen juntado en una biblioteca y a su manera se ayudaban los unos a los otros a no conectarse a jugar hasta haber terminado lo que tenían que hacer. Ninguna de estas tres ideas se me hubiera ocurrido a mí.

Sin duda, el manejo del tiempo es uno de los retos más grandes que enfrentarán a lo largo de su vida académica, personal y profesional. Las empresas harán lo necesario para que sean económicamente viables y nosotros en casa tenemos que educar para que estos jóvenes saquen lo mejor de las tecnologías sin que eso sea una barrera para conseguir lo que quieren ser.

Generaciones anteriores se preocuparon por el efecto de lo que veíamos en la pantalla del momento: la televisión. Lo que nos tocó a nosotros como padres con las pantallas de hoy es incomparable por las razones que se han expuesto en este capítulo. Como todo en la vida es cuestión de perspectiva y de la historia que nos narramos. Podemos lamentarnos, quejarnos y victimizarnos atribuyendo toda la responsabilidad en las compañías tecnológicas o podemos ponernos manos a la obra para mantenernos cercanos a nuestros hijos, prepararlos para un mundo inundado de contenidos, mientras aprendemos en el proceso. Yo escojo la segunda, ¿cuál escoges tú?

Recuerda que:

- El internet ha abierto la puerta a una oferta de contenidos cercana al infinito. Se puede encontrar información muy buena, educativa e interesante, programación para pasar un buen rato y contenidos perjudiciales y peligrosos.
- La sugerencia de contenidos de las plataformas surge de algoritmos que se alimentan de una gran información que obtienen de los usuarios.
- Los algoritmos buscan mostrarnos contenidos que capten nuestra atención por la mayor cantidad de tiempo posible con el objetivo de tener oportunidades para mostrarnos publicidad.
- Entre los contenidos que pueden resultar perjudiciales para nuestros hijos se encuentran la pornografía y los foros que promueven la anorexia y la bulimia como un estilo de vida.
- La curiosidad por la sexualidad de los jóvenes, y el fácil acceso a la pornografía, hacen que hablar de este tema con nuestros hijos sea imperativo.
- Para conocer cuáles contenidos ven nuestros hijos se propone acercarnos a ellos para conocer de primera mano qué les interesa. También podemos apoyarnos con opciones tecnológicas como filtros de contenido y controles parentales. Se recomienda no hacerlo a escondidas y platicarlo con ellos, ya que en la adolescencia son plenamente capaces de quitar o modificar cualquier configuración de seguridad que nosotros instalemos.

- El pensamiento crítico es una habilidad muy importante para crecer en estos ambientes donde estarán expuestos a todo y tendrán que aprender a escoger qué es lo conveniente para ellos.
- Ser disciplinados y tener autocontrol son habilidades necesarias para manejar el tiempo en un mundo donde miles de plataformas tratarán de distraerlos y engancharlos.

 Ejercicios:

En este capítulo, para facilitar la comprensión, se incluyen ejercicios dentro del texto. En esta sección solo incluyo aquellos que considero que han quedado por fuera.

1. Compartan en familia sus opiniones sobre las siguientes frases:

   a. «Para mí la televisión es una especie de pantalla donde veo todo lo que puedo imaginar». Salvador Dalí.

   b. «La televisión nos proporciona temas sobre los que pensar, pero no nos deja tiempo para hacerlo». Gilbert Cesbron.

   c. «La dependencia de las personas a la televisión es el hecho más destructivo de la civilización actual». Robert Spaemann.

   - ¿Se podría sustituir la palabra televisión en estas frases por las redes sociales, los pódcast, plataformas como Netflix? ¿Seguirán vigentes?
   - ¿Cuáles sí y cuáles no?
   - ¿Con cuál de las tres frases se identifican más? ¿Por qué?

2. Practica cómo podrías hablarles a tus hijos sobre pornografía sin que la conversación dure más de dos minutos. Incluir los siguientes puntos:

   - ¿Qué es la pornografía?
   - ¿Por qué puede resultarle perjudicial?

- ¿De qué forma puedes ayudarlo en caso de que le llegue contenido pornográfico o haya buscado pornografía?

3. Haz una lista de las cuentas preferidas de tus hijos de las diferentes plataformas que utilizan. Si no las conoces, pregúntales por los temas que más buscan y por qué.

Si son temas o intereses que comparten en común, pídeles recomendaciones y abre tu propia cuenta (en caso de que no utilices esa red social), y comienza a seguir las cuentas que te sugirieron. Envíales por WhatsApp enlaces de publicaciones que creas que les pueden gustar (con moderación, no emocionarse y enviar cien enlaces diarios. Recuerda que en plena adolescencia no somos precisamente su prioridad a la hora de recibir mensajes).

Capítulo 6

Videojuegos: ya no son para perder el tiempo

«El ajedrez es uno de los medios que tenemos para salvar
la cultura, como el latín, el estudio de las humanidades,
la lectura de los clásicos, las leyes de la versificación, la ética.
El ajedrez es hoy reemplazado por el fútbol,
el boxeo o el tenis, que son juegos de insensatos,
no de intelectuales».

JORGE LUIS BORGES

No era un secreto que Borges fue antifútbol, lo cual quizás llamaría menos la atención si no fuese por el hecho de que era argentino. La popularidad de este deporte la percibía como una amenaza a la intelectualidad. «El fútbol es popular porque la estupidez es popular» dijo una vez. Me acordé de él cuando, en una junta de deportes de la escuela de mis hijos, se nos presentaron las actividades, especialmente el fútbol, como una especie de antídoto para que los jóvenes no jugaran videojuegos. Qué curioso, pareciera que con el pasar del tiempo, lo que antes era una amenaza ahora es la salvación del nuevo enemigo.

También he estado en desayunos, sentada con otras mamás, escuchando como una de ellas hablaba de *Fortnite* como si fuese cocaína y el resto asintiendo sin decir nada a pesar de que todas sabíamos que todos nuestros hijos lo juegan, incluyendo el de ella, aunque no lo supiera.

Con el tiempo he entendido que entre padres está bien visto hablar mal de los videojuegos, pero no de su lado positivo y que usualmente, quienes se sienten con más libertad para hablar, son quienes no los juegan. Curiosamente, esto ocurre mientras el número de *gamers* a nivel mundial crece a tasas interanuales del 6 %, son un tercio de la población mundial (2.6 mil millones) y en algunos países, como México, hay más *gamers* que no *gamers*[12], siendo estos los números, pienso: ¿No nos beneficiaríamos más si pudiésemos compartir abiertamente nuestras experiencias sobre lo que pasa en nuestras casas con los videojuegos? Me gusta pensar que podemos crear un mundo en el que sí, porque para los niños y jóvenes que disfrutan de los videojuegos será más beneficioso poder compartir ese gusto con sus padres y sentirse reconocidos de la misma forma que les celebramos sus goles en un partido de fútbol.

Como en cualquier tema que resulte controversial, socialmente tendemos a debatirlos desde los extremos o a centrar argumentos generalizando casos puntuales. Sin embargo, conocer el funcionamiento de los videojuegos, sus diferencias con el juego presencial, los beneficios que pueden tener en el ámbito emocional y las capacidades que pueden desarrollar, puede contribuir a que los padres adoptemos posiciones más críticas y cuestionadoras para decidir entre las múltiples opciones de juego que existen, presencial u *online*, qué es lo mejor para cada uno de nuestros hijos.

¿Por qué es posible pasar más tiempo jugando en un dispositivo que en un juego presencial?

Jane McGonigal, en su libro *Reality Is Broken*[13], describe la estructura que comparten todos los juegos: un objetivo que cumplir, las reglas

---

12. 56.7 % de la población juega videojuegos. La cifra incluye todos los dispositivos. https://www.statista.com/statistics/720448/number-video-gamers-mexico/ Consultado en abril 2022.

13. Mcgonigal, Jane. *Reality is Broken. Reality is Broken: Why Games Make Us Better and How They Can Change the World.* Vintage. Londres, 2011.

de cómo el jugador puede alcanzar el resultado, un sistema de retroalimentación que indica qué tan cerca o lejos está de alcanzar la meta y la aceptación voluntaria de participar en el juego y sus reglas.

Sin embargo, si comparamos cuántas veces hemos tenido que pedirles que dejen de jugar un videojuego[14] con las tantas veces que les hemos dicho que abandonen cualquier otro juego probablemente la primera nos ha dado más trabajo o haya terminado en gritos, mientras que no recordamos que hayamos tenido que separarlos llorando de un juego de mesa o encontrarlos a las tres de la mañana armando un Lego. ¿Cuáles dinámicas proponen los videojuegos para sus jugadores que no experimentan con los juegos presenciales?

McGonigal, destaca dos diferencias importantes. La variedad e intensidad de retroalimentación que recibe un *gamer* son muy difíciles de replicar por un juego presencial. Esta es prácticamente instantánea, el jugador percibe que tiene la atención del juego constantemente. Muchos *gamers* prefieren seguir jugando a ganar, por la cantidad de retroalimentación que reciben.

La retroalimentación la reciben de formas muy diversas: puntaje, niveles, barra de progreso, nivel de complejidad del juego, todas mantienen viva la promesa de que el objetivo es alcanzable y les genera la motivación para seguir intentándolo. Por ejemplo, si alguna vez jugaste *Tetris*, recordarás que del lado derecho podías ver cuántas líneas habías logrado eliminar, en qué nivel ibas e inclusive, a medida que pasaba el tiempo, las piezas comenzaban a caer más rápido. Hoy, cuando nuestros hijos juegan *Fortnite*, pueden ver cuántos jugadores quedan, la barra de vida, pasan de niveles, obtienen pavos (la moneda del videojuego) y el algoritmo los va poniendo con mejores jugadores en la medida que juegan mejor.

En el mundo presencial, si un joven juega fútbol, el entrenador de vez en cuando puede decirle qué tan bien o mal lo hace, pero la cantidad e intensidad de retroalimentaciones no ocurren con la frecuen-

---

14. En el libro haré referencia a un videojuego como cualquier juego que se juega a través de un dispositivo. Incluye teléfonos inteligentes, tabletas y videoconsolas.

cia suficiente para que sepa exactamente qué tanto mejor está jugando o cuánto le falta para volverse el jugador que quiere ser. Si juega *Turista*, tampoco tiene tan claro en todo momento qué tan buen jugador es.

La segunda diferencia frente al juego presencial, según McGonigal, consiste en que en el videojuego se juega siempre al límite de sus habilidades. Se vuelve más difícil solo cuando el jugador ya tiene las competencias para ese nivel, creando el balance perfecto entre que sea retador pero alcanzable al mismo tiempo.

Si un juego es muy complejo para las habilidades del jugador, los niños se frustran o, si resulta muy fácil, se aburren. En ambos casos, es probable que dejen de jugar. La tecnología de los videojuegos permite que coincidan las habilidades con el nivel de dificultad haciendo que nuestros hijos experimenten lo que en psicología se conoce como *The Flow*.

Si alguna vez te has encontrado haciendo algo que te encanta y se te pasaron las horas volando es probable que hayas experimentado la misma sensación que viven tus hijos cuando encuentran un videojuego que logra esas condiciones. O si has jugado por horas *Candy Crush*, a pesar de que sabes que al final siempre vas a perder, es porque lo que te gusta es la sensación de estar trabajando al límite.

Quizás, en este momento, estas comparaciones te hagan fruncir el ceño y te cuestiones: «ya va, ¿quiere decir todo esto que los videojuegos son mejores que los juegos presenciales?». En lo absoluto. No se trata de mejores ni peores. Lo anterior trata de explicar cómo un algoritmo puede llegar a ser más efectivo y eficiente en ciertos aspectos de la experiencia de juego digital. Hay diferentes formas de jugar (digital y presencial) y cada una de ellas aportará al jugador cosas distintas. El juego presencial en sus diferentes opciones es una rica fuente de múltiples experiencias cooperativas, creativas, de aprendizaje, manejo de emociones, actividad física o simplemente de vivir el puro placer de jugar. Todas ellas también son parte importante del desarrollo de nuestros hijos. Por eso cuando en una entrevista me preguntaron mi opinión sobre la opción de jugar el juego de cartas

Uno en formato *online* dije: «pues depende de quiénes vamos a jugar. Si es con los primos que están regados por todo el planeta, me parece genial. Ahora si somos nosotros cuatro (refiriéndome a mi esposo e hijos) y estamos todos en casa, considero que teniendo la oportunidad de jugarlo presencialmente hay que aprovecharla».

Otro ingrediente importante de conocer para entender lo que sucede cuando nuestros hijos juegan por tanto tiempo videojuegos es la respuesta que genera en ellos estar expuestos a la retroalimentación y otros estímulos de estas plataformas.

Los videojuegos estimulan el sistema de recompensa del cerebro, haciendo que este segregue dopamina, la cual, entre muchas cosas, genera la sensación de bienestar. Este argumento es comúnmente utilizado para señalar el potencial adictivo de los videojuegos comparándolo con el incremento de dopamina que genera el consumo de drogas. Sin embargo, aunque es innegable que los videojuegos incrementan la dopamina, es importante aclarar dos cosas.

En primer lugar, segregar dopamina *per se* no tiene nada de malo. Nuestro cuerpo experimenta ese incremento en múltiples ocasiones de nuestro día a día: al hacer ejercicio, cuando estamos con amigos, al anticipar cómo nos vamos a sentir cuando nos comamos ese helado que tanto nos gusta.

Por otra parte, el incremento en dopamina que generan los videojuegos está muy por debajo del que producen las drogas. Aunque se mencionen cifras como 75 % de incremento en dopamina por anticipar que van a jugar videojuegos[15], eso se parece más al incremento de dopamina que nos genera comernos un delicioso pedazo de pizza, o una suculenta dona de chocolate, en comparación al consumo de metanfetaminas que dispara la dopamina cerca de 1200 % de incremento[16].

Conocer todo esto nos sirve para tratar de rescatar lo que es exitoso en los videojuegos y llevarlo a la vida presencial de nuestros hi-

---

15. De acuerdo con *Christopher* Ferguson, profesor de Psicología de Stetson University.

16. Markey, Patrick & Ferguson, Christopher J. *Moral Combat. Why the War on Violent Video Games Is Wrong*. Dallas: Benbella Books, Inc. 2017, p. 132.

jos. Coincido con Jane McGonigal en que en la medida que hagamos más atractiva la realidad presencial los seres humanos recurriremos menos a los entornos digitales como un escape o, si ya sabemos que esos elementos están funcionando en los videojuegos, ¿por qué no buscamos la forma de llevarlos a situaciones de la vida cotidiana?

Justamente eso quise poner a prueba en una situación con mi hija que nos estaba resultando retadora. Un mes antes de irse a su esperado campamento de verano, por un tropiezo accidental, sufrió una luxación de rótula en una de sus rodillas. No solamente se quedó sin ir al campamento sino que además tenía que ir a unas terapias nada atractivas para una adolescente de doce años. Recordando el tema de la retroalimentación de los videojuegos me di a la tarea de hablar con los doctores y profesionales involucrados en la recuperación de mi hija para ver de qué forma podíamos idear un indicador que le permitiese saber qué tan cerca o lejos estaba de su recuperación. Quería replicar la barra de progreso, puntajes o niveles del videojuego, pero para esta situación. No se trataba de decir «vas bien, ánimo», sino «qué tan bien o mal vas». ¿Cómo podíamos hacerle ver sus progresos?

Algunos doctores me dieron el avión, pero la fisioterapeuta se montó en el barco luego de mi apasionada explicación de lo exitoso que eso resulta en los videojuegos. Le explicó a mi hija qué tipo de movimientos iba a poder hacer paulatinamente con su pierna y donde caían en su barra de progreso.

No les voy a mentir, no funcionó al nivel de perfección de un videojuego, pero definitivamente hizo más llevadera esta experiencia para mi hija y generó menos desgaste en nuestra relación.

¿Qué obtienen nuestros hijos por medio de los videojuegos?

Cuando los vemos invirtiendo horas y horas frente a un videojuego, nuestra primera reacción es pensar en lo que están perdiendo o dejando de hacer por jugarlo: «podría estar leyendo un libro, haciendo deporte, trepándose a un árbol, socializando con amigos». Esto es normal, recuerda que históricamente los medios siempre le han dedicado más páginas a toda la información que resalta lo negativo de los videojuegos. Con esto construimos nuestras percepciones y además puede que hayamos crecido con mensajes en casa parecidos a: «eso es para vagos», «qué forma de perder el tiempo», «es de antisociales» o «vas a ponerte obeso».

Sin embargo, cada vez se sabe más que existe un lado bueno y amable de los videojuegos. Las horas que invierten jugando no solo los convierten en mejores jugadores, sino que son capaces de generar beneficios para nuestros hijos en distintos frentes cuyos efectos pueden aplicarse en su vida presencial. Veamos algunos de ellos.

Beneficios emocionales para los *gamers*

Comencemos por explorar ciertas necesidades emocionales, a veces no tan obvias para nosotros los adultos, para las cuales los videojuegos pueden tener un rol importante en la vida de nuestros hijos:

Los videojuegos lo ayudan a superar situaciones difíciles que enfrentan en el entorno familiar o escolar. Dentro de un videojuego, el jugador se encuentra en un mundo donde puede cambiar el destino de una situación catastrófica como el ataque de unos zombis. No solo se salva a sí mismo, sino que ayuda a otros jugadores y de forma colaborativa consiguen un mundo mejor al que se planteaba al principio del juego. Además de ser una vía de escape, el juego le permite experimentar sentido de propósito, saberse capaz de lograr cosas, sentirse aceptado y valorado por otros *gamers*. Para algunos jugadores esto se traduce en una mejor imagen de sí mismos, una mirada más esperanzadora sobre su futuro y en mayor fuerza para aguantar la tormenta que están viviendo en sus casas o escuelas.

Mejorar el estado de ánimo. Para los niños y adolescentes que disfrutan de los videojuegos, porque coinciden con sus intereses y gustos, la plataforma funge el rol que puede tener cualquier pasatiempo o actividad que de antemano saben les genera placer y bienestar. Luego de un día demandante de clases, o de estrés por los dramas sociales típicos de la edad, sumergirse en una actividad que les gusta puede mejorar su estado de ánimo, de la misma forma en que nosotros hacemos un maratón viendo una serie de Netflix que nos gusta luego de llegar exhaustos de un día complejo de trabajo.

Algunos *gamers* terminan jugando videojuegos completamente frustrados o en peor estado de ánimo que como comenzaron. Ahí es importante evaluar si ese tipo de juego en particular es acorde a sus gustos e intereses o si por el contrario lo juega porque es el que está de moda entre sus amigos. Es similar a que un hijo quiera jugar en el equipo de básquet del colegio porque todos sus amigos están allí, pero no porque le guste o tenga la habilidad. Los entrenamientos y partidos comienzan a ser una tortura porque no le pasan el balón, el entrenador lo tiene en la banca y cuando juega no hay forma de que enceste. A excepción de algunas personalidades es probable que el básquet en la vida de este niño no sea una actividad de disfrute.

Espacios para socializar. Durante la pandemia por el coronavirus, unos adolescentes de quince años se encontraban jugando *Fortnite* durante la noche cuando conocieron a un *gamer* de once años y lo invitaron a formar parte de su escuadrón. De alguna forma se enteraron de que al día siguiente era su cumpleaños y por estar en confinamiento no podría celebrarlo con nadie. Decidieron que iban a hacerle una fiesta dentro del videojuego. Lo ayudaban permitiéndole que agarrase los mejores equipos, le enseñaron técnicas para jugar mejor y estuvieron jugando con él hasta medianoche para cantarle feliz cumpleaños [17].

Como esta historia hay muchas dentro de la vida de los *gamers*, que muestran un lado humano que se da a través de las posibilidades de socialización dentro de estas plataformas.

---

17. Esta historia fue tomada de una entrada de Instagram, 10 de junio de 2020. https://www.instagram.com/p/B_83fQRHO9x/?utm_source=ig_web_copy_link

Aunque la mayoría de las consolas ya permitían jugar varios jugadores con diferentes controles, fue realmente el internet y la posibilidad de jugar en línea lo que convirtió a los videojuegos en gigantescos parques de juego, donde no solo les permite jugar con quienes conocen o viven cerca, sino además conocer o mantenerse en contacto con amigos y familiares que se encuentran en diferentes partes del mundo. Esto último ha alivianado sobrellevar procesos migratorios, cambios de escuela, padres separados y estados de confinamiento.

Es interesante cómo el saber de videojuegos se traslada al mundo presencial, ya que se ha convertido en una moneda social que pueden utilizar en la escuela. Saber jugar bien un videojuego puede ser una forma de iniciar una conversación o un puente entre personas que tengan intereses comunes.

Para niños y jóvenes que son tímidos, estos juegos les permiten socializar o darse el permiso de ir probando formas de relacionarse con otras personas en entornos que perciben más seguros por diversas razones. En primer lugar, en un videojuego lo más importante es saber jugar bien, no es relevante su apellido, la escuela donde va, su apariencia física, estrato social, las marcas que usa. Puede representar un espacio más liviano para ser adolescente. En segundo lugar, son espacios más flexibles para escoger con quién quieren estar y probar diferentes estilos mientras van identificando quiénes quieren ser. No es el salón de clase que les tocó donde quizás haya alguien que los intimide, el club donde sus padres escogieron ser socios o la urbanización en donde viven sobre la que no tienen la oportunidad de decidir. En el videojuego hay más oportunidades de que entren y salgan y consigan relacionarse a un menor costo social.

¿Cómo podemos saber qué representan en el ámbito emocional los videojuegos para nuestros hijos? Acercándonos a ellos, observando, siendo curiosos, dándonos el permiso de dejar de verlos como el enemigo a vencer y considerarlos dentro de un contexto más amplio. Es decir, quitarle el *zoom* a la consola, ampliar el lente y ver el escenario completo donde ocurre esta actividad. Y lo más importante, hablar con nuestros *gamers*, ampliar los temas que involucran a esta actividad más allá del tiempo de juego y los contenidos. Nadie mejor que ellos conoce lo que el juego representa y los hace sentir. A veces eso requiere que nosotros estemos dispuestos a hacer las cosas de forma diferente, como Mariela, una mamá cansada de discutir con su hija adolescente sobre el tiempo que invertía en jugar *Final Fantasy*, decidió sorprenderla durante la comida comentándole: «no sabía que había universidades que daban becas a los jugadores de videojuegos». «¿Quieres decir de *eSports*?, mamá» le respondió la hija y de ahí se arrancó a explicarle los torneos que existen, cuáles videojuegos se consideran *eSports*, nombrarle «los Messis y Cristianos Ronaldos» de este deporte. Abordar un tema desde otro ángulo no significa rendirse o abandonar nuestra responsabilidad de padres. Por el contrario, muestra el compromiso que tenemos con nuestra labor estando dispuestos a probar estrategias diferentes más efectivas que nos acerquen en lugar de alejarnos de quienes más queremos.

¿Se aprende o se desarrolla algo que impacte su mundo presencial?

Particularmente en lo que respecta a la capacidad de desarrollar habilidades o mejorar la inteligencia de nuestros hijos hay varias tendencias: Están quienes dicen que los embrutecen, quienes dicen que pueden hacerlos más inteligentes y quienes dicen que pueden aprender, pero también cosas malas como convertirse en asesinos en serie y disparar masivamente contra todos sus compañeros del colegio. Para ninguna de estas tres aseveraciones, a la fecha, existe suficiente evidencia científica de calidad que las respalde. Jugar videojuegos, en el peor de los casos, puede que no los haga ni más ni menos inteligentes.

Sin embargo, aunque sé que en este momento te haré levantar las cejas o retorcer la boca, en los videojuegos de acción como *Halo* o

Call of Duty, que se juegan como *First Shooter* [18], varias investigaciones [19] han encontrado que los jugadores son mejores en las siguientes habilidades:

- La capacidad de cambiar rápidamente de una tarea a la otra.
- Ver con mayor precisión cosas pequeñas.
- Controlar y mantener la atención.
- Coordinación ojo-mano.
- Adquirir y utilizar información sobre el entorno.
- Rapidez para procesar información.
- Resolución de problemas.
- Calcular distancias entre dos objetos.
- Imaginar cómo se verían objetos y espacios si se rotan en 3D.

Para entender cómo este tipo de videojuegos desarrollan esas habilidades lo mejor es sentarse a ver jugar a un *gamer*, ya sea que lo tengas en casa o a través de una plataforma de *streaming* como Twitch. La pantalla está llena de datos, más allá de lo que tienen delante de sus narices. Tienen mapas, información de municiones, chats con otros jugadores, escanean frecuentemente estructuras y edificaciones en búsqueda de aliados o enemigos. Tienen que estar alertas a sonidos y movimientos constantemente. Resolver nuevas situaciones con los recursos que tienen.

Estas capacidades en el mundo presencial pueden traducirse en cosas del día a día como conducir y estacionar mejor un coche, saber identificar un peligro cuando se encuentran en un lugar abarrotado de personas o poder leer las letras pequeñas de las instrucciones de un producto.

En el ámbito académico y profesional, las personas con buenas habilidades espaciales tienden a ser mejores en los campos de las

---

18. First Person Shooter son videojuegos en los cuales en la pantalla solo aparecen los brazos del avatar. El *gamer* se ve como una extensión de sí mismo dentro del videojuego.

19. Las investigaciones se encuentran en los libros *Moral Combat, Getting Gamers, Media Moms & Digital Dads*.

ciencias, la tecnología, ingeniería y matemáticas. Esto fue investigado por un grupo de especialistas de la Universidad de Northwestern[20], quienes además identificaron que una habilidad espacial desarrollada en un contexto puede transferirse a otro con características similares. Es decir, que los *gamers* que invierten su tiempo en videojuegos de acción podrían utilizar sus fortalezas en capacidades espaciales en esos campos de la ciencia.

Markey y Ferguson[21] hacen hincapié en que al evaluar el efecto de los videojuegos en las habilidades de los *gamers* es importante considerar dos cosas.

Primero, no todo lo que parece de sentido común que se aprende en los videojuegos necesariamente se convierte en una habilidad para otros contextos. Ponen como ejemplo el videojuego *Tetris* en el cual parece obvio que poder acomodar las piezas para hacer desaparecer las filas resulta en mejores habilidades espaciales. Sin embargo, los estudios demuestran que jugar muchas horas *Tetris* solo te conviertes en un mejor jugador de *Tetris*.

Segundo, la posibilidad de transferir el aprendizaje de un videojuego a otros campos depende de las similitudes existentes entre ellos. Por eso, diversos estudios han demostrado que los doctores que juegan videojuegos de acción mejoran sus niveles de precisión y rapidez en cirugías que involucran el uso de pantallas como en las laparoscopías, pero no en otro tipo de cirugías que también necesitan habilidades espaciales, pero que se ejecutan con un bisturí. El movimiento de manos, coordinación ojo-mano y el uso de un control para ejecutar la operación viendo una pantalla tienen similitudes a como se juega un videojuego de acción, por eso es transferible. Mientras que las cirugías que se realizan con bisturí no son similares.

---

20. http://groups.psych.northwestern.edu/uttal/vittae/documents/ContentServer.pdf Consultado el 11 de junio de 2020.

21. Markey, Patrick & Ferguson, Christopher J. *Moral Combat. Why the War on Violent Video Games Is Wrong.* Dallas: Benbella Books, Inc. 2017, p. 182.

Este mismo argumento se utiliza para explicar por qué las habilidades adquiridas por jugar videojuegos de acción no son transferibles a utilizar un arma en la vida real [22]. Las habilidades que se necesitan para disparar un arma, posiciones corporales y actitudes son muy diferentes a hacerlo con un control de Xbox o PS5.

Desde que se han realizado todas estas investigaciones han salido nuevos videojuegos y los existentes han evolucionado incluyendo experiencias tan novedosas como conciertos en vivo dentro de las plataformas. Puede que nuestros hijos estén desarrollando habilidades no estudiadas previamente como el trabajo colaborativo de jugar en equipo en línea y si eso es transferible a realizar trabajos en equipo para el colegio, universidad o futuros empleos. Tuve la oportunidad de conocer a Alejandra, una joven de veintidós años, estudiante universitaria, capitana y líder del equipo *Ramen Renegade* [23]. Me compartió su experiencia de crear el equipo, desde la selección de los jugadores, quienes por cierto viven en ciudades, incluso en países diferentes, hasta la forma en que se organizan y comunican por medio de la plataforma Discord. Ella misma considera que ha aprendido muchísimo del proceso y no duda que le será de utilidad en su futuro profesional, más ahora cuando es cada vez más común encontrar en las empresas equipos multidisciplinarios que trabajan desde distintas partes del mundo.

Experiencias como las de Alejandra nos invitan a mantenernos curiosos en vez de reactivos ante sus videojuegos preferidos. Es importante identificar cuáles son las posibles habilidades que podrían estar desarrollando y evaluar si existen situaciones en la vida real donde la similitud haga transferible esas capacidades. De no hacerlo podemos caer en dos cosas: subestimar el potencial del juego digital o

22. Markey, Patrick & Ferguson, Christopher J. *Moral Combat. Why the War on Violent Video Games Is Wrong.* Dallas: Benbella Books, Inc. 2017, p.188, 189.

23. Equipo de eSport fundado en 2018 y activo hasta la fecha. Juegan el videojuego *Overwatch.*

ser víctimas del *marketing* de compañías que nos quieran vender programas que transforman a nuestros hijos en genios.

Hay que mantenernos críticos y cuestionadores de los hábitos de uso de los videojuegos y de la opinión de los expertos. No son tan buenos ni tan malos como los pintan. Toca decidir por nosotros mismos el rol de los videojuegos en nuestra familia con base en lo que se sabe científicamente de estas plataformas, nuestra intuición de padres y lo que conocemos de nuestros hijos. Para ayudar en esta decisión, en los próximos capítulos vamos a explorar dos aspectos que generalmente nos preocupan mucho a los padres: cómo decidir cuánto tiempo invertir en estas plataformas y el efecto de los contenidos en su sano desarrollo.

Recuerda que:

- Hay muchas maneras de jugar, incluyendo la forma digital y presencial. De ambas, nuestros hijos pueden obtener beneficios.
- El algoritmo que utiliza el videojuego hace más eficientes elementos importantes de la experiencia de juego como la retroalimentación y la adaptación a las habilidades del jugador. Eso influye en la cantidad de tiempo que el jugador decide invertir.
- Los videojuegos pueden brindar al jugador diferentes beneficios en el ámbito emocional, desde el manejo del estrés hasta la oportunidad de socializar. Para conocer cuáles de ellos son relevantes para nuestros hijos lo mejor es acercarnos a ellos.
- Todavía no hay nada 100% establecido sobre las competencias y habilidades que pueden desarrollar los videojuegos y su transferencia a la vida presencial. Con lo que tenemos, lo mejor es mantenernos críticos y atentos a los juegos

que eligen para tratar de identificar por nosotros mismos aquello que nuestros hijos podrían estar obteniendo o no y para eso, de nuevo, nuestra apertura para entrar en este mundo es esencial.

 Ejercicios:

1. Haz una lista de temas que puedes hablar con tus hijos sobre los videojuegos, dejando aparte aquellos que normalmente desatan conflicto entre ustedes. Algunas ideas:
   - ¿Qué son los *eSports*? ¿Todos los videojuegos son *eSports*?
   - Nombres de torneos, equipos o jugadores famosos.
   - ¿Qué premios dan? ¿Qué marcas son patrocinadoras?
   - ¿En qué se diferencian las computadoras de *gaming* de las consolas de videojuegos?
   - ¿Qué tipo de videojuegos existen? ¿Cuáles les gustan a ellos? ¿Por qué?

2. Completa con tu imaginación la siguiente secuencia:
   - El ajedrez es mejor que el fútbol.
   - El fútbol es mejor que los videojuegos.
   - Los videojuegos son mejor que_____.

   Conversa con tus hijos sobre qué creen que existirá cuando se conviertan en padres que les genere miedos similares a los que hoy producen los videojuegos.

3. Escribe los tres juegos (presenciales o digitales) que más juegan tus hijos y abajo haz una lista de beneficios o habilidades que consideras que pueden desarrollar a través de su práctica. Luego intercambia opiniones con tus hijos al respecto.

Capítulo 7
Videojuegos y violencia

«Prefiero tener preguntas que no se pueden responder,
que respuestas que no se pueden cuestionar».

RICHARD FEYNMAN

«Nadie podía creer que yo lo hubiese dejado jugar ese videojuego», me dijo Maribel. Intuí que se refería a uno de acción o con contenidos de violencia. «Se contagiaron todos de COVID-19 menos mi hijo y yo, así que él no podía salir de su habitación. Llegó un punto en que cedí porque la situación de aislamiento para él era tan difícil que puse todo lo que estaba ocurriendo en una balanza y decidí que sí, que lo descargara y jugara. Que por lo menos estuviese conectado virtualmente con sus primos mayores por ahí». Luego Maribel se rio diciendo: «Claro que en cuanto se terminó su confinamiento borramos el videojuego. Él protestó, pero le expliqué que había sido una situación excepcional. Ahora te confieso que hasta a mí me sorprende haber cedido en algo en lo que siempre he sido tan estricta. Nunca me han gustado esos videojuegos de matar».

El desagrado de la violencia en los videojuegos y el miedo de los padres a que los hijos desarrollen conductas agresivas como consecuencia de jugarlos existe desde el tiempo de los Arcades. En la historia de los videojuegos, *Death Race* (1976) desarrollado por Exidy, inicia la cronología de las controversias de este tema. Si buscas este juego en Google y ves las imágenes, y lo comparas con lo que existe hoy en día, probablemente ni entenderás cuál era la controversia.

Llevamos más de cuarenta años debatiendo este tema entre dos bandos: investigadores que aseguran que jugar videojuegos violentos hace que los niños se vuelvan agresivos y quienes certifican que no. Y a pesar de que pueden resultar entretenidas sus discusiones intelectuales por Twitter, lo único que se ha logrado es que los padres continúen completamente confundidos o vivan con angustia y culpa porque sus hijos dedican muchas horas a videojuegos de acción. [24]

La realidad es que es un tema muy complejo, involucra cuestiones económicas, políticas, culturales y epistemológicas, mientras que los padres demandamos una respuesta binaria: sí o no. Para encontrar nuestras propias respuestas, a lo largo del capítulo vamos a ir diseccionando el tema para contar con información que permita canalizar la ansiedad que esto puede generarnos en la puesta en marcha de nuestras propias decisiones.

La confusión entre violencia y agresión

En el libro *Game On!* [25] un grupo de psicólogos especialistas en diseñar estudios para determinar los efectos del uso de dispositivos en la forma en que las personas pensamos, sentimos y nos comportamos, exponen las limitantes que existen en la realización de estos estudios y cómo pueden llevar a malas interpretaciones de sus resultados.

Para comenzar, el concepto agresión es muy amplio y cuenta con muchas aristas. Pocas personas conocen la diferencia entre los términos agresión y violencia. Una agresión ocurre cuando una persona de

---

24. Por lo general, los investigadores que están en contra de los videojuegos basados en historias de guerra, combates y que tienen armas, se refieren a ellos como videojuegos violentos, mientras que los investigadores con posturas menos duras los llaman videojuegos de acción.

25. Plante, Anderson, Allen, Groves & Gentile. *Game On! Sensible Answers about Video Games and Media Violence.* Zengen LLC Publishing. 2020.

forma intencionada busca agredir a alguien que no quiere ser agredido. La palabra clave es la intencionalidad. Si un niño sin querer deja su mochila tirada en el piso, lo que causa que un compañero se tropiece y se fracture un codo, no es considerado una agresión porque no había la intención de generar ese daño. En cambio, si una niña comparte fotos comprometedoras de otra niña en las redes sociales para dañar su reputación, generar rechazo y burlas de sus otros compañeros, hasta el punto de que sufra depresión y fuertes estados de ansiedad, es un acto de agresión.

También existen agresiones pasivas en las cuales el victimario pudiendo evitarle un daño a la víctima decide intencionalmente no decirle nada. Por ejemplo, en el reto del cráneo roto de TikTok, la persona que filma el video, mientras los otros dos cómplices le hacen una zancadilla a la víctima, está cometiendo una agresión. Los que ven, saben lo que va a pasar y no avisan de forma intencional porque también quieren reírse al ver al otro caer.

Luego hay agresiones que son socialmente aceptadas como en el ámbito deportivo: boxeo y fútbol americano, o que forman parte del acervo cultural como pegarle a la piñata que tiene la forma y figura del héroe o la princesa favorita del cumpleañero.

La violencia es una agresión que busca causar un daño físico severo en otra persona. La diferencia entre un término y otro viene dado por la gravedad de las consecuencias en la víctima. No existe un criterio único y universal para clasificar dentro del amplio rango de conductas agresivas [26] a partir de dónde se considera violento o no.

La razón de que haya tanto descrédito a las investigaciones de ambos bandos viene precisamente por la falta de claridad en definir a qué tipo de agresiones hacen referencia en sus resultados. Más que un exceso de malas investigaciones, considero que hay un exceso de malas interpretaciones y aseveraciones exageradas que se hacen en los medios al respecto.

---

26. Imagina un termómetro de agresividad en el cual cero es dejar en visto a alguien en un chat y cien dispararle en la cara con un arma semiautomática.

El problema es que se lleva este debate a niveles absurdos al confundir agresión con violencia. Como mencionan los autores del libro, es como decirles a las personas que por comerse una hamburguesa van a sufrir un infarto, en vez de explicarles que aumenta la probabilidad de tener una enfermedad cardíaca.

Los *gamers* dan con un artículo que hace referencia a un estudio en el que se encontró que a medida que aumentan las horas de exposición a videojuegos de acción se incrementa la probabilidad de que el jugador adopte comportamientos agresivos, si interpretan agresión como ir a golpear sin razón a la primera persona que se encuentren, les parece ridículo. En cambio, si se especificase que con agresión se refieren a decir más groserías, dar un empujón o codazo a alguien, sentirse más alertas o amenazados por su entorno, no resulta una hipótesis tan descabellada.

Por el lado de los detractores de los videojuegos sucede exactamente lo mismo. Al encontrar una investigación que señala una correlación positiva entre horas de juego de videojuegos de acción y una cierta conducta agresiva, lo toman como bandera para su causa y para darle más fuerza utilizan comparaciones que no necesariamente están sustentadas por esa investigación como decir que los videojuegos violentos transforman a los niños en psicópatas.

En ambos casos se pierde el interés en lo que es realmente importante para los padres, unos por minimizarlo y otros por exagerarlo, que es conocer cuáles son los posibles impactos que podría tener en la vida de sus hijos el consumo de contenidos [27] con diferentes grados de violencia.

Una correlación no implica que una cosa cause a la otra

Las investigaciones sobre el efecto del uso de videojuegos violentos muestran mayoritariamente correlaciones no causalidades. Este es

---

27. Aunque en este capítulo estamos enfocados en los videojuegos, el consumo de contenido violento por otros medios: películas, series, videos, e incluso libros, también puede tener un efecto.

otro tema que genera conflicto en el mundo científico porque siempre va a haber alguien que desestime el resultado de un estudio alegando que, porque dos variables estén correlacionadas, no quiere decir que una cause a la otra, lo cual es cierto; así como también siempre va a haber alguien que utilice una correlación para asegurar los mismos efectos del uso de los videojuegos en todos los *gamers* cuando en la vida real, fuera de un laboratorio, no va a suceder así. Puede que a algunos les afecte más, a otros menos y a otros no les afecte.

Fuera de los laboratorios, ¿qué pasa si juegan videojuegos violentos?

Cuando como madres observamos las imágenes tan reales y explícitas que presentan los videojuegos y además los escuchamos gritar mientras juegan «mátalo, mátalo, mátalo», uno se cuestiona «¿estará bien que juegue estas cosas?», «¿será que por jugar esto algún día va a lastimar a alguien?». Pero luego uno lo comenta con otras mamás y se ven tan relajadas que pensamos «¿será que la que está mal soy yo?».

Si además tienes un hijo que particularmente no muestra conductas agresivas en su vida presencial, pues pareciera que el videojuego realmente no lo influye, pero tu lógica e intuición te dicen «algún efecto debe tener».

La respuesta que he encontrado es que los videojuegos violentos por sí solos no son capaces de generar una conducta violenta en los niños y adolescentes, definiendo violencia como una acción que genere un daño grave e irreversible en otra persona como por ejemplo agarrar un arma automática y disparar contra todos sus compañeros de clase. Quizás tampoco agredir a golpes a sus compañeros. De hecho, evaluando, los países que tienen un mayor consumo de videojuegos de acción tienen menores índices de crímenes [28] y en Estados

28. Markey, Patrick & Ferguson, Christopher J. *Moral Combat. Why the War on Violent Video Games Is Wrong.* Dallas: Benbella Books, Inc. 2017, pp. 83-84.

Unidos después de los lanzamientos de videojuegos con clasificación *Mature* las estadísticas muestran que en los meses posteriores disminuyen las tasas de criminalidad[29]. ¿Quiere decir que entonces los videojuegos son la solución para disminuir la violencia? No lo creo. Pienso que para explicar la violencia hace falta involucrar muchas variables muy complejas y queremos darle un protagonismo al videojuego que no lo tiene. Creo que es un personaje de la historia, quizás secundario, a veces incluso un extra, pero no el personaje principal.

Lo anterior no quiere decir que jugar videojuegos con diferentes grados de contenido violento no tiene ningún efecto en el jugador. Sería como decir que existe un alimento que te lo comes y a tu cuerpo no le pasa absolutamente nada, como si no te lo hubieses comido. Así te tomes un vaso de agua, todo lo que ingerimos y sus cantidades hace una contribución a millones de procesos que ocurren en nuestro organismo. Lo mismo pasa con los contenidos.

Lo que puede suceder cuando nuestros hijos juegan estos videojuegos es que van recibiendo información con la cual ellos van construyendo significados e interpretaciones de cómo ver el mundo. Esa información se junta con muchas otras que reciben de diferentes formas: otros medios (películas, series, libros, redes sociales), la familia, eventos que les haya ocurrido en el ambiente escolar y otros entornos en donde se desenvuelve su vida. Este cúmulo de información puede reforzar la violencia o por el contrario compensarla.

Si en general su vida está llena de experiencias que van construyendo una interpretación del mundo como un lugar peligroso y violento, estos videojuegos pueden ser la cereza del pastel para que el niño tienda a interpretar las acciones de los demás como una provocación, un insulto, de los cuales debe defenderse. Puede que se le acerquen para jugar y piense que le quieren quitar la pelota, por ejemplo. O un adolescente lea un comentario en sus redes sociales y lo

---

29. *Ibidem*, pp. 89-91.

interprete como que se están metiendo con él y decida crear un rumor sobre alguien más para defenderse.

También podría considerar que las agresiones son formas válidas de resolver los problemas. Asimismo, puede que le parezca gracioso participar en bromas que puedan causar un daño grave a los demás, sin cuestionarse las consecuencias para la víctima.

Ante la gran variedad de retos que existen en redes sociales que los adolescentes replican, su interpretación del mundo puede ser uno de los factores para decidir en cuáles participar y en cuáles no. Cuando hay padres que le hacen bromas a los hijos, como por ejemplo pedirles que atrapen una hoja de papel antes de que caiga frente a una pared, con la intención de que se den un golpe, y eso lo filman y comparten en redes sociales, todo eso contribuye a las ideas que se forman los niños sobre lo que se puede o no hacer a los demás. Estas acciones pueden impactar mucho más que un videojuego, viniendo de los padres, quienes tenemos la mayor influencia en su formación.

También puede que el niño tienda a tener una actitud de aceptación o complacencia hacia conductas agresivas de otras personas. Podría ser, por ejemplo, los niños que aplauden a quienes se comportan como *bullies*, que disfrutan viendo cómo molestan a los demás o los alientan a que molesten.

Es posible que al niño le cueste asumir su responsabilidad y las consecuencias por alguna forma de participación en una agresión. Por ejemplo, cuando forman parte de un grupo de WhatsApp en el que están descalificando o refiriéndose de manera muy grosera y despectiva sobre otro compañero y se ríe como los demás pero no comenta nada porque piensan que eso lo exculpa. El chat sale a la luz y cuando el colegio le aplica una sanción proporcional a su participación, lo siente como una injusticia.

Existe la idea de que la sobreexposición a contenidos violentos puede contribuir a generar insensibilidad hacia la violencia cuando ocurre en la vida presencial. Sin embargo, especialistas han encontrado que los niños *gamers* que han presenciado un accidente, o visto a alguien seriamente herido, muestran una actitud completamente diferente a la que tienen mientras juegan un videojuego[30].

Protegerlos o minimizar los efectos

Si nos preocupa cómo puede estar influyendo la exposición de diferentes grados de violencia presentes en los videojuegos en nuestros hijos, podemos abordar la situación con una combinación de estrategias y herramientas:

Autoevaluación. Reflexionemos y hagamos una autocrítica sobre cuál es «el terreno» donde «están cayendo» esas horas de videojuegos violentos, ya que eso será más determinante sobre lo que va a «florecer» en cada uno de nuestros hijos:

- ¿Es común que en casa nos gritemos o nos agredamos de alguna manera entre miembros de la familia? (física o verbalmente).
- ¿Tenemos agresiones socialmente aceptadas en la casa? Como por ejemplo bromas pesadas que se toleran.
- ¿Aceptamos que los varones se peleen físicamente?
- ¿Nuestro hijo ha presenciado o sido víctima de un acto de violencia?
- De los contenidos que consume nuestro hijo, aparte de los videojuegos, ¿la mayoría incluye temas agresivos?
- ¿Cómo es el ambiente escolar de la escuela de nuestro hijo? ¿Es armonioso, conflictivo, tóxico? ¿Es común escuchar casos de *bullying*?
- ¿Qué tan segura es la ciudad y el país donde vivimos? ¿Escucha frecuentemente sobre robos, secuestros o asesinatos?

30. Kutner, Lawrence & Olson Cheryl K. *Grand Theft Childhood, The Surprising Truth About Violent Video Games and.* New York: Simon & Schuster. 2008, p. 106.

- ¿Cómo es la personalidad de mi hijo?, ¿es un niño corajudo o pacífico?
- ¿Qué otros elementos de la vida de nuestro hijo podrían contribuir a desarrollar una conducta agresiva?
- La gran reflexión es ¿estamos educando en donde prevalece la violencia o la compasión y empatía?

Contar con este panorama nos puede ayudar a entender por qué a pesar de jugar videojuegos un hijo no desarrolla conductas agresivas o, por el contrario, si jugar videojuegos es simplemente la punta del iceberg de una serie de condiciones que están generando actitudes violentas en él.

Esta autoevaluación en ningún momento pretende ser una prueba para un diagnóstico. Lo más recomendable es que acudas a un profesional de la salud mental, si tienes dudas sobre una conducta agresiva de tu hijo.

Acercamiento. Mostrar curiosidad por conocer las razones por las cuales les gusta jugar, para entender desde dónde podrían estarse vinculando con este tipo de juegos.

Conversando con *gamers* de diferentes edades, estas son algunas de las razones que me han compartido:

- Es lo que juegan sus amigos.
- Pueden conocer nuevos amigos en cualquier lugar del mundo.
- Es una forma de no sentirse solos.
- Les encanta competir, descubrir formas de jugar mejor y ganar.
- Disfrutan enseñar a jugar mejor a sus amigos.
- Es algo divertido de hacer cuando están aburridos.
- Pueden hacer cosas que no son posibles en la vida real, sin enfrentarse a los peligros y consecuencias que implicarían.
- Es una forma de manejar la ansiedad y el estrés.
- Les permite manejar el enojo y la frustración.
- Disfrutan la adrenalina que sienten durante el juego.

- Les encantan las historias donde se desenvuelve el juego.
- Es una actividad que comparten con sus hermanos mayores o con su papá.

Sentarnos a verlos jugar y hablar de sus videojuegos como lo hacemos o haríamos con cualquier otro interés que tienen, como si fuera fútbol y hablásemos de sus entrenamientos, partidos, equipos favoritos, puede ser una estrategia sencilla pero poderosa para entender más su mundo y dimensionar si los miedos que tenemos están siendo confirmados, los subestimamos o sobrestimamos. Podemos descubrir que quizás no esté atraído por la violencia, sino que está atravesando una etapa en la que le cuesta relacionarse con los amigos en la escuela y en el videojuego encuentra espacios donde soltar esa preocupación y además consigue otros amigos con quien se lleva mejor.

Cuestionar. Enseñarles a cuestionar las formas en que se presentan las agresiones y la violencia en los videojuegos, lo que representan para que con ello vayan formando sus propias apreciaciones. Una forma que se ha demostrado efectiva, tanto para enseñarles a pensar por sí mismos como para proteger a nuestros hijos de los efectos de jugar este tipo de videojuegos, es promover en casa la costumbre de preguntarles, sin juicio, sus opiniones sobre diferentes aspectos de la violencia. Algunas preguntas podrían ser:

- ¿La violencia es un medio para conseguir las cosas en la vida real de la forma en que se muestra en el juego?
- ¿Cuál es la mejor forma de manejar un conflicto o una provocación? ¿Es la violencia un recurso que debemos tener a la mano en todo momento o un último recurso?
- ¿Quién se beneficia de que exista este tipo de videojuegos?
- ¿Qué consecuencias tendría tanto para las víctimas y victimarios ese tipo de acciones en el mundo presencial?
- ¿Qué cosas se omiten en las historias que enmarca ese videojuego?

- ¿Por qué la industria de los videojuegos saca esos títulos y cada vez los vuelve más gráficos?
- ¿Usar caricaturas hace que las agresiones presentadas sean menos graves?
- ¿Cada persona puede tener diferentes interpretaciones de lo que se presenta en el videojuego? ¿Cuáles podrían ser?
- ¿Nuestros valores familiares, creencias o prioridades están representados en ese videojuego? ¿Cuáles sí y cuáles no?

Promover e incentivar este tipo de reflexiones no se trata de sentarnos al lado de ellos mientras juegan con un cuestionario. Eso espanta a cualquiera. Consiste en buscar los espacios, encontrar los momentos e ir incorporando en nuestra cultura familiar el ser cuestionadores. Esta habilidad les va a permitir que, independientemente de lo que decidan como familia que sea apropiado para jugarse en casa, cuando vayan a otras con acceso a juegos que están prohibidos en las nuestras, se encuentren capacitados para discernir los mensajes que están recibiendo del juego y sus amigos, así como saber escoger con qué quedarse y qué dejar pasar.

En la medida en que nuestras conductas sean ejemplo de las posturas que esperamos de nuestros hijos sobre la violencia, el mensaje que les llega es aun más fuerte y sólido, porque crecerán viviendo con la coherencia entre el mensaje y nuestros actos.

Investigar. Ya que los videojuegos actuales no siguen una historia lineal como un libro o una película, sino que la historia que va a ver el jugador depende de cómo lo juegue, lo recomendable es obtener información sobre el juego por diferentes frentes [31]:

- Revisar la clasificación que le dan diferentes organizaciones como ESRB o PEGI. A partir de ellas tendremos referencias

---

31. En el apéndice se encuentran los enlaces a los recursos que se mencionan en esta sección, así como otros que pueden resultar de utilidad.

de la edad a partir de la cual está recomendado, los tipos de contenido que están presentes y los elementos de interacción a los cuales tendrá acceso el jugador.

- Utilizar plataformas como Twitch, o YouTube Gaming para ver directamente cómo se juegan estos videojuegos.
- Buscar comentarios y análisis en páginas como Common Sense Media, Learning Work For Kids, GameSpot, Metacritic.
- Probar el videojuego en plataformas que permitan jugarlo de forma gratuita, con pase mensual o rentar el juego en sitios como *GameFly*.
- Buscar la oportunidad de ver a alguien jugarlo. Nada ni nadie puede sustituir las impresiones, ideas y opiniones que puedes obtener por ti mismo estando en contacto directamente con la plataforma.

Con todos o algunos de estos recursos como padres podemos decidir de manera informada si un videojuego es para nuestro hijo o no. Si decidimos que lo jueguen, entendemos los posibles efectos que pueden tener los contenidos agresivos, así como las acciones que podemos emprender como familia para compensarlo. Si decidimos que no lo jueguen, contamos con la suficiente información para sentarnos a hablar con nuestros hijos, exponerles nuestras razones y al estar convencidos es menos probable que nos asalte la culpa cuando ellos reaccionen de forma negativa a nuestra decisión (sí, es normal que nuestros hijos se enojen con nosotros cuando les decimos que no a algo que quieren mucho).

Decir no con convicción

Grand Theft Auto es un popular videojuego que fue introducido al mercado en 1997 y desde entonces ha sido muy controversial en el mundo de la política, de los padres y de los colegios, porque está basado en una historia llena de antivalores. Prácticamente la mayoría de las cosas que están prohibidas en el mundo presencial se pueden hacer allí y además es la forma para «ganar». Aparte de la violencia bastante gráfica, el juego tiene contenidos de sexualidad y drogas.

Está clasificado para adultos, pero la realidad es que hay jugadores de doce años en adelante. El hecho de que haya sido tan controversial y discutido, lo ha convertido en la «manzana prohibida» pero «deseada», especialmente para los adolescentes que están en el proceso de retar los límites y ver si lo que decimos que es tan malo realmente lo es. También cae como anillo al dedo en el contexto social de que, a quienes los dejan jugar este y otros videojuegos para adultos son los «*cool*», volviéndolo aun más aspiracional, similar a cuando éramos adolescentes y había un grupo que siempre empezaba antes que otro a ir a fiestas de noche, a consumir alcohol o a fumar.

Los padres nos enfrentamos a estos dilemas. Si bien sabemos que el videojuego por sí solo no va a generar que mi hijo se vuelva un asesino en serie y que puedo emplear estrategias para minimizar los efectos de posibles conductas agresivas, por otro lado, nos preguntamos ¿hasta dónde ceder?, ¿hasta qué punto darle prioridad a la parte social de mi hijo sobre ciertas cosas que van en dirección opuesta a determinados valores que queremos promover dentro de la familia?, ¿se trata de darle entrada a todo, aunque no esté de acuerdo porque es lo que está de moda y porque en términos prácticos no va a transformar a mi hijo?

En mi opinión, la tecnología debe formar parte y estar en coherencia con algo más grande que son los valores en los cuales creemos, los que nos parecen importantes y queremos transmitir a nuestros hijos. Cada familia tiene los suyos. Nadie puede juzgar quién tiene los correctos. Sin embargo, si tenemos claros los nuestros y un videojuego o cualquier otro contenido de los medios va en contra o no aporta a lo que queremos promover, considero válido trazar una línea sobre qué es aceptable y qué no.

Una forma de abordar este tipo de límites con los adolescentes es enfocar la conversación en nuestros principios familiares. Por ejemplo, vamos a suponer que estamos en contra del narcotráfico y la violencia. Podríamos decir: «Oye hijo, fíjate que revisamos el videojuego que nos pediste y observamos que en el contexto donde se desarrolla la historia presenta la violencia y el narcotráfico desde un ángulo en el que pareciera que quieren hacerlos ver como *cool* o los normalizan. Esos son temas que nosotros no apoyamos ni queremos promover en ustedes, porque creemos que la violencia no es un medio para conseguir las cosas y el narcotráfico está obviamente ligado a las adicciones de drogas, así como otras actividades delictivas que le hacen daño a muchas personas. Sabemos que por jugarlo no vas a consumir drogas ni matar a nadie en la vida real, pero aun así consideramos importante ser coherentes en nuestros valores y no tener ese videojuego en nuestra casa».

Por supuesto que esta estrategia funciona en la medida en la que en casa verdaderamente vivamos esos principios y valores. Cuando es así, muchas veces los adolescentes ya saben que los padres van a decir que no y por qué. Pero si les decimos lo de arriba y en la noche nos ven viendo la serie Narcos en Netflix o en el último partido nos escucharon gritarle barbaridades y amenazas al árbitro porque no estábamos de acuerdo con una falta que pitó, quizás el mensaje no se entienda o les parezca hipócrita.

Como consumidores, una forma de hacernos escuchar es dejando de comprar y consumir productos, servicios y marcas que consideramos que se construyen sobre valores que nos afectan como sociedad. En el mundo digital aplica, no seguir cuentas, no darle *like* ni comentar a quienes promueven ideas que en nuestra opinión nos perjudican como colectivo, entendiendo que podemos tener opiniones diferentes. Es como estar comprometido con el cuidado del medio ambiente y trasladar ese compromiso a nuestras compras, adquiriendo las marcas que van en línea con este principio que tenemos en casa.

¿Que lo van a jugar en otras casas? Sí, probablemente sí. Uno no puede controlar lo que pasa en el resto de las familias con quienes convivimos y no quiere decir que sean mejores o peores que nosotros, simplemente se manejan con parámetros y prioridades diferentes. Lo importante es que nuestros hijos estén claros de lo que promovemos en la casa y el porqué.

Todas las plataformas de videojuegos cuentan con controles parentales en las cuales puedes decidir a partir de qué clasificación se pueden jugar, como también se puede restringir el acceso a determinados títulos.

Mi recomendación es hablar con nuestros hijos sobre nuestra decisión. No hacer configuraciones a escondidas o de forma unilateral sin previa explicación. Aunque nos quiera ganar nuestra necesidad de control, poner siempre de primero nuestra relación con ellos es una inversión que afianza nuestro vínculo a largo plazo, explicar las razones les permitirá aprender a tomar sus propias decisiones cuando no estemos para orientarlos.

Agresiones entre jugadores

Dentro de los videojuegos pueden existir ambientes agresivos independientemente del contenido o la temática de la historia. El ambiente tóxico lo generan los propios jugadores y eso no lo recoge la información que nos da la clasificación de un videojuego.

De la misma forma que los niños se pelean cuando juegan un juego de mesa o un partido de fútbol, el juego en espacios digitales no está exento. Sin embargo, hay varias diferencias.

En los videojuegos no hay árbitros sacando tarjetas amarillas o rojas como ocurre en los deportes del mundo presencial. No hay nadie regulando en tiempo real que todos se comporten todo el tiempo de acuerdo con los códigos de conducta de la plataforma.

Los videojuegos son espacios libres de padres[32], por lo que los jugadores sienten menos contención, no se autorregulan de la misma forma que lo harían si se enojan jugando Monopolio en casa de un

---

32. No me refiero a libres de adultos, porque adultos hay, pero no padres que van a estar atentos a lo que pasa.

amigo. Se genera una sensación de poder decir y hacer cosas que no harías en el mundo presencial.

En el juego digital pueden convivir varias generaciones en un mismo espacio. Nuestros hijos pueden estar jugando con personas dos, cinco, diez o veinte años mayores que ellos, que por razones obvias se comportan y expresan diferente.

Otra diferencia es que, aparte de las reglas del juego, puede que los jugadores tengan «sus propias reglas». Como una especie de pacto de caballeros o unos lineamientos que aunque no están escritos ellos esperan que se cumplan. Esto puede generar muchos conflictos, especialmente entre los niños y, a los padres, se nos complica entender. Como me dijo un día Sandra, mamá de un niño de nueve años, ellos vivían en Los Ángeles y se le ocurrió que quizás era buena idea que jugara *Fortnite* con sus primos de diez y once años, quienes vivían en Ecuador. Sin embargo, esta actividad que se suponía que iba a fortalecer la relación entre primos se convirtió en todo lo contrario. Los primos mayores acusaban a su hijo de hacer trampa, ser tóxico y lo sacaban constantemente del juego.

La mamá quería entender las reglas del videojuego para ver si su hijo estaba efectivamente haciendo trampa o no, pero lo que nos dimos cuenta es que, más que no seguir las reglas del juego, lo que pasaba es que el niño usaba una estrategia que entre los jugadores se conoce como «campear», es decir, que en vez de salir a eliminar a otros jugadores te mantienes escondido la mayor parte de la partida esperando a que vayan eliminando a los demás. Es, por ejemplo, como cuando Italia jugaba fútbol con un estilo claramente defensivo y esto se convertía en partidos sumamente aburridos. Son estilos de jugar, pero para los otros dos primos era hacer trampa porque se exponía menos que ellos a ser eliminado. Como esta situación pueden existir miles.

Las agresiones por las conductas de los jugadores pueden ir desde simples altercados hasta casos de *cyberbullying*, por eso es importante que dotemos a nuestros hijos de herramientas para saber afrontar este tipo de situaciones.

Como padres debemos compartir cuáles son nuestras expectativas de su comportamiento dentro de un videojuego. Aunque sea un espacio digital, deberíamos mantener los mismos principios que guían nuestras conductas en los espacios presenciales. Asimismo, enseñarles a identificar mensajes de odio y explicarles la importancia de no formar parte de ellos, reportarlos y no distribuirlos.

Otra herramienta es enseñarlos a poner límites, a resolver conflictos y a elegir sus batallas. Si son personas desconocidas que no se volverán a encontrar puede que con salirse de la partida baste, pero si son amigos o familiares nuestros hijos tienen que saber que no tienen por qué aceptar cualquier tipo de trato que los hagan sentir mal. ¿Tendrá un costo social? Sí, probablemente, pero enseñamos que cada vez que cedemos, y no decimos ¡No! a los demás, nos decimos ¡No! a nosotros mismos.

Es muy importante garantizar que sepan silenciar, reportar y bloquear usuarios dentro de las plataformas. También es útil tomar evidencias con fotos de pantalla, si llegan a verse involucrados en una situación en la cual se sientan en peligro.

La mayoría de los juegos y plataformas permiten configurar diferentes opciones para restringir la comunicación con otros jugadores. Revisarlas con nuestros hijos y escoger la más adecuada, nos permite protegerlos y enseñarlos a cuidarse.

La violencia es un asunto que, como padres, nunca dejará de preocuparnos. Sin embargo, hemos visto que es un tema donde no hay blancos y negros. Ojalá fuese tan sencillo como desaparecer los videojuegos del planeta para vivir en una sociedad donde no hubiera agresiones.

Sin embargo, no considero que haya motivos para perder la esperanza. Como padres tenemos la oportunidad de decidir cómo se vive y qué se promulga sobre la violencia en nuestras casas. Podemos crear ambientes donde podamos conversar, escuchar las opiniones de nuestros hijos e introducir cuestionamientos que detonen procesos de pensamiento crítico en ellos sobre este tema. Asegurarnos que se sientan amados, protegidos y que cuentan con sus padres ante cualquier adversidad. Al final, la respuesta simple a una pregunta compleja, más que ser un sí o un no, podría ser la frase de la Madre Teresa: «Si quieres cambiar al mundo, ve a casa y ama a tu familia».

Recuerda que:

- Hay una diferencia entre agresión y violencia. La primera ocurre cuando una persona de forma intencionada busca agredir a alguien que no quiere ser agredido. La violencia es una agresión que busca causar un daño físico severo en otra persona.

- Los videojuegos por sí solos no son capaces de generar una conducta violenta en niños y adolescentes, definiendo violencia como una agresión que busca causar un daño físico severo.

- La exposición a contenidos agresivos dentro de los videojuegos puede influir en la construcción de significados e interpretaciones del mundo donde viven.

- Si el cúmulo de información que recibe el adolescente desde diferentes frentes construye en él una visión del mundo como un lugar peligroso del cual debe protegerse a toda costa, puede parecerle válido agredir a otra persona como una forma de resolver un problema, tener una actitud de aceptación y complacencia hacia conductas agresivas de otras personas o que le cueste asumir la responsabilidad de su participación en alguna forma de agresión.

- Algunas estrategias para decidir la pertinencia de jugar un videojuego de acción son: autoevaluar las diferentes influencias y exposiciones a la violencia que tiene el jugador, acercarnos a conocer las razones por las cuales quiere jugar ese tipo de videojuegos, fomentar el cuestionamiento sobre diferentes aspectos de la violencia e investigar utilizando los recursos disponibles como las páginas de clasificaciones o a través de la opinión de críticos de videojuegos.

• En los videojuegos en línea, las interacciones con otros jugadores pueden tornarse agresivas. Es importante dar herramientas a nuestros hijos para que sepan identificar conductas de riesgo, poner límites, así como bloquear, silenciar y denunciar usuarios dentro de las plataformas.

 Ejercicios:

En este capítulo, varios ejercicios vienen integrados en el texto con el objetivo de facilitar la comprensión de los temas expuestos. En esta sección solo agrego aquellos que considero que pueden añadir aprendizajes adicionales:

1. Haz una lista de conductas agresivas que incluya diferentes grados de gravedad en las consecuencias de la víctima. Luego asigna un número del cero al diez, dependiendo de la gravedad que cada uno considere. Comparte resultados e inicia un debate con tus hijos.

2. Conversa con tus hijos acerca de los conflictos más comunes que experimentan en los juegos en línea:
   • ¿Es más fácil resolverlos cuando juegan con personas conocidas o desconocidas?
   • Con base a su experiencia, ¿qué le recomendarían a otros padres de jugadores más chicos enseñarles a sus hijos para saberse manejar en juegos cuyos ambientes resulten tóxicos o agresivos?
   • ¿Qué consideran que es pasarse de la raya en un videojuego en línea?, ¿qué harían o qué han hecho en esos casos?
   • ¿Conocen las configuraciones para habilitar o restringir comunicación con otros jugadores?
   • ¿Las utilizan? ¿Por qué sí o por qué no?

Capítulo 8
Videojuegos y el tiempo, la pregunta del millón

«No soy todo lo que ves, pero tampoco ves todo lo que soy».

Anónimo

Una mamá muy preocupada me envío un enlace de un artículo que se titula «Los médicos advierten sobre *Fortnite*: es como tener a un hijo adicto a las drogas» y a continuación me escribe: «Hola Cris, mira este artículo, ¿qué piensas? Desde que comenzaron las vacaciones Fernando está pasando más tiempo con este juego. No me gusta, pero es el único contacto con sus amigos de la escuela». Su preocupación era el tiempo y qué tan probable era que su hijo estuviese desarrollando una adicción.

El tema del tiempo adecuado, recomendable, saludable para que nuestros hijos jueguen videojuegos, es la pregunta del millón. Si Fernando estuviese incrementando su tiempo tocando la guitarra, chutando un balón de fútbol o leyendo, probablemente no fuese un tema de preocupación, sino todo lo contrario. Pero los videojuegos tienen «algo» que nos activa la alarma de protección. Por una parte, porque mientras juegan videojuegos no estamos claros de qué sucede exactamente durante este tiempo. Es como dejarlos en un lugar que no sabemos muy bien cómo es; qué pasa allí adentro y con quién están y, por otro lado, porque nos preocupa lo que están dejando de hacer mientras juegan videojuegos. Nos imaginamos cosas como: podría estar leyendo Historia Universal, escribiendo el próximo éxito literario, convirtiéndose en el Messi de esta década, trepándose en árboles, (aunque nosotros nunca nos hayamos trepado en no) o cualquier otra actividad a la que nosotros le damos más valor que a un videojuego. En este sentido, cada hora adicional que los vemos jugar es una hora no invertida en temas que consideramos más importantes y esa pudiese ser la raíz de nuestro estrés.

¿Cuánto tiempo «deberían» jugar videojuegos?

No existe una respuesta única y universal a esta pregunta que aplique a todos los niños por igual. Lo que he encontrado es que la mayoría de las veces buscamos que alguien externo nos diga cuánto es el tiempo correcto, pero las únicas personas con la información necesaria para establecer los límites que son saludables para cada hijo somos los padres, porque tenemos acceso a identificar su estado emocional, conocemos aspectos de su personalidad, podemos explorar las necesidades que satisfacen con el videojuego y conocemos de primera mano nuestras dinámicas familiares.

¿Qué tipo de análisis podemos utilizar para llegar a ese número? Aquí te comparto algunas ideas:

Establecer un rango de tiempo sobre el cual trabajar. Existen estudios que señalan que después de tres horas diarias, o más de veinte horas semanales de jugar videojuegos, los beneficios que se obtienen de este tipo de actividad comienzan a disminuir considerablemente [33]. Para *gamers* amateurs, que no están desarrollando una carrera profesional, este puede ser un límite superior que podemos tener en mente. De nuevo, la situación dependerá de cada individuo, pero una

---

33. Mcgonigal, Jane. *Reality is Broken: Why Games Make Us Better and How They Can Change the World.* Vintage. Londres. 2011, pp. 365-366.

opción es comenzar por delimitar un rango de tiempo entre cero y tres, si lo queremos ver diario, o entre cero y veinte si lo queremos ver semanal.

Identificar cuánto tiempo dispone mi hijo para jugar videojuegos

	Lunes	Martes	Miércoles	Jueves	Viernes	Sábado	Domingo
7:00 a 8:00	Colegio	Colegio	Colegio	Colegio	Colegio	Dormir	Dormir
8:00 a 9:00	Colegio	Colegio	Colegio	Colegio	Colegio	Dormir	Dormir
9:00 a 10:00	Colegio	Colegio	Colegio	Colegio	Colegio		
10:00 a 11:00	Colegio	Colegio	Colegio	Colegio	Colegio		
11:00 a 12:00	Colegio	Colegio	Colegio	Colegio	Colegio		
12:00 a 13:00	Colegio	Colegio	Colegio	Colegio	Colegio		
13:00 a 14:00	Colegio	Colegio	Colegio	Colegio	Colegio		
14:00 a 15:00	Colegio	Colegio	Colegio	Colegio	Colegio		
15:00 a 16:00	Comida	Comida	Comida	Comida	Comida	Comida	Comida
16:00 a 17:00							
17:00 a 18:00	Natación	Fútbol	Natación	Guitarra			
18:00 a 19:00							
19:00 a 20:00	Cena	Cena	Cena	Cena	Cena	Cena	Cena
Horas libres	2	2	2	2	3	9	9

Poner en papel las horas libres que disponen, nos da una perspectiva de cuándo tiene sentido dentro de su calendario de actividades jugar videojuegos. Un niño cuyos horarios se parezcan a la tabla anterior, entre lunes y jueves podría jugar después de la comida o antes de la cena, pero dependerá de variables adicionales:

- ¿Tiene que hacer tareas o estudiar?
- ¿Cuánto tiempo se tarda haciéndolas?
- ¿Cuánto tiempo mínimo se necesita para jugar este videojuego?
- ¿Se puede poner en pausa o se juega en vivo?

Si tiene que dedicar tiempo entre semana para cumplir con sus responsabilidades escolares, y es una actividad que le toma una hora, le quedaría solo otra para jugar. Si se tarda más de una hora en esas tareas, jugar videojuegos probablemente va a comprometer su capacidad de cumplir con sus responsabilidades y es probable que se genere un conflicto.

Si es un juego que puede jugarse en quince minutos es diferente a si se necesita una hora o más. Es similar a si quisiera inscribirse en una clase de noventa minutos de Karate, simplemente no cabe en el horario.

Si es un videojuego que puede ponerse en pausa, da más flexibilidad porque podría jugarlo un rato, pausarlo y luego continuar. Pero si se juega en vivo es en tiempo real, por lo que si se detiene tiene que salirse de la partida. Es como si estuviese jugando un partido de fútbol con amigos, los demás no se van a quedar esperando a que vaya y venga de natación o baje a cenar con su familia.

Tomando estas variables en consideración, una familia puede definir si hay tiempo para los videojuegos durante la semana o si es mejor dejarlo para el fin de semana. Pero entonces ¿van a jugar videojuegos todo el fin de semana? Esa decisión dependerá de cada familia y de cada fin de semana, porque existirán planes familiares diferentes todo el tiempo y para decidir cuánto tiempo invertir en videojuegos hay que evaluar el siguiente punto.

A veces, los padres al llegar el fin de semana queremos que toda la familia comparta, pero haciendo las actividades que a nosotros nos gustan, las cuales no son las que necesariamente disfrutan nuestros hijos. Caemos en la trampa de pensar «es que solo les gusta estar pegados a esos aparatos». Mi invitación es a que nos acerquemos también a «su terreno», abrirnos a la posibilidad de compartir juntos haciendo cosas que forman parte del mundo donde les tocó crecer y eso puede implicar que tengamos que ver un concierto en vivo dentro de un videojuego, jugar videojuegos y que se mueran de risa viendo lo mal que jugamos y lo más difícil, je, je, je, ver videos de *gamers* en YouTube en vez de disfrutar una serie de Netflix. No tiene que ser todos los fines de semana, pero podemos buscar más equilibrio entre los gustos y preferencias de todas las generaciones que conviven bajo el mismo techo.

Identificar qué necesidades está satisfaciendo el niño a través del video-juego

- ¿Desarrolla alguna habilidad? ¿Aprende algo?
- ¿Lo utiliza para relajarse, descansar? ¿Es un desahogo?
- ¿Es una forma de socializar con sus amigos y familiares? Por ejemplo, primos que están lejos.
- ¿El juego involucra actividad física?

Entender estas preguntas nos permite salirnos de la posición de «están perdiendo el tiempo» a saber en qué lo están invirtiendo y los posibles beneficios emocionales que están obteniendo. Esto se vuelve particularmente más relevante en períodos vacacionales, cuando no contamos con la estructura del horario escolar y hay más horas disponibles para jugar videojuegos. Digamos que con la escuela la situación es más fácil porque el límite está dispuesto, el tiempo de forma natural está restringido. Cuando no hay escuela, padres e hijos tenemos que encontrar por nosotros mismos ese número mágico.

Cuando sabemos qué obtiene, también sale a la luz lo que no. Ningún videojuego por muy bueno que sea es capaz de darles a nuestros hijos todo lo que necesitan para crecer de forma sana. Incluso, aunque el videojuego les esté permitiendo aprender algo o interactuar con amigos, es una modalidad que se enriquece cuando también pueden vivirlo en otros ámbitos. Es como cuando nos enseñaban Biología en el colegio y luego teníamos horas en el laboratorio para aprender esos conceptos, pero con un experimento. Aquí es igual, puedes practicar y aprender o utilizar los videojuegos para fortalecer amistades preexistentes, pero son interacciones distintas que se complementan con las habilidades sociales que desarrollan al interactuar con otras personas.

La tecnología todavía no es capaz de replicar las mismas sensaciones, experiencias y emociones que se experimentan únicamente cuando nos encontramos cara a cara, conviviendo, con otros seres humanos. Genéticamente estamos programados para sentirnos vivos y completos cuando estamos con los demás.

Los adultos somos los responsables de propiciar que nuestros hijos estén expuestos a un cúmulo de experiencias de donde puedan sacar lo mejor de los dos mundos. Por lo tanto, cuando quedan claras las necesidades y habilidades de ese juego y su importancia en el momento de vida de nuestros hijos, tenemos que propiciar otras actividades y situaciones para que obtengan todo lo demás. Hay familias que les funciona ir contabilizando las horas que dedican a cada actividad y hay otras que lo van balanceando, dependiendo de las circunstancias que les presenta la vida. Por ejemplo, en el verano cuando se presentan oportunidades de que mi hijo *gamer* vaya a casa de amigos, o nos invitan a pasar un fin de semana en una casa a las afueras, son ocasiones que no desaprovecho porque sé que serán experiencias donde va a poder vivir cosas diferentes a lo que está obteniendo dentro de las plataformas digitales. Muchas veces esta estrategia de generar o aprovechar actividades genera más ligereza en la relación padres *gamers*, porque no se habla de límites de tiempo, se le quita el foco y protagonismo a la consola y como el tiempo es finito, la hora invertida en una actividad fuera de las pantallas como ir con sus amigos a comer a algún lugar de su preferencia, es una hora menos en el juego. Y lo mejor, no hay necesidad de mencionar el límite de tiempo que tantas fricciones trae.

No se trata de llenarles la agenda de actividades para prevenir que usen videojuegos. Eso implica que estamos reaccionando desde el miedo y que les damos el poder de una bacteria o monstruo capaz de comerse a nuestros hijos. En ocasiones, ese exceso de actividades para «alejarlos del vicio» está generando que niños y adolescentes crezcan completamente agotados y que se desencadenen estados de ansiedad por no recibir el descanso que todos necesitamos. Lo que propongo es generarles otras actividades, pero no como antídoto, sino porque tienen que obtener otras cosas aparte del videojuego, entendiendo que para algunos niños y jóvenes esta actividad es una de sus favoritas y por eso le van a dedicar más tiempo. Así como si se tuviese un hijo con afición a los deportes, por ejemplo el tenis, y dedicara mucho tiempo a sus entrenamientos y torneos. En ninguno de los dos casos, ni el videojuego ni el tenis se los da todo y por eso es importante que estudien, vayan a fiestas, se alimenten bien y duerman suficiente.

Poner las piedras grandes primero

Quizás has visto el video en el cual un profesor le enseña a sus alumnos la importancia de poner en un frasco las piedras grandes primero, luego las medianas hasta llegar a finos granos de arena de forma tal de que todas quepan dentro de él. La moraleja es que, si no lo haces en ese orden, puede que las piedras grandes luego no quepan. Lo mismo puede ocurrir con el manejo del tiempo con los videojuegos. Para algunos *gamers*, una vez que empiezan a jugar, les cuesta dejarlo, por lo tanto, una estrategia que pueden poner en práctica es que antes de comenzar a jugar realicen las actividades prioritarias como sus tareas, estudiar u otras responsabilidades que se pueden ver comprometidas si se alarga el tiempo de juego.

Las plataformas de videojuegos ya cuentan con configuraciones de control parental que nos permiten programar los horarios y cantidad de horas que hemos acordado con cada uno de nuestros hijos. En esta era ya no es necesario ser cronómetros humanos, la tecnología lo hace por nosotros y de forma más precisa y eficiente. También te permite conocer toda la actividad que se realizó y su duración, con lo que resulta muy interesante y valioso para sentarnos a ver con ellos sus hábitos de uso e identificar si es necesario hacer ajustes en pro de que los videojuegos sean herramientas que sumen a sus vidas en vez de restarles bienestar. De nuevo, este tipo de estrategias son exitosas en la medida que involucramos a los adolescentes y ellos están de acuerdo. Si se configuran a escondidas o de forma unilateral, es probable que encuentren la forma de modificarlo sin que los adultos se den cuenta.

Muy bonito todo, pero ¿cómo se ve esto en la vida real?

Conocí a Bernardo, un adolescente de catorce años. Sus padres me contactaron muy preocupados porque consideraban que pasaba demasiadas horas jugando *Call of Duty*. Para entender qué era demasiado para ellos, lo primero que hicimos fue ver las horas que registraba el PS4 de las últimas dos semanas y nos dio un promedio semanal de aproximadamente quince horas. No pasaba de las veinte horas, pero al verlo de forma diaria nos dimos cuenta de que prácticamente se distribuían entre viernes, sábado y domingo y, además, en algunos de esos días podía jugar cinco horas de forma ininterrumpida. Eso tenía dos efectos: por un lado, generaba conflictos porque más de la mitad del fin de semana se dedicaba a los videojuegos y dejaba de participar en otras actividades familiares y, por otro lado, después de cinco horas quedaba cansado y no tenía ganas de hacer nada más.

Durante la semana, Bernardo prácticamente no tenía ni un minuto libre. Independientemente de que *Call of Duty Warzone* no se podía poner en pausa, era irrelevante, no tenía ni chance de comenzar a jugar. De hecho, llegaba tan tarde de todas las actividades extracurriculares que tenía que quedarse hasta las once de la noche haciendo tareas y estudiando para cumplir con sus responsabilidades. En general, tenía buenas calificaciones y su rendimiento escolar no se había afectado, a pesar de estar en una nueva secundaria y en una nueva ciudad, por temas de trabajo de sus padres.

Conociendo más a profundidad lo que significaba *Call of Duty* para Bernardo comenzaron a salir muchos temas. Lo fascinante de las conductas que ponen en evidencia las tecnologías es descubrir todo lo que hay detrás: «Me ayuda a relajarme», «cuando estoy ahí no tengo que pensar en mis problemas», «al menos ahí puedo hacer lo que me dé la gana», «juego con amigos que sí me caen bien», fueron algunas de las cosas que me expresó.

Bernardo era un adolescente muy observador, reservado y como a cualquiera le resultaba difícil el cambio de escuela y ciudad. Sus padres lo habían inscrito en muchas actividades con la intención de ayudarlo a hacer amigos, pero el nivel de exigencia de la escuela y de cada una de estas actividades lo tenían constantemente estresado: «Siento que en todas esperan que yo sea el mejor». En este contexto, el videojuego era algo que él podía escoger, sus padres no entendían nada, lo cual le servía de barrera de entrada, y tampoco esperaban nada de él allí. Conectaba con la sensación de control sobre algo de su vida. Adicionalmente, allí se reencontraba con amigos de su antigua escuela, equipos deportivos, campamentos y primos que quedaron en su antigua ciudad. No tenía la presión de ser «el nuevo» como sucedía en su escuela.

Con esta información, mi primera sugerencia fue decirles a los padres de Bernardo que consideraran disminuir la cantidad de actividades extracurriculares, en especial aquellas que el joven ni siquiera disfrutaba hacer, esto con la finalidad de bajar el nivel de ansiedad y que tuviese más tiempo para hacer sus trabajos de la escuela sin tener que acostarse tan tarde. Ellos lo platicaron con su hijo y entre los tres decidieron dejar únicamente una actividad deportiva dos veces a la semana.

Mi segunda sugerencia fue que buscaran actividades que le gustaran a Bernardo y que además pudiese compartir con alguno de ellos. En este caso, a él y a su papá les gustaba mucho jugar tenis y era algo que dejaron de hacer desde la mudanza. Decidieron retomarlo los sábados por las mañanas enfocándolo como algo que su papá quería seguir haciendo con él, no como algo que iba a hacer con él para que jugara menos videojuegos. La mamá al verlo jugar, se interesó por entender el juego y hasta un día agarró el control para intentar hacer algo y pudo ver lo difícil que era lograr lo que Bernardo hacía (obviamente esto ocurría en algunas y contadas ocasiones en que la situación se prestaba, no cuando estaba con todos sus amigos en línea y más bien iba a quedar en ridículo).

También intentaron buscar oportunidades para que Bernardo fuera interactuando cada vez más con sus amigos de la nueva ciudad, dando prioridad a llevarlo y traerlo si lo invitaban a alguna casa, una fiesta o al cine. De nuevo, el tiempo es finito, más horas en una cosa son menos en otra y la vida se va balanceando.

Un año después, volví a estar en contacto con la familia de Bernardo para conversar sobre los cambios y las cosas que habían funcionado y cuáles no. Dijeron que seguía jugando más o menos las mismas horas semanales, pero que se distribuían mejor entre los días, él se encontraba menos abrumado y sobre todo había disminuido el ambiente de conflicto que tenían en su hogar.

¿Se puede ser adicto a los videojuegos?

Juan José me contactó un día por Instagram. Llegó a mi cuenta por una recomendación que hice a una organización en la que él trabajaba, de nombre Game Quitters. Desde entonces nos chateamos y a través del tiempo me ha compartido lo difícil que es tener una conducta compulsiva a los videojuegos. Él ha logrado superarlo, aunque a veces recae. Lo más impactante es cómo su deseo incontrolable de jugar lo ha privado durante muchos años de cumplir sus sueños sobre lo que quería estudiar y trabajar. Es sin duda algo muy difícil.

Es probable que hayas sido testigo de cómo alguno de tus hijos, el hijo de alguien cercano, o incluso tú mismo, en algún momento han sido enganchados por un videojuego. Por eso no es de extrañarse que todos, en algún momento, hayamos sentido miedo de que los videojuegos puedan ser adictivos.

Como mencionamos en el capítulo 5, los estímulos y las experiencias dentro de los videojuegos hacen que se segreguen hormonas del bienestar como la dopamina y de allí surge la comparación con los trastornos relacionados al consumo de sustancias. Sin embargo, a la fecha no existe un consenso entre los especialistas e investigadores sobre la adicción a los videojuegos. Esto no implica que lo que vivió Juan José no fue real o que los padres no debamos estar atentos a conductas que nos parezcan que afecten el bienestar de nuestros hijos, sino que todavía en el plano científico se está en el proceso de entender si es realmente un trastorno generado por los videojuegos.

En este sentido, la Asociación Americana de Psiquiatría considera que se necesita contar con más investigaciones y evidencia científica para determinar si efectivamente es un trastorno mental único, así como establecer los criterios para poderlo diagnosticar [34]. Por esta razón, en el DSM-5 [35], a la fecha de publicación de este libro, solo se incluyó el trastorno de los juegos por internet en la sección de recomendaciones para futuras investigaciones.

Para entender la postura de esta asociación, el psicólogo Alexander Kriss, en su libro *Universal Play*, explica que las teorías sobre las adicciones se basan en que, a pesar de que las personas podemos ser más o menos vulnerables, dependiendo de condiciones hereditarias o experiencias de vida, la propiedad adictiva recae principalmente en la sustancia, no en el individuo [36]. Mientras los efectos de la sustancia sobre el cerebro sean más rápidos, poderosos y uniformes, se dice que su potencial adictivo es mayor. Por eso en el campo de las drogas, la cocaína se considera altamente adictiva. No importa quién la consuma, va a experimentar rápidamente un efecto neurológico, seguido de cambios corporales como aceleración del corazón y aumento de la temperatura, así como la subsecuente sensación de estar eufórico [37].

Kriss explica que los videojuegos, a diferencia de las drogas, resultan mucho más complejos, porque aun en aquellos que consideramos «más adictivos» la respuesta de los jugadores no es universal. Por eso en plena crisis del auge de *Fortnite*, en el 2018, me contactaban ma-

---

34. https://www.psychiatry.org/patients-families/internet-gaming Consultado 10 de abril 2020.

35. Manual de diagnóstico y estadísticas de desórdenes mentales.

36. *Universal Play*, p. 146.

37. *Universal Play*, p. 147.

más angustiadas porque sus hijos no dejaban el juego y mamás preocupadas porque sus hijos probaron jugar *Fornite* y no les interesó: «¿es normal?, mi hijo no lo juega, él sigue en *Minecraft*».

Ante estas y otras complejidades, como la amplia gama de tipos de videojuegos, este grupo de expertos prefiere seguir realizando estudios e investigar con mayor detenimiento.

Por otro lado, en 2018, la Organización Mundial de la Salud sí decidió incluir en su CIE-11[38] el trastorno por uso de los videojuegos y los síntomas para su diagnóstico, entrando en vigencia en enero de 2022. La decisión de este cambio se fundamenta en conclusiones de expertos de más de veinte países, así como la creciente demanda de tratamientos para diferentes problemas relacionados a los videojuegos en línea[39].

En su visión, establecer los criterios del diagnóstico va a permitir tratar de manera oportuna a los pacientes que presenten este trastorno, obtener más y mejores datos para investigar y saber más sobre el impacto de este.

En conclusión, hasta el momento los investigadores y profesionales de la salud mental se debaten entre no adelantarse a crear una patología de un comportamiento que puede ser normal y la posibilidad de ayudar a las personas que efectivamente hayan desarrollado una conducta con los videojuegos que vaya en detrimento de su salud.

Las horas, por sí solas, no son el termómetro

Independientemente del debate, y de cómo llamarlo, la cantidad de horas que juega un jugador no es el mejor predictor de una conducta adictiva hacia los videojuegos, como la mayoría de los padres pensamos. Hay *gamers* profesionales que juegan ocho horas diarias y no

---

38. Clasificación Internacional de Enfermedades.

39. https://www.ncbi.nlm.nih.gov/pmc/articles/PMC6560378/ Consultado 10 de abril 2020.

tienen una conducta adictiva. Lo que determina una adicción es la incapacidad de la persona de cumplir con sus responsabilidades diarias, mantener relaciones personales relevantes para ellos y generar un cambio de conducta a pesar de estar conscientes del problema que están generando los videojuegos en sus vidas. Son conductas muy complejas de diagnosticar porque fácilmente pueden malinterpretarse, en especial si el videojuego es una actividad que por tradición familiar está mal vista.

Fijarse únicamente en las horas de juego para evaluar si nuestros hijos están desarrollando una relación negativa con los videojuegos nos puede llevar a diagnósticos errados y, por lo tanto, a tomar decisiones que probablemente tampoco ayuden. Tomamos como ejemplo dos casos:

Valeria es una niña de once años que juega veinticuatro horas a la semana diferentes videojuegos dentro de la plataforma *Roblox*. Sus calificaciones se mantienen, cumple con todos sus trabajos y tareas. Practica natación dos días a la semana y, aunque es de pocos amigos, mantiene buenas relaciones con ellos. Cuando salen de paseo a algún lugar, no muestra problemas en adaptarse a la situación. En casa, cuando es necesario dejar de jugar se queja, pero no es un motivo de grandes conflictos.

Por otra parte, Miguel tiene trece años y juega dieciséis horas a la semana *Free Fire*. Sabe que sus calificaciones no son buenas y que si no le echa ganas pone en riesgo el pasar de grado escolar. Sin embargo, aun sabiendo las consecuencias que puede tener no mejorar en su desempeño académico, por el simple hecho de tener la consola cerca le cuesta trabajo no agarrar el control y ponerse a estudiar. Incluso, cuando no juega, no logra concentrarse porque está ansioso por volver a jugar o pensando en cómo va a jugar.

A pesar de que Valeria invierte más horas jugando, Miguel es quien muestra una relación perjudicial con esta plataforma. Si vemos las horas únicamente podríamos pensar lo contrario.

Detrás de un uso excesivo de los videojuegos o de una conducta adictiva casi siempre hay un problema subyacente. Por eso, como diría Hal Gregersen, es fundamental hacernos las preguntas correctas para encontrar la verdadera solución al problema. Cuenta este profesor de la escuela de negocios del MIT Sloan que un día, antes de dar una conferencia, se sentía muy nervioso, con una presión en el pecho y no entendía la causa. Desde hacía muchos años daba conferencias y ese tema en particular del que iba a hablar ya lo había compartido en cientos de clases y diferentes audiencias. Durante el camino a la plática puso en práctica las técnicas de relajación que conocía, pero nada parecía quitarle esa sensación. Dio la conferencia y al terminar continuaba igual y de nuevo no entendía por qué mantenía esa ansiedad si en general todo había salido bastante bien. Cuando llegó al hotel y le comentó a su esposa lo que le estaba pasando ella le preguntó: «¿Y no será que te está dando un infarto?». Efectivamente, en cuestión de minutos llegó la ambulancia y lo atendieron por el problema en el corazón que presentaba y que incluso pudo poner su vida en riesgo por estar pensando en la pregunta incorrecta. Pienso que con nuestros hijos nos pasa igual. Estamos centrados en querer saber cuántas son las horas que tienen que jugar o usar esto o aquello, cuando, si nos preocupa que desarrollen una conducta de juego compulsiva, lo que deberíamos preguntarnos es: ¿cómo está mi hijo emocionalmente?, ¿tendrá alguna carencia que está tratando de resolver con el videojuego o simplemente está disfrutando de pasar un buen rato?, ¿por qué llevamos meses peleándonos por este videojuego?, ¿se habrá convertido en la forma de obtener mi atención? Nuestra obsesión por querer controlar el tiempo de juego nos convierte en una especie de Gestapo, dándole un protagonismo irracional al videojuego en nuestra relación y lo peor es que no soluciona absolutamente nada, porque si realmente tuviese una adicción ni siquiera se va a prevenir o curar quitando el videojuego, sino entendiendo la carencia que los llevó a ella.

Lo que nos sucede es que hacernos este tipo de cuestionamientos, ir hacia dentro, sentarnos en silencio a buscar respuestas a las preguntas correctas, muchas veces nos duele y además es mucho más complicado que simplemente quitar una consola o estar peleándonos por cuántas horas juegan videojuegos. Por eso hay que ser cautelosos a la hora de reducir o eliminar los videojuegos sin antes entender la causa. Para algunos adolescentes puede ser el salvavidas que han encontrado para manejar ataques de ansiedad, depresión, falta de autoestima u otras carencias.

Otro aspecto que a veces obviamos es que también es posible que el detonante del conflicto por las horas que juegan se origine por temas que tenemos que trabajar los padres en el ámbito emocional y, por lo tanto, en vez de querer «reparar» al niño, la solución se encuentra en que trabajemos las heridas que venimos arrastrando desde nuestra infancia. Marcela vivía en un conflicto constante con su hijo adolescente, porque según ella vivía jugando videojuegos. Llegó a mí porque me recomendaron para que la ayudara a configurarle límites en la consola, y así el niño no pudiese jugar más de lo que ella estableciera. La noté tan enojada con los videojuegos que le pregunté qué le preocupaba tanto y, como muchas mamás de esta generación, me respondió que se encontraba constantemente angustiada pensando en que su hijo pudiese volverse adicto. Era curioso porque viendo las horas que jugaba el hijo ni siquiera eran muchas, porque Marcela invertía gran parte de su tiempo correteando al hijo para que hiciera otras cosas o para que no jugase ni un minuto más de lo que ella consideraba prudente. La invité a que indagara por qué, además de la preocupación, se sentía enojada cada vez que lo veía jugar, ¿qué le despertaba o detonaba esa emoción? Semanas después me volvió a escribir: «Cristina, ya descubrí lo que es. Mi problema es que Esteban no me ve cuando juega, o no me voltea a ver cuando llego a casa sino hasta que deja de jugar. Siento que me ignora y eso me da mucha rabia». Mi sugerencia fue que buscara ayuda con un profesional con quien pudiese trabajar ese tema, ya que, como me comentó, ella creció en una familia donde nunca se sintió vista o reconocida principalmente por su papá y, probablemente, su reacción se generaba por esa herida de la infancia. Dos años después, recibí un mensaje por Instagram de Marcela, luego de un *Live* que hice sobre los videojuegos, me comentó cómo cambió la dinámica con su hijo con relación a los videojuegos desde que hizo consciente el origen de sus emociones y realizó un trabajo profundo con un terapeuta. De allí la importancia de ser cuestionadores ante la presencia de un síntoma en los hábitos de juego de nuestros hijos, porque a veces, la solución que va a generar un cambio en la conducta, está en nosotros y no en ellos.

¿De qué señales debo estar alerta?

A pesar del disenso, tanto la Asociación Americana de Psiquiatría y la Organización Mundial de la Salud, cuentan con sus propias «listas de síntomas». Sin embargo, psicólogos e investigadores del campo de los videojuegos coinciden en recomendar el modelo del Dr. Mark Griffiths, especialista en adicciones conductuales y director de la Unidad Internacional de Investigaciones sobre Gaming de la Universidad de Nottingham Trent, porque consideran que sus criterios minimizan el riesgo de diagnosticar un falso positivo.

Según la experiencia del Dr. Griffiths los focos rojos con los que debemos estar alertas son los siguientes [40]:

• El jugador no es capaz de pensar o concentrarse en ninguna otra actividad o realizar una tarea diferente, porque siempre está pensando en el videojuego. Es algo que va más allá de conductas que tienen nuestros hijos por ciertas modas que aparecen y desaparecen como llenar el álbum de estampas del mundial o aprenderse los nombres de los jugadores de la NFL, las cuales pueden ser normales para fanáticos de ciertos eventos. En este caso, el adolescente está constantemente centrado en el juego y en cuándo va a poder volver a jugar.
• El videojuego es lo único que es capaz de mejorar su humor o estado emocional. Si no tiene el videojuego no es capaz de llevar el día, manejar el estrés o la ansiedad.

---

40. *Moral Combat, Op. cit.,* p 138 -142.

- Cada vez quieren jugar más y más horas o comprar más y más equipos, pero nunca terminan de estar felices o satisfechos. Nada se les hace suficiente.

- Si no juegan presentan síntomas somáticos como pérdida de apetito, dificultad para dormir, dolor de estómago, dolor de cabeza o se muestran notoriamente estresados, enojados o incluso deprimidos.

- Su relación con el videojuego hace que incumpla sus responsabilidades y, como consecuencia, tenga conflictos en casa y en la escuela. A pesar de estar consciente de que el videojuego es la causa de sus problemas, no tiene la capacidad de dejar de jugar.

- Intenta dejar de jugar o reducir las horas de juego y, a pesar de los grandes esfuerzos, no lo consigue.

Presentar uno o dos de estos síntomas no es suficiente para diagnosticar una conducta adictiva a los videojuegos, tampoco si se presentan varios síntomas pero no son consistentes o perduran por largos períodos de tiempo. Sin embargo, si los observamos, y nuestra intuición nos dice que algo no está bien, lo mejor es acudir a un profesional de la salud mental, de preferencia que tenga experiencia en temas de videojuegos.

Las cajas de recompensa

En la última década la industria de los videojuegos ha ido cambiando su modelo de negocios. Antes para poder jugar tenías que ir y comprar el videojuego y tener una consola. Ahora algunos videojuegos no te exigen un desembolso de dinero para poderlo descargar, pero te ofrecen constantemente equipos decorativos o que mejoran tu *performance* en el juego a un costo menor del precio de un videojuego, pero al ser microtransacciones recurrentes, en la suma se invierte muchísimo más.

Un modelo de estas microtransacciones son las cajas de recompensas, las cuales consisten en que el jugador compre un combo de cosas pero no tiene seguridad de qué es lo que va a obtener finalmente. Se parece a cuando comprábamos un sobre de estampitas para un álbum del mundial de fútbol. Venían cinco con seguridad, pero desconocías si estabas comprando cinco repetidas, es decir, estampitas que ya tenías. Sin embargo, en estos combos que compran nuestros hijos por ahora no existe la posibilidad de intercambiar lo que no quieren con otros jugadores.

Dadas las gigantescas sumas de dinero que los jugadores invierten en estas compras, existe la preocupación en el mundo de los investigadores sobre el parecido del modelo de las cajas de recompensas con las máquinas traga monedas de los casinos, especialmente porque se desconoce el impacto que puede tener el exponer a los niños a estos modelos de apuestas desde edades tan tempranas y la posibilidad de que desarrollen su contribución a una conducta adictiva hacia las apuestas en general. Mientras la ciencia trabaja en estas investigaciones, en casa podemos ir desde ya trabajando en la enseñanza del manejo y administración del dinero, independientemente de que el juego utilice el modelo de recompensas o no [41].

Algunas ideas para implementar pueden ser establecer un presupuesto mensual de gastos para los videojuegos, considerando todos los costos involucrados: si el videojuego tiene algún costo para descargarlo, el *fee* para poder jugarlo en línea y las diferentes compras dentro de la plataforma.

Recomiendo también desarrollar un plan para que ellos tengan diferentes trabajos y así ganen dinero y ahorren para hacer sus compras. Otra buena estrategia consiste en pensar antes de comprar qué les aportan estos nuevos equipos ¿van a realmente mejorar la calidad de su juego?, ¿quieren darse un gusto?, ¿para qué lo quieren comprar?

Como mamá que viene del mundo del *marketing*, también me he dedicado a enseñarles a identificar las diferentes estrategias que

---

41. Si quieres saber si el videojuego que juega tu hijo utiliza cajas de recompensas o tiene compras dentro de la aplicación, puedes encontrar esa información en la clasificación del videojuego.

usan las compañías para hacerlos gastar de más. Por ejemplo, en *Fortnite* siempre te hacen comprar más pavos de los que necesitas para adquirir el *bundle* y lo que te sobra es insuficiente para comprar algo más.

Si tenemos un *gamer* en casa que disfruta de la posibilidad de jugar en el mundo digital, la mejor estrategia es acercarnos a ellos para entender de su mundo, qué están obteniendo y valorarlos a pesar de que quizás nosotros crecimos con ideas muy distintas sobre los videojuegos. No solo nos vamos a sorprender de todo lo que conforma este mundo, sino que también conoceremos un poco más de la personalidad, ideas e intereses de nuestros hijos. Siempre que ellos estén bien, y generemos las condiciones y recursos para que crezcan obteniendo lo que necesitan para hacerlo de forma sana, es poco probable que los videojuegos por sí solos sean capaces de generarles una conducta adictiva.

Recuerda que:

- Para determinar cuántas horas son adecuadas para que nuestros hijos jueguen videojuegos podemos partir de:
  - Definir un rango de tiempo.
  - Identificar el tiempo que disponen para jugar según sus actividades prioritarias.
  - Identificar cuáles necesidades satisface el niño a través del videojuego.
- Para quienes les cuesta dejar el videojuego, puede ayudar que realicen sus tareas y otras responsabilidades antes de comenzar a jugar.
- A la fecha no existe un consenso entre los especialistas e investigadores sobre la adicción a los videojuegos. Esto no implica que algunos jugadores puedan vivir una relación tormentosa o compulsiva hacia los videojuegos.

- Fijarse únicamente en las horas de juego para evaluar si nuestros hijos están desarrollando una relación negativa con los videojuegos nos puede llevar a diagnósticos errados y por lo tanto a tomar decisiones que probablemente tampoco ayuden.

- El modelo del Dr. Mark Griffiths brinda una lista de síntomas que podrían indicar problemas en la relación entre el jugador y el videojuego, las cuales podemos utilizar como señales ante las cuales debemos estar al pendiente. La lista se encuentra en las páginas 163-164.

- Existe la preocupación sobre la exposición en edades tempranas a videojuegos que manejen las cajas de recompensas como modelo económico, dado su semejanza con cierto tipo de apuestas. Mientras se realizan investigaciones más robustas al respecto, en casa podemos ser cautelosos y aprovechar las posibles oportunidades que esto nos ofrece para enseñar sobre el manejo del dinero.

 Ejercicios:

1. Los ejercicios de guía para determinar las horas invertidas en videojuegos están incluidas en el texto de las páginas 149 a la 154.

2. Haz una lista de cuatro preguntas alternativas para el cuestionamiento: ¿mi hijo es adicto a los videojuegos? Por ejemplo, ¿está atravesando por alguna circunstancia difícil?, ¿he notado otros cambios aparte del tiempo que dedica a los videojuegos?

3. Ante la duda persistente de si el jugador está desarrollando una conducta adictiva a los videojuegos, responder el cuestionario de focos rojos del Dr. Griffiths de las páginas 163-164.

4. En la siguiente tabla, escriban las tareas o actividades dependiendo de su prioridad. La prioridad puede establecerse preguntándose, ¿qué pasaría si no me queda tiempo para realizarla hoy?

Tamaño de la piedra	Tarea o actividad	¿Qué consecuencias tendría si no realizo estas actividades hoy?
Rocas grandes		
Rocas medianas		
Piedras pequeñas		
Arena		

5. Platica con tus hijos sobre las cajas de recompensas:
   - ¿Qué opinan sobre ellas? ¿Era mejor cuando solo te cobraban el videojuego?
   - ¿Qué les parece justo o injusto?
   - ¿Cómo se han manejado hasta ahora cuando juegan un videojuego que tiene cajas de recompensas? ¿Cuáles estrategias les han funcionado mejor?
   - ¿Qué determina su decisión de invertir más en su videojuego?
   - ¿Qué creen que va a suceder con esta estrategia de la industria de los videojuegos? ¿Ven posible que los gobiernos pongan regulaciones?

Bibliografía

American Psychiatric Association. https://www.psychiatry.org/patients-families/internet-gaming 13 de agosto 2021.

Argueso, Johanna B. https://blog.neuronup.com/ejercicios-rehabilitar-habilidades-visoespaciales/ Revisado junio 2020.

Bonaga, Cristina y Turiel, Héctor. *Mamá ¡quiero ser YouTuber! Todas las claves para entender el fenómeno que ha venido para quedarse.* España: Grupo Planeta. 2016.

Canovas, Guillermo. *Cariño he conectado a los niños.* Bilbao: Ediciones Mensajero, S.A. 2015.

Entertainment Software Rating Board. https://www.esrb.org/ratings-guide/ Revisado junio 2020.

Finances Online Rewies For Business. https://financesonline.com/number-of-gamers-worldwide/ Revisado junio 2020.

Griffiths, Mark. https://www.gamasutra.com/blogs/MarkGriffiths/20140715/221010/Press_to_play_Is_gaming_really_more_addictive_than_heroin.php Revisado junio 2020.

https://www.statista.com/statistics/259477/hours-of-video-uploaded-to-youtube-every-minute/ Revisado junio 2020.

https://www.statista.com/statistics/720448/number-video-gamers-mexico/ Revisado junio 2020.

https://www.instagram.com/p/B_83fQRHO9x/?utm_source=ig_
web_copy_link Revisado junio 2020.

Jagannathan, Meera. https://www.marketwatch.com/story/its-not-
your-imagination-netflix-doesnt-have-as-many-movies-as-it-used-
to-2019-12-04/ Revisado junio 2020.

Jargon, Julie. «Why videogames trigger the nightly meltdown—and
how to help your child cope». *The Wall Street Yournal.* https://www.
thestar.com/wsj/business/2019/04/02/why-videogames-trigger-the-
nightly-meltdown--and-how-to-help-your-child-cope.html
Revisado junio 2020.

Johannes, Niklas. Vuorre, Matti. Przbylski, Andrew K. «Video
game play is positively correlated with well-being». https://doi.
org/10.31234/osf.io/qrjza https://psyarxiv.com/qrjza/ Revisado
diciembre 2020.

Kriss, Alexander. *Universal Play.* USA: Robinson. 2019.

Kutner, Lawrence & Olson Cheryl K. *Grand Theft Childhood, The
Surprising Truth About Violent Video Games and.* New York: Simon
& Schuster. 2008.

Laguarda, Elena; Laguarda, María Fernanda y Novelo Regina. *A un
click de distancia: estrategias para abordar el tema de la pornografía con
niños y adolescentes.* México: Ediciones Urano. 2015.

Madigan, Jaime. *Getting Gamers. The Psychology of Video Games and
Their Impact on the People who Play Them.* USA: Rowman &
Littlefield. 2016.

Markey, Patrick & Ferguson, Christopher J. *Moral Combat. Why the
War on Violent Video Games Is Wrong.* Dallas: Benbella Books, Inc. 2017.

Mcgonigal, Jane. *Reality is Broken. Reality is Broken: Why Games
Make Us Better and How They Can Change the World.* Vintage.
Londres. 2011.

Ortega, José Luis. https://www.hobbyconsolas.com/noticias/estudio-afirma-que-videojuegos-vuelven-violentos-adolescentes-310365 Revisado junio 2020.

Pierce, Cindy. *Sexploitation: helping kids develop healthy sexuality in a porn-driven world.* Brookline, Massachusetts: Bibliomotion Inc. 2015.

Plante, C.; Anderson, C. A.; Allen, J. J.;Groves, C. L., & Gentile, D. A. *Game On! Sensible Answers about Video Games and Media Violence.* Ames, Iowa: Zengen LLC. 2020.

Telemundo. https://www.telemundo.com/lifestyle/2019/04/04/los-medicos-advierten-sobre-fortnite-es-como-tener-un-hijo-adicto-las-drogas-tmna3145066. 30 de junio 2020

Uhls, Yalda T. *Media Moms & Digital Dads. Media Moms & Digital Dads: A Fact-Not-Fear Approach to Parenting in the Digital Age.* New York: Bibliomotion, Inc. 2015.

Uttal, David H. Nathaniel G. Meadow, Elizabeth Tipton, Linda L. Hand, Alison R. Alden, and Christopher Warren. «The Malleability of Spatial Skills: A Meta-Analysis of Training Studies». Psychological Bulletin ©2012, *American Psychological Association* 2013, Vol. 139, No. 2, 352– 402. http://groups.psych.northwestern.edu/uttal/vittae/documents/ContentServer.pdf Revisado junio 2020.

Yanev, Victor. https://techjury.net/blog/video-game-demographics#gref Revisado junio 2022.

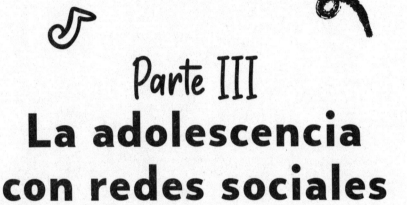

Parte III
La adolescencia
con redes sociales

Capítulo 9
El rol de las redes sociales en los adolescentes

«Las realidades a las que se enfrentan los jóvenes
en las redes sociales no encajan perfectamente en marcos
utópicos o distópicos, ni la eliminación de la tecnología
resolverá los problemas que allí encuentran».

DANAH BOYD

Estudié doce años de mi vida en un colegio de niñas. Mi generación particularmente, resultaba muy retadora para la escuela.
Éramos un grupo que confrontaba a los adultos, poco dóciles y con
ideas que a veces resultaban demasiado creativas, por ejemplo, una
vez se nos ocurrió lanzar nuestros estuches hacia el techo falso del
salón, hasta que se cayó. ¡*Ups!*

Recuerdo como si fuera ayer cómo me frustraba cada vez que pasá-
bamos de año y los nuevos maestros ya estaban predispuestos a recibir
al grupo difícil y conflictivo. Desde el primer día nos lo hacían saber.
En mi caso, esa etiqueta la llevé con mucho peso. A veces era como un
tatuaje permanente que no me podía quitar hiciera lo que hiciera y
otras veces me dediqué a hacerle honor a la etiqueta, confrontando a
mis profesores. Mi adolescencia en esa escuela fue muy compleja.

Los adultos tendemos a utilizar etiquetas cuando analizamos cómo
las nuevas generaciones crecen y viven con redes sociales. Es fácil

encontrar artículos o estar en medio de una conversación donde se les califica como narcisistas, apáticos, adictos, sin propósito, antisociales o depresivos. No voy a negarlo, eso me toca una tecla.

Mi problema con las etiquetas es que viví en carne propia el daño que hacen y que no sirven para nada si lo que se busca es cambiar algún tipo de conducta. Trato de imaginar cómo se puede sentir un adolescente que escucha o lee en redes sociales lo que opinamos sobre cómo las usan. Qué incómodo debe ser crecer escuchándonos con estas visiones tan fatalistas.

Al igual que me hubiese gustado que mis profesores se tomasen un tiempo para tratar de entender mis motivaciones y las de mis compañeras, en vez de quedarse en la crítica, me he interesado en conocer qué pueden significar las redes sociales para los adolescentes y los roles que pueden ocupar en sus vidas. En capítulos posteriores vamos a abordar los retos que suponen en la vida de nuestros hijos y cómo acompañarlos.

Los nuevos malls

Todos fuimos adolescentes y podemos recordar el deseo de estar en espacios públicos donde poder compartir con nuestros pares sin estar supervisados por figuras de autoridad como nuestros padres o maestros. Los adolescentes necesitan la validación y reconocimiento de las personas de su edad y para que eso se dé necesariamente tienen que interactuar en un mismo lugar, sino, no logran ser vistos. También es momento de querer conocer a más personas, traspasar la burbuja de estar únicamente con los que conocen de su generación en la escuela, equipos deportivos, clubes sociales y cualquier otro espacio donde los padres tenemos cierta injerencia. En mi caso, recuerdo pedir que me llevasen al cine que quedaba en un centro comercial que en su momento era *cool*. La versión que daba en casa era que estaría con tres amigas del colegio pero lo que sucedía en realidad es que muchas veces no entrábamos a ver la película sino que nos quedábamos hablando en la feria de comida con otra tanda de adolescentes de otras escuelas y de diferentes edades que probablemente hacían lo mismo.

Las redes sociales representan espacios alternativos de interacción y socialización donde los adolescentes pueden conectar, comunicarse y compartir con sus amigos y donde además, encuentran mayores oportunidades de conocer nuevas personas o mantener relaciones con quienes por diferentes circunstancias no pueden compartir de forma presencial. Todo esto ocurre en su contexto favorito: lejos de la supervisión de los adultos.

Nuestros hijos crecen con opciones presenciales y virtuales para satisfacer la necesidad de interacción con sus pares. Cada uno de estos espacios les brinda oportunidades, retos, riesgos y peligros, así como habilidades diferentes. Las proporciones entre uno y otro en la vida de un adolescente lo determinan múltiples factores como la accesibilidad a espacios públicos seguros, la percepción de peligro de los padres, estilos de vida familiares o situaciones extraordinarias como la pandemia que estamos viviendo.

Como adultos debemos estar conscientes de que esos espacios están siempre disponibles para ellos, literalmente en la palma de su mano y, por ello, en la medida que tengan menor acceso a opciones presenciales la virtualidad tomará mayor relevancia. Esto quiere decir que, si aparte de la escuela y casa no tienen otros lugares seguros donde ir o nosotros no podemos llevarlos y traerlos a eventos donde puedan compartir con sus amigos, es muy probable que satisfagan esa necesidad de estar con sus pares de forma virtual.

¿Cómo escogen estos espacios digitales? Pues prácticamente igual a como nosotros decidíamos dónde reunirnos: el lugar que considerábamos *cool*. Y si salía uno nuevo nos movíamos a ese. Aunque en este momento Instagram y TikTok parecieran liderar esos espacios, eso puede cambiar en el tiempo y además ser diferente para cada adolescente, dependiendo de sus intereses y de donde se encuentran los grupos en los cuales quiere participar y ser visto. Martina, una joven de quince años apasionada del ballet, me enseñó que las redes sociales que más utiliza son Instagram para mantenerse conectada con una comunidad de todas partes del mundo que comparte esa disciplina, Snapchat porque mantiene *streaks* con sus mejores amigos de la escuela y WhatsApp en donde tiene grupos de chats o chatea directamente con personas conocidas. Por el contrario, Santiago de dieciséis años, no está en lo absoluto interesado en estar en Instagram, prácticamente se rió cuando se lo pregunté. Él utiliza Discord para coordinarse con su grupo de *Gaming*, WhatsApp para chatear y Reddit para estar al día sobre sus temas de interés, incluso a veces comparte contenido sobre innovaciones de las *Gaming PCs*.

Los nuevos lienzos

Otra parte del proceso de la adolescencia es ir descubriendo su identidad. Las plataformas les brindan la oportunidad de probar y medir cómo cambia su aceptación con sus pares, quienes en esta etapa son el grupo de referencia más relevante en sus vidas. Las redes sociales pueden ser un gran lienzo de pintura que les permite ir experimentando y construyendo una identidad o lo que creen que quieren llegar a ser.

Como buenos adolescentes que son, hay veces que nos sorprenden con sus escogencias de nombres de usuario, fotos de perfil y sus contenidos. En una ocasión una señora se me acercó y me dijo: «No entiendo por qué mi hijo solo publica fotos de rinocerontes». No supe responderle, no conocía a su hijo ni había tenido oportunidad de hablar previamente con él. Lo que sí sé, es que alguna razón tendrá. Todos los elementos que comparten, incluso los detalles que aparecen en la «Bio» de sus cuentas, son escogidos de forma deliberada. Los *emojis* y otros elementos que eligen hablan de sus gustos, objetivos, creencias o estilos.

El espacio virtual les permite crear un avatar a través del cual pueden decidir cómo presentarse y cómo quieren ser vistos, algo que en las dinámicas del mundo presencial no es tan sencillo. Por ejemplo, en una fiesta no pueden controlar que los otros solo se fijen en las partes de su cuerpo con las cuales se sienten cómodos o los aspectos de sus vidas que quieren resaltar.

Un día me encontraba en la playa y llegó una joven como de unos dieciséis años y se puso frente a la orilla del mar a tomarse fotos. Observé cómo se tomaba y tomaba fotos. Yo la veía en la misma pose y con la misma expresión en su cara. Hasta me pregunté: «¿No le dolerá el brazo?». Después de un buen rato se fue y le comenté a mi esposo: «Después de tanto esfuerzo, espero que encuentre alguna que le guste». Al parecer no, porque al rato regresó a tomarse más.

Las polémicas *selfies* también son un fenómeno interesante de analizar e investigar. Me pregunto qué es lo que los adultos estamos subestimando en esa conducta. Yo lo entiendo como una pieza más en la construcción de esa identidad con la cual están experimentando. Las plataformas además les permiten jugar a editar las fotos. Si lo pensamos dentro del egocentrismo característico del adolescente, más bien lo extraño hubiese sido que no se tomaran *selfies*. Un ejercicio que hago cuando los observo tomarse fotos de sí mismos es utilizar mi curiosidad para tratar de entender qué hay detrás de la cortina de esas *selfies*. Les pregunto por qué escogieron la toma que seleccionaron luego de doscientas fotos, por qué editaron lo que editaron, qué no les gusta o incomoda de sí mismos y qué están buscando realzar.

¿Qué buscaban los pintores famosos cuando pintaban sus autorretratos? Sin duda había un componente narcisista de dejar su imagen para la posteridad, pero expertos en el arte destacan que, en cada una de esas pinturas, hay un componente psicológico muy importante como el deseo de conocerse a ellos mismos y mostrar diferentes facetas de su personalidad. Guardando las distancias, entre un autorretrato de Van Gogh y las *selfies* de los adolescentes creo que comparten esa búsqueda interior, pero en formatos diferentes, y los jóvenes nos están hablando de sus necesidades más de lo que los adultos creemos. El problema puede presentarse cuando esa búsqueda se concentra únicamente en el cómo se ven físicamente para satisfacer los estándares que vienen de afuera, y no se acompaña con el cuestionamiento interior sobre la persona que quieren ser, lo que les parece importante y el tipo de vida que quieren tener.

Esto no siempre es un camino de rosas. Duele esforzarse en tomar y editar una foto y que nadie les comente, o peor, les den una opinión negativa. Por eso es común encontrar cuentas de adolescentes con pocas publicaciones. Lo que no resulta exitoso se baja del *feed*. Están dispuestos a pagar este precio porque también existe el otro lado de la moneda, ¿qué pasa si le atinan?, ¿y si esa foto, baile, chiste, sí logra que se sientan vistos, reconocidos o valorados? Eso, a esa edad vale toda la pena del mundo. Sin embargo, qué difícil debe ser crecer bajo el escrutinio público constante y tratando de decidir qué tanto vas a permitir que los demás moldeen la persona en la que te vas convirtiendo.

A veces nos espantamos porque no nos cuadra la imagen que dan en sus redes con lo que conocemos de ellos en la vida presencial. Incluso pueden presentarse de forma diferente dependiendo de la red social en la que están. Es complejo, más que una imagen única se parece a un rompecabezas que están armando de sí mismos. En algunos, una de esas dimensiones son publicaciones en donde se muestran cómo quisieran ser, lo que todavía no se atreven a mostrar en su vida presencial. Me conmueve mucho su valentía y me preocupa que lleguen a querer más a su avatar que a la persona que son, especialmente cuando estas no coinciden.

No les preocupa mucho qué van a pensar de ellos futuras universidades o trabajos. Los adolescentes no son muy buenos midiendo el impacto a futuro, cuando el futuro es más allá del siguiente año. Tampoco entienden por qué les interesaría espiar sus cuentas, no están publicando para ellos. Lo que importa es que ese *like*, comentario o seguidor adicional significa que están siendo vistos, que importan y que son valorados por quienes son relevantes en ese momento.

Los nuevos: «¡Cuelga el teléfono!»

Guardo memorias de cuando mis padres me reclamaban: «Pero ¿qué tanto tienen que hablar si se acaban de ver?» Me iba peor cuando alguien intentaba comunicarse a la casa y la línea llevaba horas ocupada. ¿Te suenan familiares esos ejemplos? El estar en constante comunicación con nuestros pares utilizando lo que estaba disponible en ese entonces era importante para satisfacer nuestra necesidad de pertenencia, por lo tanto, no es de extrañar que nuestros hijos saquen el máximo provecho de las tecnologías que están a su alcance para el mismo objetivo.

Tener infinitas opciones para comunicarse entre ellos no significa que sus comunicaciones sean necesariamente más fáciles. Los elementos de comunicación de los chats son muy limitados en comparación a hablar con una persona cara a cara. No tienes el tono de voz, la expresión facial ni el lenguaje corporal, lo cual es caldo de cultivo para malentendidos. Tratan de resolver complementando con *emojis, stickers* o enviando mensajes de voz o video. También lo hace complejo la diferencia en la temporalidad de una conversación presencial con una virtual (a excepción de las llamadas y videollamadas). En un chat, pueden darse pausas muy largas, que los dejen en visto y tengan que interpretar ese silencio que a ellos se les hace eterno. Casi siempre tienden a pensar algo malo: «¿Se habrá molestado por algo que puse?», pero luego les responden: «Me quedé sin batería» y se dan cuenta de que se angustiaron sin necesidad. Hay conversaciones que pareciera que nunca acaban, y tanto la impaciencia como la espera cansan. Al mismo tiempo, esa temporalidad les permite que sus conversaciones sean editables. En forma presencial o en una llamada no tienen tanto tiempo para pensar bien qué quieren decir, borrarlo o no responder. La permanencia de sus publicaciones también añade complejidad. Algo que escribieron o subieron a una red social hoy puede ser malinterpretado en cinco años o ser apropiado para una audiencia pero inapropiado para otra.

Son dinámicas complejas que tienen que aprender a manejar y a desarrollar, tanto las habilidades de comunicación que se requieren para cada entorno, digital o presencial, como el saber identificar en dónde decir cada cosa.

Para esta generación también es muy importante compartir. Pueden vivir un momento en dos dimensiones: la que ocurre en el lugar físico donde se encuentran y la que sucede en sus publicaciones, *stories* o *lives*. Escogen compartir solo aquello que consideran importante incluir dentro de su narrativa, aunque a los padres nos parezca que comparten su vida entera. La tecnología les permite extender la vida a sus momentos significativos. Son contenidos que permanecen en sus celulares y en sus cuentas. Ellos y sus espectadores pueden verlo cuantas veces quieran y en los momentos que deseen. «Si veo algo que sé que los demás también pueden disfrutar, no veo por qué no compartirlo. No es que no lo esté viviendo por verlo a través de mi celular, como piensa mi mamá, sino que quiero que los demás también puedan verlo», me explicó Ana Lucía, durante uno de los talleres, cuando cuestioné la posibilidad de estar plenamente presente en un lugar o situación cuando tenemos nuestros dispositivos. Lo pienso y debe ser complejo querer estar presente en muchas dimensiones al mismo tiempo.

Tampoco debe ser fácil estar expuesto continuamente a todo lo que los demás comparten. Se enteran de los eventos a los cuales no han sido invitados, de los logros alcanzados por otros y de todas las vidas que en Instagram parecen mejores que las suyas, porque igual que ellos están compartiendo y construyendo un avatar que en ocasiones es idealizado, lo mismo están haciendo todos sus pares. Me pongo en los zapatos de los adolescentes que caen en este juego sin tener un sentido crítico del juego que están jugando y debe ser extenuante.

La nueva farándula

Recuerdo estar con mis amigas haciendo una fila bajo la lluvia frente a Venevisión, un importante canal de televisión en Venezuela, a la espera de que saliese a saludar Eduardo Palomo, en ese momento protagonista de la novela Corazón Salvaje, con la ilusa convicción de que nos daría un autógrafo. Aparte de la mojada que me eché, salimos sin nada más que ver de lejos a alguien quien podría ser o no ser ese artista. Con las redes sociales es posible que nuestros hijos sigan las cuentas de sus ídolos del momento, tengan acceso a imágenes y videos de aspectos de su vida diaria e incluso de escribirles directamente a través de las plataformas, a pesar de que es probable que quien responda sea el *Community Manager* de la cuenta. Todo esto crea una sensación de cercanía con estas figuras relevantes para ellos y es un atractivo adicional hacia las redes sociales. Me impresiona la forma en que algunos actores de la sociedad están utilizando esta oportunidad para acercarse a sus seguidores, como es el caso, por ejemplo, de la activista y política estadounidense Alexandria Ocasio-Cortez, quien, aparte de compartir sus ideas y posturas políticas, también muestra su rutina de las mañanas, productos que utiliza para maquillarse y otros aspectos que por lo general formaban parte de los espacios privados de la vida personal de las figuras públicas. Llegué a ella por unas adolescentes interesadas en aspectos más globales, quienes querían demostrarme que no solo siguen a cantantes, deportistas o gente del mundo del espectáculo. Sin embargo, esta oportunidad puede convertirse en un peligro si personas malintencionadas se hacen pasar por figuras famosas como un anzuelo para conseguir víctimas, tal y como lo veremos en el capítulo sobre el *grooming*.

En otro nivel de farándula, las redes sociales también les permiten estar al día sobre su círculo cercano y los dramas vigentes. El beneficio que perciben es que, si conocen quién no se habla con quién, quién está quedando con quién o quién se volvió a hablar con quién, reducen la probabilidad de cometer un error con costo social relevante en sus vidas. «Me ayuda a saber con quién me junto o no al día siguiente en el recreo», me explicó una adolescente de doce años, o «puedes llegar a una "reu" y saber de qué temas puedes hablarle a una chava que te dijeron que va a estar allí», me comentó otro de la misma edad. Todo esto me recuerda a la tensión que en ocasiones se vivía en la secundaria cuando te acercabas a un grupo de amigas y notabas que había pasado algo. Había un silencio incómodo, algunas ponían mala cara y no sabías si estaban enojadas contigo o simplemente de mal humor. Ahora ellos utilizan lo que ven en las redes para evadir este tipo de situaciones.

En una conferencia en la cual les platicaba a adolescentes sobre cómo personas con malas intenciones pueden utilizar la información que ponen en sus redes para cometer delitos, una joven levantó la mano y participó para ampliar el concepto de *stalker* que yo estaba dando a un uso que para ellos es más cotidiano: «Realmente lo que hacen esas personas nosotros lo hacemos a diario, sin hacerles nada malo, claro. Si hay alguien que nos gusta, lo buscamos en las redes y vemos a cuál escuela va, dónde vive, qué le gusta, si está saliendo con alguien. Podemos usar todo eso para inclusive saber dónde encontrarlo».

Por otra parte, las redes sociales han facilitado muchísimo el convertirse en figura pública para aquellos adolescentes que les atraen los *flashes* y la alfombra roja. Cuando nosotros fuimos adolescentes, las figuras públicas por lo general eran aquellas que salían en los medios de comunicación masivos. En mi secundaria, recuerdo el año escolar que entró al colegio una joven que era presentadora de un conocido programa de televisión infantil y los primeros días de clase había todo un revuelo. Ahora los adolescentes tienen la oportunidad de hacerse visibles públicamente y ante audiencias mucho más amplias a través de sus celulares, sin la necesidad de pasar por audiciones. Literalmente se pueden convertir en el protagonista de *The Truman Show*, pero a diferencia del actor principal de esta película, ellos están decidiendo lo que quieren compartir con los demás y saben que son el show. Lo que queda en duda, es si tienen la conciencia del impacto que tiene en sus vidas y en la de los demás esta sobreexposición y su preparación para manejar los riesgos que implica ser una figura pública.

Las nuevas oportunidades

Cuentan que el manuscrito de Harry Potter, escrito por J. K. Rowling, fue rechazado por doce casas editoriales [42]. ¿Qué hubiese pasado si hubiese nacido diez años después y hubiese escrito su manuscrito en Wattpad [43] en el 2006?

En el mundo en el cual nosotros crecimos, publicar un libro, ser artista de televisión, componer una canción que pusieran en las estaciones de radio, eran procesos que se enfrentaban a muchas barreras de entrada. Como mínimo necesitábamos un contacto bastante influyente dentro de cada una de estas industrias para que siquiera voltearan a ver nuestras creaciones.

La era digital trajo una revolución en este sentido. Con la existencia de plataformas como YouTube, WattPad, Instagram, Twitch, VSCO o TikTok nuestros hijos cuentan con la posibilidad de mostrar sus ideas y talentos, de una forma más democrática. Quienes deciden lo que se vuelve tendencia, o no, son las comunidades que participan dentro de esas plataformas y a partir de allí, quienes lo logran, pueden encontrar un sinnúmero de oportunidades.

Es por eso que la historia de Anna Todd, escritora de After, es lo opuesto a la de Rowling. En su caso, comenzó a escribir por medio de su celular en WattPad, historias inspiradas alrededor de Harry Styles, cantante en ese momento de One Direction. Fue tal la aceptación de sus libros en la comunidad WattPad que los directores de esta plataforma la contactaron para proponerle ser sus agentes y llevar sus títulos a diferentes editoriales. De esta forma se abrió camino y sus libros han sido publicados en veintitrés idiomas e incluso en el 2014 firmó un contrato con Paramount por los derechos de utilizar la historia de After en una película, la cual por cierto ha estado disponible en Netflix.

---

42. «The J.K. Rowling Story». *The Scotsman*. 16 June 2003. Revisado el 13 de junio de 2020. https://www.scotsman.com/arts-and-culture/books/jk-rowling-story-2478095

43 Wattpad es una red social que reúne a lectores y escritores. Te permite escribir y que tus seguidores hagan comentarios al respecto sobre tus capítulos. Los escritores pueden tomar en cuenta esa retroalimentación para saber hacia dónde dirigir sus historias.

La pregunta es, ¿hubiese llegado Anna Todd a donde llegó si no hubiese existido la tecnología? Nunca lo sabremos. Pero lo que sí deja claro es que este tipo de plataformas son disruptivas para los modelos de negocios con los cuales trabajaban tradicionalmente las industrias. Cambia de manos el poder, especialmente para aquellos puestos que decidían qué se leía, escuchaba o veía.

Esto bien utilizado representa una enorme oportunidad para nuestros hijos, porque elimina muchas de las barreras de entrada que nosotros tuvimos como generación.

Otro cambio importante que introdujo la tecnología fue minimizar los costos de entrada. No necesitan invertir inicialmente en mucho equipo de producción. Las mismas plataformas les brindan herramientas de edición muy fáciles de utilizar, les facilitan cursos en línea gratuitos para aprender o ellos mismos encuentran cómo hacer lo que quieren hacer simplemente buscando en Google. Cualquier persona hoy en día que cuente con un teléfono inteligente puede tomar fotos, grabar videos o hacer un pódcast. En nuestra época, ¿qué tantas cosas hubiésemos podido necesitar para tener nuestro propio programa de radio? Teniendo un teléfono inteligente, lo único adicional que se necesita para crear contenidos son las ganas y, a muchos de ellos, esto les sobra.

Por supuesto que, al hacer esas posibilidades más accesibles para todo el mundo, se genera mucha más competencia. Es más difícil destacar y mantenerse en la cima. Siempre los que llegan primero gozan de ciertos beneficios. Tenía un profesor en la universidad que una vez nos dijo: «el problema de su generación es que nacieron tarde», refiriéndose a la bonanza petrolera venezolana. Aquí es algo parecido, no es tan fácil crearte una carrera como *youtuber* ahora que cuando comenzó en el 2005. Por eso la creatividad, perseverancia, disciplina y un poco de suerte son claves para que los creadores de contenidos se mantengan en el tiempo.

Quizás la historia de Anna Todd suena muy hollywoodiense y claramente no es el caso de todos los que escriben en WattPad, pero existen muchas historias de adolescentes que están aprovechando las oportunidades que les brindan las redes sociales para ir mostrando sus talentos, abriéndose caminos y comenzando a obtener experiencia laboral sin haberse graduado de preparatoria.

A Gabriela desde pequeña le fascina el maquillaje. Poco a poco, con trabajos que hacía en su casa, fue comprando pinceles, sombras, labiales y otras herramientas. También fue aprendiendo técnicas de esta actividad a través de los videos de sus *youtubers* favoritos. Con once años comenzó a practicar maquillándose a sí misma y a sus hermanas. Publicaba fotos y videos de sus trabajos en su cuenta de Instagram, en la cual comenzó a ganar progresivamente muchos seguidores. A los trece años la contactaron sus primeras clientas para que fuese a maquillarlas para diferentes eventos y lo que ganaba lo reinvertía en su negocio. Cuando Gabriela se gradúe de preparatoria va a contar con cinco años de experiencia en la profesión que le apasiona. Probablemente los cursos tradicionales le queden cortos y comenzará por niveles más avanzados o ¿quién sabe? capaz termina dando clases.

A Ana Sofía le apasionaba la fotografía. Fue aprendiendo desde los catorce años a través de diferentes cursos e iba publicando sus trabajos en Instagram. Un día la contactó The Huruma Project [44], quienes luego de revisar sus trabajos la invitaron a formar parte de un proyecto para ir a Nepal a tomar fotografías que lograsen reflejar el lado humano de la vida de ese país. No imaginaron que Ana Sofía era menor de edad y que el viaje iba a ocurrir mientras se suponía que ella tenía que ir a la escuela. Sin embargo, dada la magnitud de la experiencia, sus padres y el colegio establecieron acuerdos para que pudiese ir. Con quince años fue la fotógrafa más joven de la expedición y, sin duda, lo que aprendió allí no se enseña en un salón de clases. Sus trabajos fueron expuestos en el Salón de la Plástica Mexicana. A la fecha, Ana Sofía estudia preparatoria por las mañanas y en las tardes fotografía a nivel profesional. Al igual que Gabriela, al graduarse contará con una experiencia invaluable que pocos fotógrafos de su edad tienen.

---

44. https://www.instagram.com/thehurumaproject/

El nuevo activismo social

«¿Por qué no puedo votar hasta que tenga dieciocho años?», me preguntó mi hija de catorce. «No sé las razones exactas, pero me imagino que tiene que ver con que son decisiones importantes que requieren cierto nivel de madurez», le respondí. «¿Es en serio?» (revirada de ojos). Fin de la conversación.

Es cierto que no pueden ejercer el derecho al voto, pero sus publicaciones en las redes sociales, el uso de *hashtags* y el potencial de distribución que obtienen a través de sus grupos de seguidores, les han dado un nivel de participación sin precedentes a los adolescentes tanto en la política como en otros temas de interés social como desigualdades, contaminación ambiental o la violencia. Me atrevería a decir que además de participar tienen poder para influir más allá de lo que ellos imaginan (o capaz que sí están claros). Un ejemplo de este poder fue lo ocurrido en junio 2020 durante las campañas electorales de Estados Unidos [45]. El equipo del candidato republicano Donald Trump invitó por medio de las redes sociales a las personas a registrarse para un mitin que daría en Tulsa, Oklahoma. En respuesta, comenzaron a compartirse videos en TikTok en los que se promovía inscribirse al evento y luego no asistir. Para no dejar evidencia, los videos eran borrados 48 horas después de publicados. Los organizadores recibieron cientos de miles de registros y creyendo que los 19,000 asientos del BOK Center no serían suficientes, adecuaron los espacios de afuera del estadio con pantallas para que todos pudiesen asistir. El resultado fue que ni siquiera pudieron llenar la mitad de los asientos del recinto y, al darse a conocer la noticia, los jóvenes se volcaron de nuevo a TikTok a celebrar su éxito.

No todo son bromas, los jóvenes también se han valido de las redes sociales para recaudar fondos para ayudar a causas que son importantes para ellos, como fue el caso de Juanpa Zurita, quien

---

45. https://www.nytimes.com/2020/06/21/style/tiktok-trump-rally-tulsa.html Revisado el 03 de mayo 2021.

tras el terremoto de México en el 2017 lanzó, junto con otras celebridades, el proyecto *Love Army México*, con el cual se recaudó cerca de 1.4 millones de dólares[46] destinados a la construcción de viviendas para personas que quedaron damnificadas.

Esto también puede ocurrir en menor escala como recaudar fondos para ayudar a un profesor u organizar una protesta sobre algo que no están de acuerdo de la escuela.

El reto que tienen por delante frente a esta nueva forma de ser activistas es primero, tener la capacidad de ver diferentes ángulos de una misma historia, ya que los algoritmos se van a encargar de reforzar siempre las opiniones que tienen, mostrándoles únicamente publicaciones que coinciden con sus posturas. Pueden confundirse y pensar que siempre tienen la razón o que existe una única forma de ver las cosas. Y segundo, tener los valores y la sabiduría para usar esta herramienta tan poderosa que al igual que puede generar mucho bien, utilizada de forma incorrecta puede hacer mucho daño.

El cómo se relacionan con las redes sociales es clave

Como lo predica la paternidad consciente[47], las tres cosas que más necesitan nuestros hijos son sentirse vistos, saberse valorados y sentirse reconocidos. Las redes sociales y los videojuegos pueden satisfacer esas necesidades de forma muy eficiente: con los comentarios que reciben en sus publicaciones pueden sentirse vistos, con el número de *likes* pueden sentirse valorados y a medida que se incrementa su número de seguidores o que se avanza en niveles de dificultad en un videojuego pueden sentirse reconocidos. Si le añadimos que en la etapa adolescente mantenerse conectados con sus amigos es de las cosas

---

46. https://www.debate.com.mx/show/Juanpa-Zurita-asi-entrego-la-ayuda-a-damnificados-del-terremoto-del-19-se-septiembre-20200920-0057.html Revisado el 03 de mayo de 2021.

47. Tsabary Shefali. *Paternidad conscientes. Educar para crecer.* Nueva York: Editorial Penguin Random House. 2018.

más importantes en la vida, no es de extrañar que estas plataformas tecnológicas les caigan como anillo al dedo.

Es importante que los adultos garanticemos que nuestros hijos se sientan amados, validados y reconocidos también fuera de las redes sociales, en la casa, escuela y otros entornos presenciales en donde crecen. Si no se sienten así terminarán refugiándose en sus celulares. Sin embargo, por muy maravillosas que puedan resultar estas tecnologías todavía no están en el punto, y espero que nunca lo logren, de reemplazar una conversación afectuosa con los padres o un abrazo de estos. Si ya no quieren abrazos, la simple presencia de ellos, sin necesidad de palabras, les ofrece la confianza de no saberse solos; o el consuelo de un mejor amigo, que cuando le rompan el corazón lo acompaña en su despecho; o esa palmada en el hombro del entrenador reconociéndole todo el esfuerzo y ganas que le ha puesto para mejorar hasta ganarse un lugar en el equipo. Estas son cosas que probablemente cuando sean adultos recuerden, en comparación al día y hora que recibieron el *like* 82 en la *selfie* 5000.

Si pudiese escoger el mundo ideal, me gustaría que todos los roles que cumplen las redes sociales en la vida de los adolescentes sean un complemento a lo que ya tienen en su vida presencial. No un sustituto de carencias. Lamentablemente esa no es la realidad de todos los adolescentes y por eso mi invitación constante es a propiciar el acercamiento entre generaciones.

Como cualquier otra relación que desarrollan en sus vidas, su vínculo con las redes sociales puede ser virtuoso, vicioso o inclusive tóxico. También es posible que evolucione a otro tipo de relación, como tener una amiga con la que en un principio te llevas bien, con límites y libertades, y luego la relación se vuelve dependiente de un modo poco saludable. O al revés, comenzaron mal y fueron aprendiendo a llevarse y a respetarse hasta convertirse en buenas amigas.

Hay adolescentes cuyo vínculo con las redes sociales evoluciona de la novedad de ver publicaciones y recibir *likes*, comentarios o ganar seguidores, a un vínculo más consciente y sano en el cual estas plataformas ocupan un rol más funcional al propósito de vida que comienzan a identificar. Entonces siguen cuentas con temas de su interés, reconocen cuándo es el momento de dejar de seguir cuentas que no los hacen sentir bien, publican más ideas que fotos de ellos mismos, hacen provecho del escenario de estas plataformas para dar a conocer sus talentos o simplemente se entretienen, pero no con el furor de la primera etapa. Hay otros que no logran despegarse de esa fase más superficial. No consiguen que su relación con las redes sociales evolucione a un uso más consciente, donde haya más claridad en la función que ocupan en sus vidas y menos aun de los huecos que están tapando de lo que no encuentran en el mundo presencial, si ese es el caso.

De nuevo los padres, e incluso maestros, tenemos un rol importante en detectar la naturaleza de la relación que sostienen con las redes sociales y ayudarlos a que ese vínculo evolucione hacia un uso consciente y creativo, el cual puede ser un gran complemento en el desarrollo de su identidad y en el fortalecimiento de sus relaciones afectivas o de amistad.

En los próximos capítulos vamos a profundizar en los retos que representan las redes sociales para nuestros hijos, ahondaremos en las complejidades a las que se enfrentan y de qué forma podemos acompañarlos en este proceso.

Recuerda que:

- Las redes sociales son opciones de espacios de interacción donde los adolescentes pueden socializar con sus pares. En la medida que tengan menos acceso a opciones presenciales, las redes sociales tienen más terreno y se vuelven más atractivas para ellos.

- En la búsqueda de identidad inherente al proceso de la adolescencia, las redes sociales pueden jugar un rol importante mediante la construcción de la imagen que quieren dar de sí mismos a través de sus publicaciones y la retroalimentación que reciben de los demás. El resultado dependerá, entre otras cosas, del peso que le den a los *likes*, comentarios y número de seguidores en comparación a lo que ellos piensan de sí mismos.

- Las redes sociales han acercado a los adolescentes a figuras públicas que son relevantes para ellos según sus gustos e intereses. También consiguen información de sus amigos que les permite socializar en la escuela y otros espacios con menor probabilidad de «meter la pata».

- La tecnología ha hecho posible que existan menos barreras de entrada para que nuestros hijos puedan mostrar sus talentos e ir cosechando experiencia desde edades tempranas.

- En la medida que el vínculo de los adolescentes evolucione hacia un uso consciente y creativo, puede ser un gran complemento en el desarrollo de su identidad y en el mantenimiento de sus relaciones afectivas o de amistad.

 Ejercicios:

1. Imagina por un momento que cuando eras adolescente hubieses tenido redes sociales. ¿Crees que las hubieses utilizado diferente a como las utilizan tus hijos? Si tu respuesta es sí, ¿qué crees que hubieses hecho diferente?

2. ¿Qué lugares frecuentabas en tu adolescencia para estar con tus amigos? ¿Qué similitudes encuentras con las redes sociales? ¿Consideras que tu experiencia influye en la forma en que interpretas el uso que le dan tus hijos a las redes sociales? ¿De qué forma?

3. ¿Alguna vez durante la adolescencia cambiaste tu estilo de cabello, forma de vestir, gustos musicales u otros aspectos que ahora puedas reconocer como una forma de buscar la imagen que querías dar de ti mismo? ¿Qué cambiaste? ¿Identificas alguna similitud con los usos que dan los adolescentes a sus redes sociales?

4. ¿Qué estrategias o recursos utilizabas para estar al día con el acontecer de tus amigos del colegio? ¿En qué se parecen o diferencian a las redes sociales?

5. Si las redes sociales fueran «un amigo» de tu hijo, ¿lo dejarías entrar a tu casa?, ¿cómo describirías esa relación? En caso de que no la consideres una relación sana o positiva, ¿cómo podrías apoyar a tu hijo para que se vincule mejor con las redes y sacar provecho de su potencial creativo?

Capítulo 10
Los retos de crecer con redes sociales

«Internet es un reflejo de nuestra sociedad y ese espejo
reflejará lo que vemos. Si no nos gusta lo que vemos
en ese espejo el problema no es arreglar el espejo,
tenemos que arreglar la sociedad».

VINTON CERF

Cuando mi hermano era adolescente lo *cool* del momento eran los zapatos Adidas. Tenerlos te daba cierto estatus. La gran mayoría de sus compañeros de clase los tenía, incluso había quien llegaba con modelos distintos de cuando en cuando. Aunque mi hermano también quería unos Adidas, en esa época mis padres no contaban con las posibilidades económicas de comprárselos y en ocasiones eso lo convertía en objeto de comentarios sarcásticos. En las vacaciones de verano decidió trabajar para poder comprarse los zapatos Adidas. Y así lo hizo. El primer día de clases del siguiente curso llegó con sus Adidas nuevos y cuando los demás lo notaron se acercaron a él, entre todos le pisaron los zapatos hasta que quedaron bien sucios. «Al final del día, ellos sabían que yo no podía tener esos zapatos y aunque me los hubiese comprado no era suficiente para pertenecer a su grupo», dice mi hermano cuando cuenta esta historia.

Pienso que enfrentar la presión por tener determinadas marcas para poderse sentir parte de un grupo pudo resultar retador durante la adolescencia de mi hermano. Yo tuve otros retos y probablemente leer esta anécdota te trajo recuerdos de eventos o situaciones de tu propia adolescencia que te resultaron «retadoras», por decirlo de forma más leve. Lo que le toca a cada uno es una mezcla de dinámicas sociales y culturales del entorno, influencias familiares y aspectos propios de su personalidad. Nuestros hijos no están exentos de atravesar esta etapa y hacerlo con redes sociales tiene sus complejidades. Conocer algunas de ellas puede ayudarnos a encontrar formas de apoyarlos y prepararlos a vivir con estas plataformas.

Mayor impacto de malas decisiones

En una ocasión, un grupo de adolescentes publicó una encuesta en los *stories* de Instagram, preguntando ¿con cuál de estas tres te darías?[48] y pusieron como opciones de respuesta tres nombres y apellidos de compañeras de su escuela. Pasadas las 24 horas[49] el dueño de la cuenta tomó foto de pantalla de los resultados y lo compartió en el grupo de WhatsApp de los involucrados. Como ya te puedes estar imaginando, la encuesta fue vista por muchas más personas de las que ellos pensaron y, por si eso fuera poco, las personas comenzaron a emitir sus opiniones sobre los votos y la clasificación que obtuvieron las tres niñas, quienes, para comenzar, nunca pidieron estar en un

---

48. Esta es una expresión coloquial utilizada por los adolescentes en México para señalar con quién se besarían. Para algunas personas puede significar que no se trata solo del acto de besar, sino de tener relaciones sexuales, pero la mayoría de los jóvenes hace referencia solo al beso.

49. En Instagram es posible realizar cuestionarios en un tipo de publicación que se llama *stories*. Estos pueden ser respondidos por los seguidores de la cuenta o por otras personas dependiendo de las configuraciones de privacidad que se hayan establecido. En este caso la cuenta era pública. En los *stories* los contenidos dejan de ser visibles luego de 24 horas y en el caso de los cuestionarios Instagram te dice cuál fue el resultado final. La imagen de este resultado fue lo que comenzaron a compartir estos alumnos.

escrutinio público. Hubo quienes incluso buscaron las cuentas de estas jóvenes en Instagram y TikTok (dos de ellas tenían sus cuentas públicas) y les dejaron mensajes o comentarios en sus publicaciones. Ninguna salió bien parada y sus padres, que llegaron a ver los resultados y comentarios, estaban muy molestos y acudieron a la escuela a pedir ayuda. A pesar de que en este caso los autores de la encuesta eran de la misma escuela y recibieron una sanción, lo que no podía controlar el colegio ni los autores fue la distribución de la encuesta ni censurar los comentarios de personas ajenas a la institución. Técnicamente se escapaba de sus manos. Y esa fue precisamente una de las principales lecciones aprendidas, ya que, además de que no estuvo bien lo que hicieron, en las redes sociales se pierde el control total de la información y no se pueden predecir las reacciones de la gente. No es que fueran a sacar algo bueno de la encuesta, pero definitivamente lo que resultó fue mucho peor de lo que esperaban.

Los adultos podemos pensar «¿cómo no pensaron que esa encuesta la podía ver hasta el director de la escuela?» Pero recordemos que el cerebro de los adolescentes está desarrollándose y en algo en que no son particularmente buenos es midiendo los riesgos de sus acciones. Rosario Busquets, psicóloga mexicana y autora de *Si lo amas ¡Edúcalo!* usa en sus conferencias una metáfora muy buena para explicarlo: «A un niño pequeño se le va la pelota a la calle y sale corriendo tras ella porque no sabe que puede venir un coche. A un adolescente se le va la pelota a la calle, sabe que puede venir un coche, pero aun así sale tras la pelota porque piensa que a él no le va a pasar nada y si el coche se lo lleva por delante el que va a quedar mal es el coche».

Si en situaciones presenciales no son siempre capaces de medir los riesgos y consecuencias de las decisiones que están tomando, en los entornos virtuales se les hace mucho más difícil. En casa o en el colegio por lo general cuentan con más orientación y supervisión adulta en temas que ocurren de manera presencial. Si la encuesta la hubiesen hecho en un papelito en el colegio, habría mayor probabilidad de que en algún momento pasase un profesor y se diese cuenta de que tramaban algo. Aun cuando no, capaz que hubiese existido algún compañero o compañera que sembrase la duda o manifestase inconformidad con lo que estaban a punto de hacer. Y si ninguna de estas dos sucede, el impacto de la encuesta se hubiese concentrado como mucho en la ciudad donde está la escuela, en lugar de convertirse en un debate internacional. Esta característica de la mala calibración de riesgo es uno de los principales argumentos por los cuales es necesario que, como padres, establezcamos límites y formas de supervisión que compense esos baches de falta de criterio, mientras su cerebro se va desarrollando. Aun así, es probable que se vayan a equivocar. Por eso, parte de la formación debe incluir el enseñar a disculparse y especialmente a reparar sus «metidas de pata».

Hay quien saca lo peor

Entre los seguidores que tienen los adolescentes, existen personas que les dejan mensajes positivos y los alaban, pero también existen los que expresan sus opiniones de forma vulgar, grosera y que puede resultar muy hiriente.

Expresarse a través de una pantalla, sin tener a tu interlocutor enfrente, genera la sensación de que puedes decir cosas que no te atreverías si ocurriese cara a cara. También puedes esconderte detrás de un perfil falso con la creencia de que nadie descubrirá quién eres y atreverte a decir cualquier cosa. No tenemos que enfrentar en tiempo real la reacción de la persona, tampoco se tiene acceso al lenguaje corporal y todo ocurre además en un contexto atemporal y con una audiencia desconocida. Si un joven canta una canción en el festival de su escuela, puede ser que no sea del agrado de todos, pero como en ese contexto se encuentran presentes los alumnos, figuras de autoridad y el cantante, si hubiese alguien que quisiera mostrar su desagrado por la canción, es probable que lo pensaría dos veces o escogería mejor sus palabras en comparación a cuando está en una red social y no es tan evidente este tipo de conductas del mundo presencial. Están también los famosos «*haters*» quienes se dedican a ofender, difamar o insultar con o sin causa aparente.

Están en todas las plataformas y nuestros hijos, los entienden como «parte del juego» de participar en los entornos digitales.

¿De quién han aprendido a manejar a los «*haters*»?, principalmente de los *streamers* e *influencers*, a través de sus videos. Así como tú y yo nos fijábamos en cómo actuaban los alumnos de grados superiores para sobrevivir en el patio de recreo, nuestros hijos leen los comentarios ofensivos que reciben «los famosos» en redes e identifican cómo se defienden: algunos los ignoran, otros los devuelven y lo mejor: se burlan de sí mismos, con lo cual le quitan poder a todos los insultos que reciben.

Sin embargo, es ingenuo pensar que ninguno de estos mensajes les afecte. Hasta los adultos en algún momento hemos sentido que, un comentario en los chats o las redes, ¡auch!, «nos tocó una tecla». Es positivo compartir esas experiencias con ellos, humanizarnos, y a la vez compartirles cómo las manejamos, cómo escogemos las batallas a luchar, así como la manera en que las procesamos emocionalmente. Lo importante es que sientan que si alguno de estos mensajes llega a herirlos cuentan con nosotros y que los acompañaremos de la mejor forma posible.

Por otra parte, aunque al pensar en este tema tendemos a imaginar que nuestros hijos serán quienes podrían recibir estos mensajes, la realidad es que también es posible que ellos escriban algo que pueda herir a alguien más. Aquí nuestro rol también es muy importante. Podemos igualmente compartirles momentos en que sin intención nosotros hemos llegado a dañar a otro y de qué forma reparamos esa herida, tanto si fue cara a cara o en un chat.

En Disney sin saberlo

Por lo general las personas solo muestran su mejor ángulo en las redes sociales. Puede ser la apariencia física, éxitos en diferentes ámbitos, familias perfectas, viajes soñados, una vida social llena de amigos y, como las audiencias son mucho más amplias de lo que la vida presencial te permitiría conocer de los demás, es sumamente fácil encontrarnos comparando nuestras vidas con otras que se ven mejores que las nuestras. Para los adultos esto puede resultar un reto, imaginemos lo que debe significar para un adolescente.

Con esa foto o video que vemos de alguien, que quizás ni siquiera es real, pero asumamos que sí, generamos una historia completa de éxito o felicidad en nuestra cabeza. Se nos olvida que estamos viendo un pedacito, un momento de la vida de esa persona, que no nos está mostrando todo. Como cualquier ser humano también enfrenta dificultades, miedos y fracasos.

Este entorno fantasioso si no se vive con consciencia y claridad de lo que es, si no hay cuestionamientos de lo que es real o de las historias que nos creamos, puede generar mucha frustración, sentimiento de no ser o tener suficiente nunca. Como una adolescente de doce años a quienes sus padres la llevaron de vacaciones en un crucero por Europa y estaba constantemente pendiente de lo que hacían sus amigas en su ciudad de origen, se sentía triste de no poder estar con ellas en una pijamada que habían organizado. Probablemente las amigas veían sus fotos y su crucero les parecía más divertido. Si no se es capaz de parar y pensar: «sí, es probable que la pasen bien en la pijamada pero seguro también tendrán ciertas discusiones o incomodidad al dormir. Ahora tengo esta oportunidad de divertirme con las opciones que me da el crucero que no tendré cuando regrese a mi casa», entonces estar en las redes sociales no está sumando a sus vidas. Por el contrario, los inhabilita de apreciar lo que son y las oportunidades que tienen.

Aunque la gran mayoría de las redes sociales presentan esta característica de siempre mostrar lo mejor, también es cierto que hay redes sociales con diferentes niveles de «fantasía», entre las cuales ellos pueden escoger. Parte del éxito inicial de TikTok fue su característica de tener contenidos en los cuales no tenías que salir perfecto o estar mostrando algo particularmente espectacular. En TikTok se vale salir en pijama y hacer tonterías, algo que nunca harías en Instagram. Y eso conecta perfectamente con los adolescentes que buscan algo más relajado.

Lo ideal es que a medida que se van conociendo a sí mismos sepan cuáles redes les gustan más y por qué, para ir escogiendo aquellas que sienten que suman experiencias positivas a sus vidas en lugar de dejarse llevar por la fuerza envolvente de pertenecer.

Valgo por mis *likes* y seguidores

Para los adolescentes de cualquier generación siempre ha sido importante saberse popular entre su grupo de pares. En esa etapa conocen que sus padres los van a querer como son —bueno eso es lo ideal—, pero necesitan saber si fuera de casa y entre sus amigos, también son valorados y reconocidos.

En nuestra época esa valoración era muy subjetiva. No había métricas para indicar qué tan populares éramos. De hecho, puede ser que creciste creyendo que eras popular sin serlo, o al revés, sentirte rechazado y enterarte luego que muchos de tu generación te valoraban o te tenían como referencia.

Nuestros hijos lo tienen mucho más complejo. Las redes sociales cuentan con diferentes funciones como *likes*, seguidores o comentarios, a las que la sociedad les ha atribuido el significado de valor o aceptación. Quien se cree esta lógica asume que quien tiene más seguidores o recibe más opiniones en sus publicaciones es más popular.

Para hacerlo más complicado, no existe límite de *likes* ni de seguidores. Los estándares pueden ir cambiando, 2.000 seguidores te hacían popular hace dos años, hoy pueden ser 20.000 y mañana quién sabe. Se puede convertir en una carrera sin fin para quienes decidan competirla.

Lo artificial de estas métricas está generando lo obvio: el número de seguidores por sí solo no te dice nada ni de las marcas ni de las personas. Hay compañías que invertían gran parte de su presupuesto de *marketing* en *influencers* basado en el número de seguidores, hasta que empezaron a darse cuenta de que tener millones de seguidores no necesariamente generaban un impacto en las ventas. Uno de los casos más emblemáticos es el de Arianna Renee, mejor conocida en las redes como Arii. Basado en sus 2.6 millones de seguidores decidió lanzar su propia línea de ropa llamada ERA. La condición que puso la compañía que iba a producir la ropa era vender inicialmente 36 camisetas. En caso de no lograrlo se cancelaba el proyecto, pero resultaba poco probable ya que esa cantidad no representaba ni el 1 % de sus seguidores. Sorprendentemente, Arianna no consiguió alcanzar la meta. El proyecto se canceló y quienes habían comprado la camiseta recibieron su dinero de vuelta[50].

Es por esto que ahora las compañías se fijan más en el *engagement*, lo cual quiere decir que más allá del número de seguidores lo importante es qué tanto poder de influencia tienes sobre quienes te siguen. Lo miden viendo cómo los seguidores interactúan con la cuenta más allá de los *likes*: si guardan las publicaciones, las comparten con otros o las comentan.

Ocurre lo mismo con el capital social de los adolescentes. Pueden ser alguien con muchos seguidores, pero pocas amistades de calidad o que solo los quieran para lo que les sirven: entretenimiento.

Poner el valor de una persona en algo tan artificial no es sano, porque para comenzar nunca van a conseguir sentirse valorados hasta que no se valoren ellos mismos y eso puede llevarlos a tomar decisiones que pueden jugarles en contra. Ellos crecen en una sociedad donde se valora lo material, la gente exitosa y que se vean lo mejor posible, por lo tanto, si tienen que escoger una foto donde aparecen estudiando versus hacer un reto que esté de moda aunque este implique peligros para sí mismos o un tercero, probablemente les haga más sentido publicar lo segundo.

---

50. https://www.insider.com/instagrammer-arii-2-million-followers-cannot-sell-36-t-shirts-2019-5 Revisado el 7 de septiembre de 2020.

Pueden irse convirtiendo en lo que los demás quieren que sean pero que no necesariamente es lo que quieren ser ellos. Mientras esa personalidad creada diste mucho de quienes ellos realmente son, es más probable que la cuenta se convierta en una esclavitud. Van a invertirle más y más tiempo en buscar aprobación y reconocimiento de personas a quienes poco les importan.

También se vuelven presas fáciles para el *phishing*. Es común que los contacten por el chat, alabando sus cuentas y publicaciones e invitándolos a dejar sus datos en un enlace para ayudarlos a obtener más seguidores o verificar su cuenta. Si eso es una gran motivación en sus vidas son más proclives a caer en este tipo de trampas con las cuales los *hackers* pueden tomar el control de la cuenta, hacer un mal uso de las fotografías que tienen, pedir una recompensa económica en criptomonedas o instalar virus en sus dispositivos.

El drama dura 24/7

A diferencia de nuestra generación, estos jóvenes no tienen descanso de sus dramas adolescentes. Yo todavía recuerdo la sensación de paz y alivio que sentía cada vez que cruzaba la puerta de mi casa al regresar de la escuela. Al menos tenía un receso hasta el día siguiente para volver a enfrentarme a los retos de la convivencia en esas edades. Nuestros hijos no tienen esos descansos a menos que ellos decidan voluntariamente dárselos, pero a muchos les gana la ansiedad de saber de qué se han perdido o si tienen que defenderse de algo y no lo están haciendo.

La naturaleza de la comunicación por chats no lo hace más fácil tampoco. Ricardo de catorce años me mostró un ejemplo en su celular. Tenían un grupo de WhatsApp para organizar un trabajo que debían entregar en equipo. En un momento se generó un desencuentro entre los integrantes. No lograban ponerse de acuerdo sobre el argumento sobre el cual iban a basar la solución del problema que les había planteado la maestra. Los ánimos comenzaban a caldearse y de repente lo metieron en un nuevo grupo de WhatsApp donde estaban quienes compartían la misma postura de Ricardo. En este grupo criticaban a los otros, discutían sobre cómo convencerlos y quién iba a decir qué en el otro grupo de WhatsApp. Pero al mismo tiempo, integrantes de uno y otro bando también se comunicaban con él directamente por chats. Mientras el bombardeo de chats y mensajes de voz ocurrían, su mamá le exigía que dejase de ver el celular y que prestase atención a lo que decía su hermana menor mientras iban en el coche regresando de la escuela. «Si dejaba de ver el celular no iba a poder entender qué estaba pasando, por dónde iba el rollo. O luego capaz que pensaban que los estaba ignorando o cuadrando con el otro grupo». Traté de llevar esta escena de Ricardo a los años 90 y me vi frente a un teléfono de esos que usaban las secretarias en las empresas con diferentes líneas. Imaginé todas sonando al mismo tiempo y yo tratando de atender cada una y conectar correctamente a las personas que querían hablar entre sí; al mismo tiempo entender lo que sucedía, tratar de responder según mis ideas sin quedarme sin amigos y hacer la tarea. ¡Qué difícil!

Puede ser agotador el día a día de un adolescente. Sin las protecciones naturales que antes existían por la imposibilidad de estar comunicados todo el tiempo en cualquier lugar, nuestros hijos necesitan habilidades para saber poner límites, entender cuándo es el momento de pasar a otro tipo de comunicación más sana y eficiente y tomarse un descanso del drama.

Angustia por la apariencia

Estaba en una comida con varias familias de amigos y captó mi atención cómo, de repente, varias adolescentes entre trece y quince años se pusieron a hablar de sus experiencias con sus respectivas nutriólogas. Sabían de diferentes dietas para perder peso: cetogénica, paleo, alcalina y el ayuno intermitente. Siempre ha existido presión por tener la mejor imagen corporal, pero siento que ahora empieza antes, se les ha acortado la niñez y que la presión, así como los estándares, son mucho más altos.

Nuestros hijos, niñas y niños, crecen viendo imágenes y videos que han sido editados con aplicaciones como FaceTune, para normalizar unos estándares de belleza con los que todos salimos reprobados.

Luego están los que se matan haciendo ejercicio todo el día para marcar bien los músculos que quieren resaltar, lo cual puede hacer sentir al resto que le falta voluntad.

Para ellos es bien difícil. Por un lado, están creciendo, sus cuerpos se encuentran desproporcionados, algunos no nacieron con la genética que corresponde a los estándares de belleza y, además, se sienten incapaces de tener la disciplina de hacer una rutina de ejercicio que en ocasiones parece de deportistas de alto rendimiento.

Todo esto ocurre bajo el supuesto paraguas de alimentación y rutina de ejercicios saludables. Pero ellos no son tontos, en el fondo saben que el objetivo es verse como hay que hacerlo hoy en día en las redes sociales.

En respuesta a tanta belleza surgió otra tendencia: los *Body Positive* o *Body Confident*. Son personas que se muestran en las redes como son, sin maquillaje, con cualquier tipo de cuerpo. Sin embargo, aun para los adolescentes que conectan con este mensaje, también se les hace difícil porque saben que al final del día cuando salen de su casa la sociedad en la que crecen valora y favorece otros estereotipos de cuerpos. Entonces no todos se sienten capaces de ser *Body Positive* tampoco.

Si nos ponemos en sus zapatos, debe estar bien complicado atravesar una etapa donde sus cuerpos se están desarrollando, quieren encontrar una apariencia corporal con la cual se sienten cómodos, son bombardeados con informaciones, conceptos e ideas que pueden resultar diametralmente opuestas y que, al enfocarse en excepciones o fantasías, cualquier esfuerzo tiene alta probabilidad de fracaso. Creo que hoy más que nunca los padres debemos mostrarnos sumamente empáticos y compasivos con nuestros adolescentes en este aspecto. No podemos controlar los mensajes que ellos van a recibir allá fuera, pero sí podemos construir un hogar donde ellos sientan que tengan el cuerpo que tengan, logren lo que logren y tengan lo que tengan, serán siempre aceptados, amados y valorados de forma incondicional. Eso puede convertirse en el ingrediente clave para que decidan el valor que van a darle a los *likes* de las redes sociales.

Enfoque en un mundo de distracciones

La gran mayoría de las redes sociales se sostienen económicamente a través del pago de la publicidad[51]. Sus clientes no son quienes abren sus cuentas para compartir fotos y videos con sus amigos. Son los anunciantes.

Como vimos en el capítulo 5, este modelo es muy similar al de los canales de televisión con los cuales crecimos. Ellos tenían que crear programas, transmitir películas y series que fueran del gusto de los televidentes para que, mientras disfrutábamos de ver ese contenido, cada cierto tiempo nos mostrasen publicidad de productos o servicios. Los ingresos de las televisoras venían en gran parte de cobrar a otras empresas por mostrar sus comerciales. En los programas con mayor audiencia, como las novelas que transmitían en la noche, costaba muchísimo más poner un comercial de veinte segundos en comparación con ponerlo en otro horario como las nueve de la mañana. Aquí la diferencia es que los contenidos los creamos nosotros de forma gratuita para las plataformas.

Las redes sociales cuentan con muchas ventajas en comparación con la televisión tradicional. Todos cargamos con los celulares como si fuesen una extensión de nuestros cuerpos y nuestros hijos aun más. No sería práctico ir llevando una TV a todos lados. Estos dispositivos

---

51. Comienzan a existir otros modelos económicos en los cuales los usuarios pagan una mensualidad por seguir una cuenta, como por ejemplo Patreon. Será interesante ver en el futuro, si como consumidores de contenidos en redes, este tipo de modelos toman más relevancia como en su momento sucedió con los canales de suscripción: Direct TV o SKY en la televisión.

nos envían notificaciones todo el tiempo: vibran, suenan o ponen en círculo rojo los mensajes que tenemos. Nuestros cuerpos no pueden ignorar estos estímulos. De hecho, a nuestros cerebros les encantan. Cada vez que los dispositivos nos llaman, anticipamos que algo novedoso vamos a encontrar. Es prácticamente imposible que cada vez que entremos en nuestro celular no consigamos nada nuevo en cualquiera de las aplicaciones que tenemos.

Lo anterior tiene una explicación muy interesante desde el punto de vista neurocientífico. Los estímulos de los dispositivos activan el sistema de recompensas en el cerebro. Al recibir el llamado, ese «pin» que nos hace voltear a ver el celular, se segrega un neurotransmisor llamado dopamina, la cual, entre muchas de sus funciones, está relacionada a que sintamos el deseo de obtener algo que nuestro cerebro registra que nos va a generar una experiencia placentera. Entonces entramos a la red social y vemos que alguien publicó algo que nos hace soltar una carcajada, nos pusieron un comentario positivo en un chat o alguien comenzó a seguir nuestra cuenta de Instagram y esto hace que se segreguen otro tipo de neurotransmisores y hormonas que nos proporcionan diferentes sensaciones de bienestar.

Cuando una experiencia de forma repetitiva nos genera una sensación de placer, el cerebro es capaz de anticiparlo. Por eso tenemos antojos. Nos provoca esa pasta que comimos en un restaurante, estar en la playa echados frente al mar o el helado que tenemos en el refrigerador. Con los celulares sucede lo mismo. Se nos antoja divertirnos, aprender algo, sentirnos reconocidos, hablar con un amigo, conseguir una oferta y un sinfín de cosas.

La gran diferencia es que vivimos con el dispositivo encima todo el día y que todas las plataformas están diseñadas y programadas con mucho conocimiento sobre el comportamiento humano. El objetivo de todos estos algoritmos es captar nuestra atención y mantenerla por largos períodos de tiempo de forma tal que puedan mostrarnos publicidad de sus anunciantes. Este algoritmo además se alimenta, de forma gratuita, de una cantidad de información que nosotros generamos a través de nuestro uso diario de los dispositivos, con lo cual les permite predecir con bastante precisión qué hay que mostrarnos, cuándo y dónde, para tener una mayor probabilidad de éxito de obtener la conducta que esperan de nosotros.

Por eso hoy en día lo que tiene valor es la atención de las personas. Si no se conoce o no se tiene consciencia del juego que estamos jugando cuando usamos estas tecnologías, nos podemos volver improductivos, desenfocados, más desordenados y acabar más cansados de lo necesario. ¿Te has sentido así?, que llega la noche y te sientes agotado, pero no hiciste suficiente o no atendiste lo que era importante hacer ese día.

Nuestros hijos también se enfrentan a este reto. Están creciendo en un mundo que busca constantemente su atención. Para ellos, además es más difícil porque en esa etapa sus cerebros segregan más dopamina en comparación a un cerebro adulto [52] y, por otro lado, como ya lo hemos mencionado, el adolescente está satisfaciendo muchas necesidades propias de la edad en las redes sociales.

Si no se educan desde pequeños sobre el funcionamiento de las plataformas, se establecen hábitos y se prueban estrategias que les funcionen para cortar los ciclos constantes de estímulos y tener control sobre estas herramientas, ese día a día puede llevarlos a un destino que no era necesariamente el que querían.

Darren Hardy, en su libro *El Efecto Compuesto* [53] resalta la importancia de lo que hacemos en el día a día para conseguir el resultado que estamos buscando: «El éxito no es más que el resultado de pequeñas decisiones inteligentes tomadas de forma constante durante un largo período de tiempo» [54]. Este concepto es lo que trato de transmitirle a los jóvenes en mis conferencias. Si ellos quieren ser futbolistas profesionales, hay que revisar en su día a día cuánto tiempo le invierten a ese proyecto de vida. Si entrenan una vez a la semana

---

52. Christine, Carter. *The New Adolescence. The New Adolescence: Raising Happy and Successful Teens in an Age of Anxiety and Distraction.* Edición Kindle, 2020, p. 98.

53. Darren Hardy. *El Efecto Compuesto: Multiplicar el Éxito de Forma Sencilla.* Sapiens Editorial, 2018.

54. *Ibidem*, p. 16.

dos horas, no puedo decir que es imposible, pero sí poco probable. Si quieren ser defensor de los derechos humanos de una causa en particular, ¿cuánto tiempo le están invirtiendo a leer, estudiar, aprender a debatir, argumentar y todo lo que implica convertirse en eso que anhelan? Porque como dice Darren Hardy en ese libro: «Uno se termina convirtiendo en lo que inviertes tu tiempo» [55].

La cultura de la cancelación

Estábamos comiendo cuando uno de mis hijos comentó: «¿Vieron que cancelaron a Camila Cabello?». «¿La cancelaron? ¿Tenía un concierto, un contrato o qué le cancelaron?» pregunté ingenuamente y la risa de uno y la volteada de ojos del otro me indicaron que mi comentario iba por la dirección equivocada. «Mamá, la cancelaron, la gente está dejando de seguirla en sus redes, porque aparecieron unos comentarios racistas que hizo hace unos años en una cuenta vieja que tenía en Tumblr», me explica mi hija mayor. «¿Pero ella es racista ahora?» continué indagando. «No, bueno no sé. Pero eso ahora ya no importa. Si te consiguen algo medio ofensivo y se hace público, se cancela a la persona. Se le quita el apoyo y prácticamente se le acaba la carrera»; me explicaron entre los dos con una naturalidad que me sorprendió. Como si fuese obvio que ahora se vive así y yo no me había dado cuenta.

El término «cultura de la cancelación» comenzó a utilizarse alrededor del 2015 y se refiere a un boicot hacia una persona o empresa que dice o hace algo que se considera ofensivo o inaceptable. Al principio se utilizaba haciendo un llamado a dejar de comprar marcas que se conocía que utilizaba procesos de producción que contaminaban el planeta o menores de edad para abaratar los costos. El lado positivo de esta cultura es que nos brinda, al ciudadano común, la posibilidad

55. Darren Hardy. *El Efecto Compuesto: Multiplicar el Éxito de Forma Sencilla.* Sapiens Editorial, 2018.

de alzar la voz y conseguir cambios en aquellos temas que consideramos injustos o deplorables, a través de la presión que se ejerce sobre las personas, empresas o instituciones que tienen que detener lo que están haciendo mal o que están en capacidad de generar los cambios necesarios.

El uso de la cultura de la cancelación se ha ampliado con el pasar de los años. En el 2018 agarró mucho auge con el movimiento #MeToo, con el cual se logró generar conciencia sobre conductas discriminatorias y abusivas principalmente hacia la mujer. Sin embargo, con el tiempo también se está usando el «cancelar» a alguien por cosas menos trascendentales para la sociedad. Por ejemplo, puede que un *influencer* haga un comentario sobre otro y los seguidores de este último hagan un llamado a cancelar al primero.

Esta cultura no es exclusiva de los famosos. También puede pasar en los entornos sociales de nuestros hijos. No está nada fácil para los adolescentes. Ellos atraviesan una etapa en la cual están explorando, probando cosas nuevas, reaccionan muchas veces por impulso, dicen cosas sin pensar, lo cual los coloca en una posición muy vulnerable a ser cancelados hoy o en el futuro. Esto me lo confirmó Alejandra, una joven de veinte años: «Si te soy honesta, sí me da un poco de miedo. No sé en qué momento puede salir algo que dije o hice y que todo se venga abajo». Coincido con ella, es un ambiente amenazante pero además considero preocupante cómo esta construcción social llevada al extremo puede llevarnos a una mayor polarización, tener menos tolerancia a escuchar las opiniones de otros, no buscar sentarse a dialogar con personas que opinen distinto, no aceptar la posibilidad de cambiar la forma de pensar a lo largo de la vida, no evaluar las ganancias y pérdidas de «cancelar» a alguien o ser poco empáticos ante lo que puede llegar a representar esa cancelación en la vida de una persona, especialmente cuando ocurre por cosas intrascendentes.

Si volteamos a ver la historia, encontraremos muchos casos en los cuales, para poder obtener un cambio positivo para la humanidad, hizo falta que personas con opiniones muy distintas se diesen el espacio de escucharse, dialogar y también para perdonar como cuando Mandela se convirtió en el presidente de Sudáfrica.

Crecer en esta cultura, no solo puede resultarles atemorizante o intimidante. Si los adultos no los apoyamos educando y formando en la importancia del diálogo y la asertividad de cuándo hacer uso de «estas cancelaciones», podemos heredarles una sociedad que repita muchos de los errores que ocurrieron por la intolerancia.

En general, los adolescentes reciben muy poca orientación que les resulte de valor sobre el uso de redes sociales. Los adultos continuamos clavados en el tema del tiempo que invierten, los peligros de comunicarse con un depredador sexual o saltando a conclusiones que a veces no vienen al caso, cuando quizás lo que ellos necesitan es poder compartirnos qué es lo que están viviendo, cómo lo llevan y un adulto empático que pueda ponerse en sus zapatos y orientarlos. Puede que no hayamos crecido con redes sociales, pero sí sabemos lo que se siente enterarse que no te invitaron a una fiesta o que la chava que te gusta no gusta de ti o no saber qué quieres ser cuando todos tus amigos parecen tenerlo claro. Todo esto que viven nuestros hijos con la tecnología, cuando escarbas y escarbas, podemos encontrar que tiene una raíz común que todos hemos pasado por ahí y claro que podemos acompañarlos en ese proceso que ahora ellos atraviesan.

Nos necesitan a veces más de lo que pensamos, porque igual que duelen los pies y la dignidad, como el hecho de que te pisen los Adidas que te compraste con mucho esfuerzo, pueden resultar dolorosas muchas de las experiencias que tienen durante su adolescencia por los nuevos contextos y complejidades que involucra el crecer con redes sociales.

Recuerda que:

- Los adolescentes no son particularmente buenos midiendo los riesgos y consecuencias de las decisiones que toman.

Las redes sociales amplían el impacto de sus equivocaciones porque pierden el control de los contenidos que suben y de lo que otras personas puedan hacer con los mismos. Por eso son importantes los límites y encontrar formas sanas de supervisarlos.

- Comunicarse a través de pantallas genera una sensación de poder decir cosas que no nos atreveríamos si fuese cara a cara. No se enfrenta en tiempo real la reacción de la persona. Por eso en las redes es más probable que las personas saquen su peor lado en comparación a un espacio presencial. Nuestra comunicación con los hijos y la educación en la empatía y compasión, son fundamentales.

- En redes sociales se tiende a mostrar siempre el mejor ángulo de la vida de las personas. Esto puede crear sentimientos de ser insuficiente o de nunca estar contento con lo que se tiene porque siempre existe alguien que tiene más que tú. Es importante fomentar el pensamiento crítico y la toma de conciencia de que lo que se nos muestra es un pedacito de la vida de las personas.

- La cantidad de *likes* y seguidores en cuentas de redes sociales puede significar para algunos una medida de popularidad. También puede generar presión por tener ciertos estándares de belleza. La manera en que manejemos los conceptos de belleza y éxito en casa son muy relevantes para que puedan manejar estas presiones.

- Las constantes distracciones de las redes sociales pueden ser un impedimento para conseguir los objetivos que se planteen nuestros hijos. La educación y los hábitos de uso y estrategias para controlar estos estímulos son fundamentales.

Ejercicios:

1. Recuerda algo que hayas hecho durante tu adolescencia que haya sido un error o de lo que te hayas arrepentido. Puede ser algo que haya resultado mal para ti o para un tercero. Si consideras apropiado compartirlo con tus hijos pueden hacer esa reflexión en conjunto, no, puedes hacerlo tú solo.

   Si eso lo hiciera una adolescente hoy en día que existen redes sociales, ¿qué diferencias encuentras en cuanto al impacto y las consecuencias?

2. ¿Alguna vez has recibido un mensaje en tus chats o redes sociales que te haya dolido? ¿Cómo reaccionaste? ¿Tomaste alguna acción? ¿Qué lecciones podrías compartir con tus hijos sobre la experiencia?

3. Platica con tus hijos sobre de qué formas creen que es posible poner límites en sus redes sociales, cuáles son las barreras que encuentran (por ejemplo que sus amigos se enojen con ellos) y cuáles actitudes o temas consideran que «se pasan de la raya» y qué no tolerarían.

4. Si las redes sociales no tuviesen *likes* ni seguidores, ¿habría alguna diferencia en la vida de tus hijos? ¿Por qué? ¿Qué opinan ellos?

5. Platica con tus hijos sobre qué les resulta más retador de las redes sociales incluyendo las que utilizan para chatear con sus amigos. Si tuviesen el poder o la capacidad de cambiar algo de las redes sociales ¿qué sería?

6. Comparte con tus hijos la historia de Arianna Renee que mencionamos en la página 201.

   ¿Conocen alguna historia similar? ¿Cuál? ¿Qué opinan? ¿Les sucede algo parecido con sus seguidores y sus verdaderos amigos?

7. ¿Cuál es la red social que sientes que más te distrae? Durante una semana revisa cuántas horas le inviertes al día y de ser posible en qué momentos (mañana, tarde o noche). Con esta

información: ¿Estás satisfecho con el número de horas semanales invertidas?

• Si quieres disminuirlas, escribe cuántas horas quieres utilizarla y haz una lista de estrategias que consideras que pueden ayudarte a conseguir este objetivo.

• Comparte esta lista con tus hijos y pregúntales qué otras estrategias consideran que pueden ayudarte.

Capítulo 11
Redes sociales y salud mental de los adolescentes

«La sabiduría no consiste en acumular más datos, sino en comprender grandes verdades de un modo más profundo».

MELINDA GATES

Conocí a Melissa por intervención de su papá. Me había visto en una conferencia que había impartido para el Congreso de Escuelas Seguras el año anterior y me contactó por correo electrónico para preguntarme si podía conversar con su hija. Melissa, junto con unas amigas, había participado en la grabación de un video en el cual realizaban el abecedario y en cada letra hacían referencia a un tema sexual. El video se volvió viral, lo vieron alumnos, padres, personal directivo de la escuela y personas no vinculadas a esa comunidad escolar. De hecho, a mí también me había llegado el video antes de conocerla. En ocasiones recibo mensajes tipo: «Sé que no se deben reenviar este tipo de cosas, pero quiero que veas esto y me des tu opinión». A pesar de que hay una preocupación, miedo o incluso buena intención en este tipo de mensajes, el problema es que contribuye a ampliar la audiencia y darle continuidad a la distribución. Por eso no recomiendo reenviarlos. Se puede atender la preocupación con una llamada, correo electrónico o chat, sin necesidad de seguir exponiendo a los jóvenes. En esta ocasión la vida me dio la oportunidad de conocer a una joven de los tantos que he visto por todos los videos que me envían o yo misma consigo en redes sociales. Me permitió humanizarla, conocer a la persona que había detrás de ese video inexplicable para los adultos y sobre todo aprender cómo vivía las consecuencias y repercusiones de haber participado en ese video. Tanto Melissa como sus compañeras fueron expulsadas de forma indefinida de la escuela. Al momento de conocerla estaba recibiendo apoyo terapéutico por parte de una psicóloga porque atravesaba una depresión. Aparte de la expulsión de un colegio que le encantaba, perdió amistades, se enteró de lo que otras familias cercanas decían de ella, recibió mensajes o silencios muy dolorosos y especialmente le carcomía el saber que había decepcionado a sus padres. Aunque fue una conversación difícil, porque no me conocía, no sabía a qué venía o en qué podía ayudarle, traté de transmitirle que no estaba ahí para juzgarla sino para compartir mi experiencia de cómo otros jóvenes que también habían cometido un error que involucraba el uso de redes sociales habían salido adelante. No tenía que explicarle nada del capítulo anterior porque lo había aprendido a los trancazos.

No sé qué tanto logré ayudarla, pero siempre le estaré agradecida de lo que ella me enseñó a mí. Por lo general, como adulto uno ve esos videos y piensa: «¡a quién se le ocurre!», «¡quién los manda a hacer esas cosas!», «¡¿dónde tienen la cabeza?!» y cuando tienes a ese joven enfrente de repente solo ves a un adolescente que podría ser tu hijo y que se equivocó. Al mismo tiempo duele verlos tan afectados y preocupa el impacto en su desarrollo y salud mental. Este es un ejemplo de las consecuencias de un mal uso de las redes sociales, una medición errónea de riesgos propia de la etapa adolescente y del impacto de un concepto malentendido de la sexualidad, pero, como vimos en el capítulo anterior, hay muchos otros retos para ellos. Por eso es lógico preguntarse: ¿no estarían mejor sin las redes sociales?, ¿debemos postergar su acceso lo más posible? o ¿deberían restringirse hasta la edad adulta? Aunque nuestra reacción inicial sea salir corriendo a quitarles su celular, de nuevo nos encontramos con una interrogante compleja de responder. En este capítulo abordaremos lo que se sabe y las estrategias para guiarlos en un uso que minimice estos riesgos.

Nuevo debate mismo desconcierto

La información disponible para los padres sobre el impacto de las redes sociales en los adolescentes a veces se parece al comportamiento de una persona bipolar: el peor de los males o el mejor de los mundos. Otras veces solo puede reafirmar la creencia que tenemos si solo seguimos cuentas o nos rodeamos de personas que piensen igual a nosotros. Similar a los videojuegos, cada uno cuenta cómo le fue en la feria y nada está escrito en piedra. Los investigadores por su parte continúan debatiendo.

Por un lado, durante la última década varios expertos han señalado a las redes sociales como la causa del incremento de problemas de índole de salud mental en los adolescentes como la ansiedad, depresión, insomnio e inclusive suicidio. Una de las investigadoras estandarte en esta línea de pensamiento es Jean Twenge, autora del libro *iGen*, en el cual se compara el incremento en las tasas de depresión y ansiedad en los jóvenes de Estados Unidos nacidos entre 1995 y 2012, con la proliferación de los teléfonos inteligentes en el mismo período de tiempo. A pesar de reconocer que estos números reflejan una correlación y no una causalidad, para ella esta coincidencia de eventos es suficientemente importante para ver con mucha cautela el uso de redes sociales por parte de los adolescentes.

Por otra parte, también existen estudios que llegan a otras conclusiones, como por ejemplo, en algunos países de Europa, las tasas de ansiedad y suicidio no se han incrementado en las últimas décadas, por el contrario, han decrecido [56] a pesar de haber experimentado la misma proliferación de teléfonos inteligentes. Esta informa-

---

56. https://www.ncbi.nlm.nih.gov/pmc/articles/PMC6225047/ Revisado el 24 de septiembre 2020.

ción nos invita a pensar que los datos que aplican a Estados Unidos no necesariamente son extrapolables a todos los países y que es posible que existan otros elementos que forman parte de las estructuras sociales que influyen, aparte de la aparición de los teléfonos inteligentes.

Al igual que en el tema de los videojuegos, la polarización de las opiniones que recibimos los padres con relación al efecto de las redes sociales desinforma y nos desvía de los que pueden ser los temas verdaderamente importantes de abordar si queremos tomar acciones que protejan a nuestros hijos de tener una mala salud mental.

Ante este riesgo, otro grupo de investigadores como: Amy Orben, Andrew Przybylski, Jeff Hancock, Candice Odgers, Michaeline Jensen, entre otros, se ha dedicado a estudiar si estas alarmas, así como los miedos y ansiedades que resultan de las mismas, cuentan con suficiente evidencia científica que las respalde, llegando a la conclusión de que, con los datos que existen a la fecha sobre esta materia, la realidad es mucho menos alarmante o preocupante de lo que pensamos. Lo que están retando es la creencia generalizada de que las redes sociales sean tan perjudiciales para los adolescentes como colectivamente se cree.

Esta línea de académicos no defiende que el uso excesivo no tenga ningún impacto. Por el contrario, se reconoce que el costo de oportunidad de dedicar demasiado tiempo a los teléfonos inteligentes es dejar de percibir los beneficios que se obtienen de otro tipo de actividades y esto puede resultar perjudicial especialmente para grupos vulnerables como jóvenes con problemas de salud mental.

Nos encontramos en un punto de la historia en el cual se ha hecho evidente la necesidad de poder hacer investigaciones más robustas y mejorar las metodologías [57], en las cuales se incluyan variables

---

57. La gran mayoría de los estudios realizados a la fecha son estudios transversales, es decir, que solo miden un momento específico del tiempo, muestran correlaciones no causalidades, los cuestionarios son autogestionados por los participantes, miden tiempo y frecuencia de uso pero no especifican en qué se usó ni el contexto. Tampoco existe un acuerdo sobre a partir de qué magnitud se considera que un efecto es importante.

que puedan darnos más luces sobre cómo orientar a las nuevas generaciones, así como qué tipo de perfil hace que un adolescente sea más proclive a beneficiarse o perjudicarse del uso de redes sociales. Un factor clave para estos estudios son las propias plataformas de redes sociales, ya que ellas son quienes realmente tienen toda la data sobre el uso que le dan los adolescentes y la información es mucho más precisa en comparación a la obtenida por medio de cuestionarios que la gente responde tratando de recordar lo que vio y por cuánto tiempo. Una buena noticia en este sentido es que compañías del mundo de los videojuegos ya han dado este paso compartiendo data de cuántas horas han jugado los jugadores de forma anónima, e investigadores de The Oxford Internet Institute pudieron vincular esos datos a una encuesta sobre el bienestar que sintieron luego de jugar[58]. Esto sienta un precedente para que compañías como FaceBook, Snapchat o TikTok consideren compartir data de uso que permita a la ciencia entender más y mejor la relación entre las redes sociales y la salud mental de los adolescentes.

También hace falta una actitud más ética por parte de los medios de comunicación. Muchas veces utilizan titulares sensacionalistas sobre los peligros o beneficios del uso de las redes sociales por parte de los adolescentes como una estrategia para lograr más clics en sus artículos. Y nosotros como usuarios también tener una actitud más crítica sobre lo que recibimos y compartimos, especialmente en esta era donde sabemos que los algoritmos de estas plataformas están programados para confirmar lo que identifica que pensamos.

Por lo tanto, pareciera que en este momento de la historia a nuestra generación de padres nos toca educar con investigaciones muy incipientes.

---

58. Específicamente se tuvo acceso a la data de Animal Crossing: New Horizons (Nintendo) y Plants vs Zombies: Battle for Neighborville (EA). https://www.bbc.com/news/technology-54954622 Revisado el 28 de abril 2021.

¿Qué se sabe hasta la fecha con la evidencia científica disponible?

Las redes sociales tienen un impacto en la salud mental de los adolescentes, pero no necesariamente es negativo. La magnitud de ese impacto sobre su salud mental es mucho menor a otras variables como no dormir suficientes horas, alimentarse incorrectamente, consumir marihuana y el *bullying*. Podríamos estar frente al mismo caso de lo que ya se ha demostrado sobre el efecto de los videojuegos en las conductas agresivas de un jugador, en las cuales su impacto puede ser la gota de agua que derrama el vaso, pero son otras variables las que tienen mayor impacto en el desarrollo de ese tipo de conductas.

Lo que resulta del uso de las redes sociales depende más de lo que hacen en ellas que el tiempo que le invierten. No implica lo mismo estar cuarenta minutos en TikTok viendo videos que les divierten que veinte minutos en Tellonym leyendo comentarios hirientes sobre ellos. Tampoco tiene el mismo impacto estar creando contenidos sobre un tema que les apasiona y compartirlos en VSCO que consumir videos de entretenimiento en YouTube. Como analizamos en el capítulo dos, «el qué» es una variable más decisiva que la cantidad de minutos.

Pareciera que la relación entre el uso de redes sociales y la salud mental de los adolescentes no va en una sola dirección. En una investigación realizada en Canadá, en la que se estudió alrededor de 1600 adolescentes y jóvenes entre doce y dieciséis años, encontraron que el uso de las redes sociales no predecía síntomas depresivos, pero que los síntomas depresivos si predecían una mayor frecuencia de uso de las redes sociales entre niños adolescentes [59]. Este resultado resalta la importancia de entender las causas para poder aplicar soluciones efectivas. Es diferente enfocarnos en que nuestros hijos cuenten con una buena salud mental que evolucione en una sana relación con las redes

---

59. https://www.scientificamerican.com/article/the-kids-who-use-tech-seem-to-be-all-right/ Revisado el 24 de septiembre 2020.

sociales que centrarnos en restringir o prohibir el uso de redes sociales con la creencia de que con eso ya tenemos la tarea hecha de proteger su bienestar emocional.

Finalmente, el efecto de usar redes sociales sobre el bienestar es complejo de predecir ya que se compone de dos elementos: se obtiene un beneficio, pero con un costo asociado. Es decir, el disfrute viene con un impuesto concomitante. Lo que resulte de esa relación dependerá de qué es más grande. Es como tener un negocio: si facturas mucho y los costos son bajos obtienes rendimientos, pero si los costos son más altos que los ingresos tienes pérdidas. Nuestros hijos se enfrentan a una situación similar. Si los costos de utilizar las plataformas de redes sociales exceden los beneficios que les generan, quizás conviene reflexionar sobre la conveniencia de esa relación que tienen con esa tecnología. Considero que es importante que los padres entendamos que ese vínculo que ellos tienen es muy individual y debemos ser cautelosos antes de emitir juicios que provienen de nuestros miedos. No porque alguien diga que tener redes sociales es malo quiere decir que lo sea para tu hijo, como tampoco si dice que es bueno. Eso dependerá de cada uno. Es tan complejo que hay psicólogos y doctores que dicen que sus pacientes se benefician del uso de las redes sociales por los recursos y conexiones que encuentran allí y hay otros que no [60].

Apoyarlos para usarlas de forma positiva

Hay que comenzar involucrándolos en esta conversación. Quienes mejor nos pueden decir el rol que ocupan las redes sociales en sus vidas, las necesidades que satisfacen, los retos y dificultades que encuentran, son nuestros propios hijos. Si no tenemos su *input*, podemos estar generando una serie de soluciones que no les sirvan para

---

60. https://www.nytimes.com/2020/01/17/technology/kids-smartphones-depression.html
Revisado el 24 de septiembre 2020.

nada. Con base a las experiencias que tenemos a la fecha, considero que podemos apoyar a nuestros hijos a través de los siguientes pilares:

1. Brindar entornos familiares saludables

Construir estos entornos implica muchas áreas que se escapan del alcance de este libro, pero a grandes rasgos, los padres podemos tener como norte proveerlos de un cúmulo de experiencias que incluyan: aprendizaje, hacer actividad física, tener una buena alimentación, brindar espacios de interacción con sus pares, el que aprendan a manejar sus emociones, tiempo para descansar, buenos hábitos de sueño y recibir el apoyo por parte de profesionales de la salud mental cuando se considere pertinente. Quienes lleguen mejor equipados a estas áreas pareciera que tienden a desarrollar vínculos más saludables con las diferentes redes sociales.

2. Autoestima y resiliencia

Considerando la etapa de desarrollo en que se encuentran los adolescentes y a lo que se enfrentan cuando participan en una red social, aquellos jóvenes que lleguen mejor dotados de un conocimiento de sí mismos, que sepan cuáles son sus fortalezas, que se quieran a sí mismos y se valoren, pueden enfrentar con mayor seguridad la presión de trasladar su valor a métricas artificiales como *likes* y seguidores. La idea es que no necesiten esa confirmación porque ya se sienten valorados, especialmente por sí mismos.

De igual forma ocurre con la resiliencia, sabemos que muchos entornos son difíciles, a veces crueles, y los jóvenes necesitan tener la capacidad de reponerse y seguir adelante sacando una enseñanza de ese proceso que sume de forma positiva a esa maleta de experiencias que irán llenando a lo largo de su vida.

Una historia que muestra cómo la autoestima y la resiliencia son recursos importantes en el manejo de situaciones del día a día a las cuales se enfrentan los adolescentes es lo que me compartió Loreto. Se encontraba en un debate en línea que formaba parte de un reto organizado por Acnur[61]. En la ceremonia de clausura mostraron un video con fotos tomadas durante el evento y para su sorpresa salió un *close up* de ella, en el cual salía con una cara «digna para *meme* o *sticker*» según sus propias palabras. «Era imposible no reírse. Hasta a mí me dio risa», me dijo. Averiguando cómo y por qué había llegado esa foto ahí, resultó que una compañera de la escuela capturó esa imagen de pantalla y la compartió por WhatsApp. Fernando, el creador del video, utilizó una aplicación que escoge de forma aleatoria fotos del celular y como le había llegado la imagen, sin intención se incluyó en el video. Preocupado por la reacción de Loreto, Fernando chateó con ella para explicarle todo y quedó muy sorprendido cuando Loreto, en lugar de estar enojada, no hizo sino reírse de sí misma y de cómo había salido en la foto. Además, cuando se enteró de que el video también lo habían enviado a Acnur se imaginó ganando el premio, que la organización compartiese ese video en sus redes sociales oficiales y que la invitasen a su sede para conocerla personalmente. «Guau nunca imaginé que te lo tomarías así» le dijo Fernando, a lo que Loreto, con una sabiduría maravillosa, le respondió: «Está bien. Todos sabemos cómo es Anabella (la niña que tomó la foto). Pero sí deben estar claros que no todas las personas van a reaccionar como yo. Otros, y con razón, pueden ir a reclamar a la escuela y meterlos en un buen lío. Están compartiendo la imagen de alguien sin su consentimiento». Loreto tiene razón. Esta misma historia pudo tener un final muy distinto. Sin embargo, su reacción nos habla de la percepción que tiene de sí misma, así como de su capacidad de darle la vuelta a un suceso y percibirlo como una oportunidad en lugar de una amenaza.

Conseguir que nuestros hijos cuenten con autoestima y resiliencia son procesos complejos porque se dan a través de construcciones sobre las cuales los padres no tenemos completa injerencia. No se trata de decirles todos los días que son maravillosos en todo, porque lo importante es en qué se sienten ellos realmente buenos. Habrá días

---

61. Alto Comisionado de las Naciones Unidas para los Refugiados.

que tendrán la autoestima alta y otros días que tendrán la autoestima baja. Puede que se sientan buenos en algo e insatisfechos en otros aspectos. Parte del proceso de crecer es precisamente darse cuenta de que es humano contar con fortalezas y debilidades, que todos cometemos errores y que la mejor carta que tenemos bajo la manga para enfrentar lo que nos pasa es cómo lo interpretamos y actuamos en consecuencia (el gran legado de Viktor Frankl). En esto los padres sí podemos hacer mucho y desde edades muy tempranas. Aunque es un tema extenso, no quiero dejar de compartir cuatro conductas que involucran el uso de la tecnología por nuestra parte y que considero obstáculos para que los adolescentes desarrollen la autoestima y resiliencia, que tanto necesitan en el uso de sus redes sociales:

El uso de los chats de padres de familia para resolver a los hijos problemas o retos asociados a su edad, como por ejemplo el olvido de una tarea escolar. Supongamos que una niña olvida copiar las indicaciones de la maestra para un trabajo que debe llegar al día siguiente porque en el momento en que dieron las indicaciones estaba entretenida platicando con la compañera que tenía al lado. Su mamá ya la conoce, es una conducta recurrente, y antes de que llegue a casa escribe en el chat del salón si alguien puede compartirle la foto de la tarea que hay que realizar.

¿Qué lecciones deja de obtener la niña? En primer lugar, no recibe un resultado acorde a la decisión que tomó. La consecuencia lógica de no prestar atención cuando dan las instrucciones es que al llegar a su casa no pudiese hacer la tarea. Los adolescentes necesitan tener un bagaje de experiencias en su infancia sobre lo que una elección les genera para que precisamente puedan tomar mejores decisiones.

Por otra parte, se les inhibe de la oportunidad de resolver problemas por sí mismos. Cuando nosotros éramos pequeños, también se nos olvidaba copiar la tarea. La diferencia es que en esa época teníamos que resolverlo por nosotros mismos, ya fuese pidiéndole a algún compañero la tarea durante el viaje en el transporte escolar o admitirle a la maestra que no la hicimos. En el momento en que nosotros pedimos esa tarea por WhatsApp, les estamos impidiendo aprender y desarrollar todas esas habilidades necesarias para resolver problemas. Contar con esas capacidades es de vital importancia para solucionar los múltiples conflictos que se presentan en el uso de plataformas tan complejas como las redes sociales.

Finalmente, no se les permite experimentar la sensación de logro, el sentirse capaces de resolver las cosas por sí mismos. Cada vez que hacemos algo por ellos, que se encuentra en un rango de situaciones que a su edad podrían hacer por sí solos, les reforzamos el mensaje: «Tú solo no puedes». «Sin mí no eres capaz». Todos hemos sentido la maravillosa experiencia de haber logrado algo, pequeño o grande. Se siente increíble y nos da confianza en que seremos capaces de resolver otras vicisitudes también. Nuestros hijos necesitan esas experiencias. Tener un cúmulo de recuerdos de situaciones más o menos difíciles que se les presentaron pero que ellos pudieron superar. Saberlo les permitirá ser más fuertes, capaces de enfrentar y superar situaciones difíciles en las redes sociales. No se trata de abandonarlos o no ayudarlos. Pero sí existe una gran diferencia entre solucionarles todo a apoyarlos a que por ellos mismos consigan sus propios logros.

No comprar o ceder ante cosas que no estamos de acuerdo para que pertenezcan a un grupo. Cuando desde pequeños les permitimos hacer o tener cosas vinculadas a la tecnología, a pesar de que consideramos que no es el momento apropiado, que no se encuentran preparados o que no es lo mejor para ellos y solo tomamos esta decisión por miedo a que si decimos que no nuestros hijos serán rechazados socialmente, el mensaje subliminal que podríamos estar enviándoles es: «Tú no eres capaz de ser querido y aceptado por tus pares si no tienes y haces lo mismo que ellos», «Tú, siendo simplemente tú, con tus virtudes y defectos, sin lo externo, no eres suficiente para que quieran estar contigo». Un adolescente que crece recibiendo esta creencia podría tener una relación muy complicada con las redes sociales, donde constantemente va a estar recibiendo mensajes de lo que es popular hacer y qué no. Eso va a influir en las fotos que se deciden tomar, las cuentas que van a seguir, cómo van a configurar la seguridad de sus cuentas, los riesgos que están dispuestos a asumir, incluso puede convertirlos en presas fáciles para el *phishing* y el *grooming*.

No evitarles tanto las incomodidades como esperar o estar aburridos. Con las nuevas tecnologías se ha vuelto habitual que queramos llenarles todos los espacios de tiempo transaccionales como ir en el coche, esperar por una consulta médica o incluso por la llegada de los alimentos en un restaurante con entretenimiento digital. Dentro de un rango razonable de tiempo de la vida diaria, los niños pueden utilizar esos recreos de actividad para descansar el cerebro o utilizarlo en otro tipo de actividades como observar su entorno, imaginarse cosas, soñar despiertos y pensar qué les gustaría hacer. Hasta la fecha, desconozco que se haya reportado la muerte de un niño por aburrimiento. Lo que termina sucediendo es que, luego de estar un tiempo aburridos, encuentran algo que hacer. A veces los padres tenemos la creencia de que hay que mantenerlos ocupados todo el tiempo para que no se pongan a inventar algo que los meta en problemas.

También siento que en ocasiones nos gana la comodidad, el placer individual y tenemos unas expectativas exageradas de lo quieto que tienen que estar los niños en determinadas situaciones. Es más fácil darle una tableta a un niño en un restaurante que involucrarle en una conversación que le interese participar. A veces venimos abrumados con pendientes de trabajo en el coche y se nos hace más sencillo que vean una película en lugar de enfrentar la posible incomodidad de ir simplemente viendo por la ventana. Todo esto no lo digo desde la crítica, sino que quiero compartirlo desde mi experiencia de haber tomado consciencia del valor de esos momentos en el desarrollo de hábitos saludables para la adolescencia. En la adolescencia se requiere tener momentos para pensar, reflexionar en qué personas se quieren convertir, descubrir qué aspectos les gusta de su personalidad y cuáles no, identificar cuáles de las actitudes de sus compañeros se corresponden con una verdadera amistad, quienes están con ellos solo para divertirse y quienes están para lo bueno y lo malo. Si desde pequeños desarrollamos hábitos de uso de la tecnología que incluyan desconexión, que no promuevan a los dispositivos como «tranquilizadores» y se fortalece «el músculo» de saber esperar y tolerar incomodidades, probablemente tendremos jóvenes que trasladen esas experiencias a un uso menos compulsivo de las redes sociales.

Apoyarlos en sus propios talentos y decirles en lo que son buenos, aunque se trate del mundo digital. Cada niño nace con un baúl de talentos. Muchas de estas habilidades hoy en día se expresan a través de los espacios digitales. Cuando como padres subestimamos el valor de sus destrezas y logros en el terreno digital, nuestros hijos no reciben nuestro reconocimiento por estas actividades. Es lanzar el mensaje: aprecio y valoro la parte de ti que lee libros en físico, hace el deporte que yo considero importante u obtiene calificaciones en las materias que son relevantes para mí. Pero ¿qué sucede cuando nos toca un hijo cuyas habilidades no se corresponden con esa historia?, ¿qué pasa cuando no se valora o se subestiman las destrezas para aprenderse y ejecutar los bailes en TikTok o editar una foto para Instagram, o escribir un mini blog en Reddit, o transmitir videos en Twicth mostrando cómo jugar *Minecraft*?, pues que hay una parte de la persona de nuestros hijos que no está siendo reconocida o valorada y esto es uno de los pilares para desarrollar una sana autoestima.

Desarrollo del pensamiento crítico

Aprender a pensar de forma crítica es fundamental para hacer uso de las redes sociales. Las plataformas compiten de forma férrea por obtener su atención. Crear y consumir publicaciones les hace sentir un abanico de emociones. Estar expuestos a información que puede ser real o falsa y que, además va a estar personalizada a través de un algoritmo, influye en cómo forman sus opiniones sobre diversos temas, conflictos y dilemas. Si no se detienen y piensan por sí mismos, puede ser una experiencia teledirigida, que satisface intereses y necesidades de otros.

¿Cómo podemos usar las redes sociales de forma crítica? Respondiendo las siguientes preguntas:

¿Cuáles necesidades buscan satisfacer con las redes sociales? Puede que busquen entretenimiento, socializar con sus amigos, saber qué piensan otros sobre ellos, aprender o estar informados sobre un tema de interés o querer compartir sus talentos, ideas u opiniones.

Para mí esta pregunta ha sido fundamental tanto en mi uso personal de redes sociales como para orientar a mis hijos y otros adolescentes con quienes he tenido la oportunidad de trabajar. Es una pregunta que te hace tocar tierra cuando se pierde el propósito o tenemos experiencias negativas. El ejemplo personal que utilizo con mis alumnos es mi relación con mi cuenta de Instagram. La necesidad que buscaba satisfacer cuando la abrí era poder compartir con otros padres y educadores, información relevante sobre cómo niños y adolescentes utilizan la tecnología y de qué formas podemos orientarles. Cuando comienzo a sentirme abrumada porque las publicaciones de otros me hacen sentir que no hago suficiente o me descubro enganchada con la sensación de placer que me da recibir reconocimiento con los *likes*, comentarios y ganar seguidores, vuelvo a mí pregunta original de por qué quería estar allí, cuál era la utilidad que me brindaba esa plataforma en la cual acepté participar y eso me permite volver a poner mi avión en la ruta que quiero.

Con los jóvenes lo he manejado igual. Si se abrieron una cuenta en TikTok porque buscaban divertirse, replicando las tendencias de bailes que hay allí, cuando se encuentran abrumados por no recibir retroalimentación que cumpla con sus expectativas o por invertir exceso de tiempo viendo videos de los demás, los invito a buscar la pregunta inicial: ¿por qué era que ellos decidieron estar allí?, ¿están consiguiendo lo que buscaban o se desvió hacia otro destino?

¿Cuáles plataformas pueden satisfacer sus necesidades? Una vez que están claras las necesidades el siguiente paso es pensar en la red social más indicada y cuáles de ellas se adaptan a ellos, su personalidad, sus valores y gustos, así como los diferentes niveles de seguridad que les brindan. Es como si tuvieran la necesidad de entretenimiento y socialización y deciden que ir al cine satisface ambas. A cuál cine irán depende de variables como la cercanía, opciones de transporte para llegar, popularidad del lugar, si están transmitiendo la película que quieren ver o la seguridad.

Un adolescente que está buscando mostrar sus contenidos sobre un tema de interés puede decidir cuál espacio digital es el más indicado para compartirlo y en cuál se siente más cómodo. Si son fotografías, ¿las pongo en Instagram, Pinterest o VSCO? Si por ejemplo el tener seguidores les genera presión, quizás es mejor escoger VSCO que Instagram.

Aparte de estas dos preguntas podemos brindarles un marco de referencia compartiendo cuáles son nuestras expectativas sobre sus comportamientos, publicaciones y configuraciones de cuentas:

- ¿Esperamos que sus cuentas sean públicas o privadas?
- ¿Habrá algún criterio para aceptar seguidores?
- ¿Qué elementos de las fotos, videos y transmisiones en vivo podrían comprometer su seguridad? Como por ejemplo aparecer con uniformes escolares o deportivos o dar detalle de ubicaciones donde sea sencillo localizarlos.
- ¿Qué códigos de vestimenta consideramos apropiados para los espacios digitales?
- ¿Qué temas consideramos sensibles para ser tratados por medio de las redes sociales?
- ¿Qué imágenes o videos no permitimos que se envíen a través de las plataformas de chats? Por ejemplo *nudes* y pornografía.
- ¿Qué tipo de conflictos consideramos apropiados para ser manejados en un medio digital y a partir de qué punto debe ser resuelto de forma presencial.

- ¿Cómo actuar ante comentarios negativos y crueles? ¿Qué protocolos se nos ocurre que pudiésemos activar como familia ante tales situaciones?
- ¿Cómo manejar las retroalimentaciones y elogios positivos? ¿En qué momento consideramos que pueden resultar perjudiciales?

El arte del manejo del tiempo

A pesar de que las plataformas están diseñadas para captar la atención y mantenerla, podemos enseñar y compartir estrategias para que aprendan a tomar control de las plataformas:

Tener proyectos. No importa si son de corto, mediano o largo plazo. Los mismos ayudan a darle sentido al uso del tiempo. Si el proyecto es mejorar las calificaciones en Biología del próximo semestre, un factor clave para lograrlo es invertir más tiempo a esa actividad en comparación a otras.

Tener el proyecto también ayuda a encontrar el rol de la tecnología para conseguirlo o no: ¿estar distraído *scrolling* videos en TikTok ayuda o entorpece?, ¿cuáles aplicaciones puedo instalar para evitar distracciones y lograr mejorar en Biología?

Aprender a conocerse a sí mismos. Poco a poco, si les sembramos la curiosidad, pueden ir descubriendo cuáles redes sociales representan un mayor reto en términos de gerenciar el tiempo y cuáles no. Por ejemplo, preguntarse:

- ¿En qué momento del día soy más productivo y me conviene eliminar distracciones provenientes de la tecnología?
- ¿Qué sentimientos o emociones me hacen recurrir a las redes sociales para sentirme mejor?
- ¿Qué plataformas me resultan más irresistibles que otras?

En lo personal, comparto mis experiencias con mis hijos y alumnos para hacer notar que todos estamos aprendiendo a vivir y manejar nuestro tiempo con redes sociales. Instagram, Twitter y WhatsApp son mis mayores distractores en comparación a los correos electrónicos, Facebook y LinkedIn. Por eso soy mucho más cuidadosa al entrar en esas plataformas, ya que sé que me va a costar más salir. También con WhatsApp he entendido lo distractores que pueden resultarme los grupos y con los años me he vuelto bastante selectiva en los que decido participar. Si no me aportan valor, prefiero prescindir de ellos.

Como las redes pueden verse en diferentes dispositivos no solo en el teléfono, parte de conocerse también pasa por saber cuál de estos aparatos les distrae más y en los momentos que necesitan concentración utilizar únicamente los dispositivos, programas, aplicaciones y páginas web que necesitan para realizar una tarea o trabajo y cerrar o apagar, según sea el caso, todo lo demás.

Cortar el flujo de estímulos provenientes del celular cambiando la configuración de las notificaciones. El rango puede ser desde lo más radical, como no permitirlas, hasta algo menos drástico como eliminarles el sonido y permitir que únicamente se muestren en el centro de notificaciones. También pueden hacer uso de aplicaciones que te permiten administrar distracciones como por ejemplo Forest, RealizD, Screen Time o Post Box.

Cada adolescente sabe cuál es su talón de Aquiles, cuáles plataformas les resultarán irresistibles no revisar al ver una notificación o de cuáles plataformas se les hace difícil salir una vez que han entrado.

Un punto importante a considerar es que para los adolescentes, e incluso para algunos adultos, el tema de no contestar de inmediato o «dejar en visto» tiene muy mala reputación. No obstante, considero que en el futuro podemos modificar socialmente esas normas a algo más saludable para todos. No tenemos que estar disponibles para todo el mundo las veinticuatro horas los siete días a la semana. Nuestros hijos pueden ser la generación que promueva y establezca ese cambio y los adultos debemos tratar de modelar las conductas que queremos que sean adoptadas. Un caso que ejemplifica la posibilidad de crear nuevas normas sociales es el utilizado por Nir Eyal en su libro *Indistractable* sobre lo que ha sucedido con el cigarrillo. En los 60 era socialmente aceptado llegar a la casa de alguien y sin preguntar ponerte a fumar. De hecho, era muy común que las casas tuviesen ceniceros en las salas, aunque nadie de la familia fumase. Hoy en día eso se ve de pésima educación, incluso nos sentimos en plena libertad de pedirle al fumador que no lo haga en nuestra sala o que lo haga en el jardín o en el balcón. Si nos lo proponemos, y las nuevas generaciones nos siguen, también podemos crear nuevas normas sociales relacionadas al uso de la tecnología que consideremos que traen un beneficio colectivo.

En lo personal, desde que desactivé las notificaciones en mi celular, mi relación con el dispositivo cambió, gané eficiencia, productividad y concentración. Es algo que he tratado de transmitir con el ejemplo en casa y en algunos casos he tenido éxito y en otros no. Pero no me rindo en promover esta estrategia como una forma de administrar los estímulos generados por las redes sociales y en consecuencia tener mayor control sobre los efectos que nos generan estas plataformas.

Fijarse objetivos de tiempo de actividades donde la tecnología no sea la protagonista. Nos cuesta restringirnos de las cosas que nos gustan. Incluso la restricción puede hacerlas más deseadas. En la adolescencia esto es aun más complejo. Por eso puede resultar más efectivo y motivante fijar objetivos de horas que queremos alcanzar en actividades donde no necesariamente excluya al 100 % las pantallas pero que su rol sea más de complemento. Por ejemplo: una hora al día al aire libre o una tarde a la semana para compartir con otras personas presencialmente.

Como todo esto al final es muy personal, nuestros hijos pueden experimentar con diferentes estrategias y poco a poco ir descubriendo

232 · CRECER ENTRE PANTALLAS

con qué combinación y ante cuáles situaciones funcionan mejor para aumentar su productividad.

Nos encontramos en un momento de la historia donde la información sobre el impacto de las redes sociales en la salud mental de los adolescentes todavía no está del todo claro. Sin embargo, hay luces que parecieran indicar que contar con una buena salud mental, crecer en entornos amorosos, desarrollar la autoestima y resiliencia, seguir apoyando la construcción del pensamiento crítico y promover habilidades de manejo de tiempo, son estrategias que podemos poner en práctica, mal no les van a hacer y lo mejor de todo: no está supeditado a conocimientos tecnológicos.

Recuerda que:

- En al ámbito científico no existe una sola postura sobre el impacto de las redes sociales sobre la salud mental de los adolescentes.
- Lo que se sabe hasta este momento es que hay un impacto pero no necesariamente es negativo para todos los adolescentes y lo que hacen en redes sociales influye más que el tiempo que invierten.
- Crear entornos que promuevan la salud mental puede contribuir a que la relación de los adolescentes con las redes sociales sea mejor.
- La autoestima y la resiliencia son dos «superpoderes» para enfrentar con mayor seguridad la presión por los *likes* y seguidores, tener la capacidad de reponerse, seguir adelante y sacar una enseñanza cuando enfrenten situaciones difíciles.
- Conocer para qué quieren utilizar una red social y cuál satisface mejor esa necesidad de acuerdo con su personalidad, valores, gustos y niveles de seguridad, les permite hacer un uso más consciente de estas plataformas.

- Los padres podemos compartirles un marco de referencia sobre cuáles son nuestras expectativas acerca de su comportamiento, publicaciones y configuraciones de sus cuentas en redes sociales.
- Conocerse, identificar las aplicaciones que los distraen más, y descubrir estrategias que mejor les funcionen para cortar el flujo de estímulos, son claves para aprender a manejar el tiempo y mantener la atención en sus proyectos.

 Ejercicios:

Adicional a los ejercicios incorporados en el texto del capítulo, te propongo los siguientes:

1. Platiquen en familia sobre cómo se imaginan sus vidas si no existiesen las redes sociales:
   - ¿Serían mejores, peores o iguales? ¿Por qué?
   - ¿Qué consideran que les ha sumado a sus vidas las redes sociales y qué les ha restado?
   - Si pudieran reescribir la historia, ¿qué harían diferente con respecto a las redes sociales?

2. Escriban el nombre de cada uno de los integrantes de la familia en un papel y luego seleccionen uno. Si sale su propio nombre, regresen los papeles y vuelvan a realizar el procedimiento.

   Cada integrante de la familia debe imaginar que está creando una publicación para una red social que resalte las fortalezas y todo lo bueno que ve de la persona que le tocó y presentarlo a los demás. Den rienda suelta a su imaginación en el formato, puede ser con música, usar dibujos, hacer un video tipo TikTok, historia, carrusel de fotos o lo que se les ocurra. Al finalizar la presentación los demás integrantes pueden compartir si le hubiesen añadido otras cosas. Algunas preguntas:
   - ¿Cómo se sintieron al escuchar o ver su publicación?
   - ¿Era lo que esperaban?

- ¿Qué les sorprendió?
3. Imagina que se presenta la siguiente situación:

    Tu hijo va a subir una tarea y la plataforma que utiliza su escuela no se lo permite porque la fecha límite entrega era una hora antes y se le olvidó. El profesor dijo que quien no la entregase sacaría cero de calificación y eso haría que vaya a exámenes extraordinarios, lo cual afectaría los planes familiares de las vacaciones.

- ¿Cuáles aprendizajes podría obtener tu hijo de esta situación?
- ¿Qué valor tiene para su futuro el enfrentarse a resolver este problema y hacerse responsable de las consecuencias?
- ¿De qué forma podrías apoyarlo sin solucionarle el problema?
- ¿Qué tipo de acuerdos podrían llegar a tener con él en relación a los inconvenientes que se generan sobre los planes vacacionales familiares?
- Imagínate contando esta anécdota en diez años y completa la frase: Gracias a lo que pasó, hoy mi hijo es capaz de:

_____

Bibliografía

Boyd, Danah. It´s *Complicated: the social lives of networked teens*. New Haven, CT: Yale University Press, 2014.

Canovas, Guillermo. *Cariño he conectado a los niños*. Bilbao: Ediciones Mensajero, S.A. 2015.

Collier, Anne. «Screens kids use, Part 2: Research turning a corner». *Net Family News*. https://www.netfamilynews.org/resescreens-kids-use-part-2-research-turning-corner 2020.

Damour, Lisa. Under Pressure. *Confronting the Epidemic of Stress and Anxiety in Girls*. New York: Ballantine Books, 2019.

Denworth, Lydia. «Social Media Has Not Destroyed a Generation». *Scientific American*. https://www.scientificamerican.com/article/social-media-has-not-destroyed-a-generation/ 2019.

Eyal, Nir. *Indistractable*. Dallas, Texas: BenBella Books, Inc., 2019.

Gardner, Howard & Davis Katie. *The App Generation: How today's youth navigate identity, intimacy, and imagination in a digital world*. New Haven, CT: Yale University Press, 2013.

Hancock, J.; Liu, X.; French, M.; Luo, M. & Mieczkowski, H. *Social media use and psychological well-being: a meta-analysis*. Paper presented at 69th Annu. Conf. Int. Commun. Assoc., Washington DC. 2019.

Harry, Darren. *El Efecto Compuesto*. New York. Success Books, 2011.

Hosie, Rachel. https://www.insider.com/instagrammer-arii-2-million-followers-cannot-sell-36-t-shirts-2019 5#:~:text=Instagrammer%20%40Arii%20said%20she%20failed,t%20 met%20with%20much%20sympathy. Revisado agosto 2021.

Mizuko,Ito; Candice Odgers; Stephen Schueller; Jennifer Cabrera; Evan Conaway; Remy Cross, and Maya Hernandez. *Social Media and Youth Wellbeing: What We Know and Where We Could Go*. Irvine. USA. CA: Connected Learning Alliance, 2020.

Livingstone, Sonia. *iGen: why today's super-connected kids are growing up less rebellious, more tolerant, less happy – and completely unprepared for adulthood, Journal of Children and Media*, 12:1, 118-123, https://doi.org/10.1080/17482798.2017.1417091/2018.

Orben, A., & Przybylski, A. K. «The association between adolescent well-being and digital technology use». Nature human behaviour, 3(2), 173–182. https://doi.org/10.1038/s41562-018-0506-1 2019.

Ram, N., Yang, X., Cho, M.-J., Brinberg, M., Muirhead, F., Reeves, B., & Robinson, T. N. *Screenomics: A New Approach for Observing and Studying Individuals' Digital Lives. Journal of Adolescent Research*, 35(1), 16–50. https://doi.org/10.1177/07435584198833622020.

Twenge, Jean M. «Have Smartphones Destroyed a Generation?». *The Atlantic*. https://www.theatlantic.com/magazine/archive/2017/09/has-the-smartphone-destroyed-a-generation/534198/

Parte IV
Interacciones de riesgo

Capítulo 12
Cyberbullying

«Tras la conducta de cada uno depende
el destino de todos».

Alejandro Magno

Un ratón que vivía en una granja estaba buscando comida cuando, de pronto, observó que el granjero y su esposa habían comprado una trampa para ratones.

Asustado se fue corriendo para avisar al resto de los animales de la granja.

—¡Han comprado una ratonera! ¡Han comprado una ratonera!, gritaba.

Pero ni al perro, ni a los cerdos ni a las vacas les importó, pues era algo que en principio solo afectaba al ratón.

Pasaron varios días en los que el ratón andaba con muchísimo cuidado, pues sabía que en cualquier momento podía quedar atrapado en la ratonera.

No había conseguido convencer a ningún animal para que le ayudase a encontrarla y a inutilizarla, o al menos a esconderla.

Pero una noche, de pronto, se escuchó un ruido, como si la ratonera hubiese cazado algo.

La granjera salió corriendo para descubrir que la ratonera había atrapado una serpiente que parecía muerta, pero al intentar soltarla, la serpiente pegó una sacudida y mordió a la mujer en el brazo.

El granjero salió corriendo y al ver lo ocurrido subió a la mujer al coche rápidamente para llevarla al hospital, pero al arrancar atropelló al perro que estaba durmiendo justo debajo.

Durante los siguientes días vinieron muchos familiares a ver a la mujer y, para poder dar comida a todas esas personas, el granjero decidió matar los tres cerdos que tenía.

Finalmente, cuando la mujer ya estaba curada, llegó la factura del hospital y los granjeros solo pudieron hacer frente a la misma vendiendo al matadero las dos vacas que poseían [62].

Como se observa en la fábula, ante el *bullying* muchas veces nuestra sociedad se asemeja a esta granja. Lo vemos como algo ajeno hasta que nos toca de cerca. También puede que pensemos que la solución es educar para que nuestros hijos de ninguna forma sean los ratones y con eso los salvamos de la ratonera. Pero no es tan sencillo. Hay que tener una visión global de este problema social, porque al igual que la salvación de todos los animales estaba en colaborar para desactivar la ratonera, para crear un mundo sin este tipo de agresiones tenemos que involucrarnos todos desde la unidad más fundamental de la sociedad: nuestras familias.

Comencemos por entender en qué consiste el *bullying* y qué lo diferencia de otro tipo de agresiones para luego ir profundizando en los cambios que ha introducido la tecnología e identificar la forma en la cual podemos apoyar a nuestros hijos en estas situaciones.

¿Qué es el *bullying*?

El concepto más comúnmente aceptado entre académicos, educadores y especialistas es el de Dan Olweus, psicólogo sueco considerado el pionero en investigar este tipo de agresiones entre menores de

---

62. Adaptación de la autora sobre una fábula del libro: Moreno, Eloy. *Invisible*. Nueva York: Penguin Random House, pp. 233-234.

edad. Para que un caso se considere *bullying*, Olweus estableció que deben cumplirse necesariamente los siguientes tres criterios[63]:

- Ser una agresión verbal o física entre pares con la intención de generar un daño.
- Repetirse en el tiempo.
- Existir un desbalance de poder entre el bully y la víctima.

Según diferentes investigaciones, el *cyberbullying* es el tipo de *bullying* que se da con menor frecuencia[64]. Por ejemplo, en estudios realizados en niños y adolescentes a gran escala en Estados Unidos y Noruega, en el primer país 17.2 % afirmó haber sufrido *bullying* en comparación al 5 % que manifestó ser víctima de *cyberbullying*, mientras que, en Noruega, los porcentajes fueron 10.3 % y 2.9 %[65] respectivamente. Con esta menor incidencia no quiero decir que no sea importante, ya que al final del día hay menores de edad que están siendo afectados y es una manifestación de *bullying* utilizando los nuevos medios que están disponibles para agredir.

¿Qué no es *bullying*?

Con el paso de los años, se ha generalizado utilizar el término *bullying* para describir cualquier acción que, en nuestra percepción, haya generado algún mal a nuestros hijos. También tendemos a etiquetar de *bullying* dependiendo del nivel de daño que causó una agresión. Si

63. Bazelon, Emily. *Sticks and Stones*. Random House Publishing Group. Kindle Edition. 2014, p. 200.

64. Al momento de escribir y publicar este libro no se contaban con datos del efecto del confinamiento por la pandemia en esta tendencia. Esto será un punto relevante a observar en el futuro.

65. https://www.researchgate.net/publication/254222937_Cyberbullying_An_overrated_phenomenon p. 7-8. Revisado mayo 2021.

una acción es muy cruel o genera un impacto muy doloroso para la víctima entonces lo llamamos *bullying*.

El hecho de que los chismes, bromas, rumores y dramas de los adolescentes se hayan trasladado a las plataformas digitales, ha contribuido a la creación de esta percepción en los padres, ya que muchos las confunden con *bullying* por lo hiriente o cruel de lo que ven o leen en chats o redes sociales. Sin embargo, de igual forma que no todas las enfermedades son amigdalitis mientras que la amigdalitis sí es una enfermedad, no todas las agresiones, por muy crueles y devastadoras que resulten son *bullying*, a pesar de que el *bullying* es una forma de agresión.

El drama, más común entre niñas, se caracteriza por ser conflictos interpersonales que intencionalmente buscan tener un público y utilizan las redes sociales precisamente para eso. Algunos participan por simple entretenimiento o matar el aburrimiento, mientras que otros tienen objetivos más complejos como poner a prueba una amistad o comprobar quién goza de mayor popularidad y estatus entre sus pares.

En los varones son más comunes las bromas pesadas o los llamados *pranks*, los cuales consisten en iniciar bromas con la intención de avergonzar a alguien tomando ventaja de que a través de internet y las redes sociales consiguen de forma rápida un mayor alcance.

Mientras en los dramas y *pranks* no haya una víctima y un abusador, todos los involucrados estén en capacidad de defenderse y no formen parte de un patrón de ataques repetidos en el tiempo, no constituyen una acción de *bullying*. Es como cuando dos amigos están constantemente molestándose el uno al otro para ver quién se enoja más.

Por supuesto que tanto los dramas como *pranks* pueden causar daño y están expuestos a las inesperadas reacciones de los demás.

Cabe aclarar también que es posible que un drama o *prank* sea una acción puntual dentro de una estrategia más amplia que sí cumpla con los criterios que define una conducta de *bullying*.

En términos prácticos, ¿cuál es la importancia de utilizar el término correctamente? Por un lado, el uso indiscriminado de la palabra *bullying* hace que se normalice como algo propio de la etapa de la infancia y la adolescencia. Si vemos *bullying* por todas partes ya no es una excepción. Por otro lado, crea la paranoia de que hay que protegerlos de todo y en muchos casos tanta interferencia evita que niños y adolescentes aprendan a resolver sus propios conflictos, superen adversidades por sí mismos y descubran las habilidades sociales y emocionales para manejarse entre sus pares o figuras de autoridad en los espacios donde conviven.

Por otra parte, al igual que con los términos médicos cometer errores de diagnóstico tiene consecuencias para el paciente, con el *bullying* sucede lo mismo. Subestimar cuando una víctima pide ayuda diciendo: «ahora todo es *bullying*» puede exponerlos a un mayor daño físico o emocional. También puede resultar perjudicial tratar como *bullying* una agresión que no lo es, ya que puede victimizar a una de las partes que no es completamente inocente en el conflicto. Saber a lo que nos estamos enfrentando nos permite identificar las estrategias adecuadas para abordar cada problemática.

La metamorfosis del *bullying*

La profesora y psicóloga americana Elizabeth K. Englander, señala que con el paso de los años el *bullying* ha ido experimentado una especie de metamorfosis, siendo las agresiones psicológicas más frecuentes que las agresiones físicas [66].

Las agresiones psicológicas son más sencillas y fáciles de esconder de los adultos. Si estás en un pasillo y ves a tres niños acorralando a otro frente a su casillero, es probable que te acerques a ver que todo esté bien. Pero si le voltean los ojos, lo ignoran o interfieren en una relación para que dejen de juntarse con la víctima, son territorios más complejos de identificar.

---

66. Englander, Elizabeth K. *25 Myths About Bullying and Cyberbullying*, New Yersey: WILEY Blackwell, 2020.

Según Englander[67], existen varias hipótesis para explicar esta transformación:

Excesiva supervisión e intervención de los adultos en los espacios en donde interactúan los niños. Esto por un lado ha reducido la posibilidad del *bully* de atacar a la víctima físicamente, pero en lugar de desaparecer las agresiones más bien se han desarrollado formas más sofisticadas de agredir. Adicionalmente la intervención excesiva o poco asertiva de los adultos en los conflictos de los niños, más que proteger, impide que aprendan el manejo de emociones, resolución de conflictos y vivir las consecuencias de sus comportamientos, siendo estas habilidades sociales muy necesarias para reducir los casos de *bullying*.

Menor tolerancia a la violencia física, pero mayor permisividad a las agresiones pasivas. Tanto en casa como en la escuela, los niños saben que, ante un conflicto entre amigos o hermanos, si deciden golpear la consecuencia será casi inmediata. En cambio, si utilizan un apodo, voltean los ojos, dejan de hablarle a alguien, crean cizaña entre amigos, entran en una zona gris que los adultos, no solo tendemos a dejar pasar sino que a veces, incluso puede resultar imperceptible. Además, dependiendo del contexto muchos de estos comportamientos pueden ser parte de crecer y se vuelve humanamente imposible intervenir en cada uno de ellos.

Esto no quiere decir que debemos volver a la época de los golpes o estar paranoicamente identificando cada vez que un menor hace una mueca o cuenta un chisme, pero sí reflexionar y ver si es necesario ajustar alguno de nuestros estándares sobre qué hace daño al otro independientemente de cómo se ejecuta.

El impacto de la tecnología. A través del internet y las redes sociales, los ataques psicológicos pueden distribuirse más rápido, llegar a audien-

---

67. *Ibidem.*

cias más amplias, permanecer en el tiempo y servir de escondite al agresor al poder valerse del anonimato.

Por otra parte, muchas recomendaciones que se daban para saber identificar un caso de *bullying*, cuándo intervenir y cómo abordar la situación, parecieran no ser siempre efectivas cuando estas formas de agresión ocurren en los espacios digitales.

¿Qué hace al *cyberbullying* único?

¿Conoces el voleibol de playa? En caso de que no, tiene varias diferencias con el voleibol. Te comento algunas. Hay dos jugadores en cada equipo en lugar de doce (seis en la cancha y seis en el banquillo), la cancha en la playa es más pequeña, es arena en lugar de madera o cemento, la pelota tiene colores más brillantes, es más blandita y por el ambiente puede ponerse más pesada, los entrenadores no pueden comunicarse con los jugadores mientras que en voleibol sí. Estos y otros aspectos hacen que a pesar de que ambos se llamen voleibol, sean deportes que se jueguen diferente y con reglas distintas. Si llegas a jugar voleibol de playa como se juega en una cancha de superficie lisa, es probable que no te vaya bien.

Ocurre algo similar con el *cyberbullying* al suceder en «una cancha» distinta, para entenderlo bien hay que conocer sus peculiaridades:

No siempre es clara que la intención inicial haya sido agredir. Oscar y sus amigos siempre se gastaban bromas entre ellos. Una tarde le llegó el *teaser* de la cuarta temporada de *Stranger Things* en el cual salía la Chilindrina siendo sometida a crueles experimentos para desarrollar poderes mentales como una sátira a lo que le sucedía a Once, una de las protagonistas de la serie, en el laboratorio de Hawkins [68]. Siempre habían bromeado que Patricia, una de las amigas de Oscar, se parecía a la Chilindrina, por lo que a Oscar le pareció simpático enviar el vi-

---

68. Para ver el video: https://www.youtube.com/watch?v=LPTJcF8tu4I

deo al grupo de WhatsApp que tenían, diciendo: «No quiero ser *spoiler*, pero Paty sale en la próxima temporada». Lo que sucedió a partir de allí superó la imaginación de Oscar. A alguien del grupo le pareció simpático compartirlo con otro grupo, y llegó a manos de un grupo de niñas que sentían celos de Patricia. Estas le crearon memes los cuales compartieron y subieron a Instagram y en treinta minutos prácticamente se había generado una campaña donde las burlas fueron cada vez más crueles. Patricia, aunque nunca le había afectado mucho que la comparasen con la Chilindrina, llegó a un punto donde no pudo ser insensible a lo que la gente llegaba a comentar y decir de ella. Se sintió muy triste y a la vez desesperada de no saber cómo detener aquella avalancha de doble sentidos e insultos. Al día siguiente, cuando llegó a la escuela, muchos se reían en los pasillos y cuando entró al salón de clases varios empezaron a llorar como la Chilindrina: «¡Güeee! ¡güe! ¡güeee!». La niña rompió en llanto y se fue del salón. Marisa, la psicóloga de secundaria la encontró y a partir de allí varios adultos intercedieron en la situación.

En este ejemplo podemos identificar como, aunque la intención inicial de Oscar no era agredir a Patricia, porque era una broma recurrente entre ellos, el medio digital tuvo la capacidad de hacerla llegar a manos de personas que aprovecharon la ola para atacarle, como una forma (consciente o inconsciente) de manejar los celos que sentían por ella, convirtiendo la broma inicial en otra cosa.

En los entornos digitales:

- No siempre quien inicia una acción que termina en una agresión con características de *bullying* tenía esa intención.
- Hay que tomar conciencia de que cualquier cosa que compartimos inevitablemente pasa a ser de dominio público, se pierde el control del contenido y puede transformarse en algo que le hace daño a otra persona.
- Hay personas que pueden aprovechar el potencial de internet para agredir a alguien y quedar como inocentes porque no fueron quienes empezaron.

Una sola agresión es suficiente para victimizar. En los entornos digitales, la mayoría de las comunicaciones se dan por escrito y quedan allí. Para un niño o un adolescente que recibe un mensaje, que de alguna forma lo afecta, leer un mismo comentario infinidad de veces intensifica el impacto emocional. Esto le pasó a Joaquín, de once años, quien comenzó a subir videos a su canal de YouTube sobre cómo jugaba videojuegos. Su mamá me contactó porque en uno de sus videos un usuario le dejó un comentario que incluía amenazas para él y su familia. El niño se asustó mucho porque puso detalles que lo hacían pensar que sabía dónde vivía. Pero adicionalmente, cada vez que leía el mismo comentario le daba ansiedad. Era como si se sintiese amenazado constantemente.

Por otra parte, el internet facilita compartir contenidos rápidamente. No se necesita hacer agresiones de forma repetitiva. Puedes tomar una foto o video de hace unos años, sacarlo de contexto, compartirlo en cinco grupos de WhatsApp y probablemente en menos de veinte minutos se pierde el control de la audiencia.

Las situaciones que vivimos en los espacios presenciales tienen un principio y un final. También tienen un público finito, los que se encuentran allí. Si una niña sale al recreo y cuando intenta integrarse a jugar con un grupo de compañeros estos la excluyen intencionalmente, esa situación finaliza cuando suena la campana para regresar al salón de clases; de haber testigos son quienes estaban allí, y cuenta al menos con veinticuatro horas hasta el próximo recreo para ver si la situación se repite o no. Puede que lo recuerde y sienta tristeza o dolor, pero aun así es diferente a ser agredido varias veces presencialmente. En los chats y redes sociales un insulto o una burla puede ser leído cuantas veces queramos. También puede ser visto por más cantidad de personas. Cada vez que la persona que recibió un comentario hiriente lo lee, se siente agredido, le hace daño y, saber que no tiene control sobre el público que puede ver lo sucedido, genera ansiedad.

La propiedad de la permanencia de los contenidos en el tiempo de los espacios digitales hace compleja la forma de determinar si se corresponde con una conducta de *bullying* ya que: ¿Cómo distinguir entre una broma que sin querer repetitivamente hizo daño y una agresión que quien la ejecutó sabía que no necesitaba más de un comentario para herir a otro?

La heterogeneidad de los ataques complica saber cuándo intervenir. En el patio de recreo o el en salón de clases, pegar, lanzar objetos, insultar, son formas de agredir que dan poco espacio a otras interpretaciones. Si un alumno le lanza un puñetazo a otro, uno no se pregunta: ¿será realmente un puñetazo o le estará quitando un mosquito de la cara? El entorno digital, en cambio, ha introducido una gran variedad de ataques, que dificultan poder estar al pendiente de todo lo que puede ocurrir en esos espacios. Algunos ejemplos que podrían ser *cyberbullying* son:

- Excluir intencionalmente a una persona de un grupo de chat o de un juego.
- Revelar información personal de una persona para avergonzarla y humillarla. Normalmente esa información se obtuvo en un principio bajo la confidencialidad de una amistad o una relación.
- Crear un perfil falso con la intención de generar una relación cercana con la víctima que le permita obtener información que luego pueda utilizar en los ataques.
- Publicar sobre una persona sin mencionar su nombre, pero los demás, incluyendo a la víctima, conocen perfectamente a quién se refiere.
- Circular fotografías o videos que en un principio no fueron tomados para hacer daño, pero que fuera de su contexto inicial humillan a quien aparece en ellos [69].
- Crear información falsa sobre alguien y hacerla circular por diferentes medios.
- Enviar amenazas de forma recurrente a una persona, de forma anónima o no.

---

69. Compartir fotos o videos tipo *sexting*, que se tomaron en un contexto de intimidad de pareja, no para ser compartidos fuera de ella, es una forma de agresión.

- Hacer una encuesta en una red social con la intención de hacer quedar mal a una o varias personas que aparecen en las opciones de respuesta.
- Ponerse de acuerdo para publicar comentarios negativos de forma masiva en publicaciones de una persona.
- Ponerse de acuerdo para no dar *likes* o dejar comentarios en las publicaciones de una persona, sabiendo que es algo que lo lastima.
- Dejar en visto reiteradamente a una persona en los chats.

No lo hace más fácil que las reacciones de las víctimas ante cierto tipo de ataques tampoco sean homogéneas. No todos se afectan igual si los excluyen de un grupo de WhatsApp. Hay a quienes eso no les hace ni cosquillas y a quienes se les cae el mundo. En cambio, un golpe, patada u otra agresión física, en la gran mayoría de los casos va a causar dolor en quien lo recibe. Esta heterogeneidad también es un reto a la hora de intervenir en el ámbito escolar, porque no existen estándares tan claros que permitan perfilar lo que es un ataque y lo que no.

La visualización del conflicto es ambivalente. Los ataques en entornos digitales tienen el potencial de ser vistos por más personas, quienes además pueden decidir sumarse a la ofensiva. Esto lo hace más doloroso para la víctima porque genera mayor sentimiento de indefensión y pérdida de control.

Pero, por otra parte, esas mismas «huellas digitales» que van dejando los ataques, son las que a veces permiten que los adultos nos percatemos de que un menor de edad está siendo víctima de *cyberbullying* y muy probablemente *bullying* también [70]. Las evidencias o señales que podemos encontrar en las redes sociales, correos elec-

---

70. Por lo general las víctimas de *cyberbullying* también sufren de *bullying* presencial. Es poco común que solo ocurran los ataques por medios digitales. American Psychological Association. (2012, August 4). *Cyberbullying less frequent than traditional bullying, according to international studies* [Press release]. http://www.apa.org/news/press/releases/2012/08/cyberbullying

trónicos y chats, nos permiten darnos cuenta de situaciones que, de haberse dado únicamente en el plano presencial, quizás no las hubiésemos descubierto. Martha, mamá de Rafael, un niño de doce años diagnosticado con Trastorno del Espectro Autista, llevaba meses observando que su hijo estaba más callado de lo normal y con algunos cambios de humor. Sin embargo, no quiso alarmarse porque pensó que se trataba de los cambios propios de la adolescencia. Rafael no había llegado golpeado de la escuela, ni con la camisa arrugada u otras señales de agresiones físicas típicas de *bullying*. Un día, mientras Martha utilizaba la computadora de la casa, se percató que el hijo no había cerrado su cuenta de Gmail que utiliza para la escuela y, al ir a cerrarla, le llamó la atención que tuviese muchos correos electrónicos sin asuntos y con remitentes poco usuales. Su intuición de madre la llevó a abrir uno de los correos y se encontró con la desagradable sorpresa de estar lleno de insultos, burlas y mensajes de odio hacia su hijo. Por medio de este hallazgo Martha pudo iniciar conversaciones con Rafael sobre lo que estaba pasando en la escuela, involucrar a su terapeuta y a las autoridades escolares para hacerle seguimiento al caso. «Si no es por los correos electrónicos, nunca me hubiese imaginado que mi hijo estuviese pasando por una situación así y mucho menos que los agresores fuesen quienes resultaron siendo» me confesó Martha. En este ejemplo podemos identificar la ambivalencia. Una misma plataforma le permitió al victimario realizar los ataques y a la mamá darse cuenta de la situación en la que se encontraba su hijo.

El internet crea una experiencia de ataque «light» para el agresor. En los espacios digitales quien agrede cuenta con más opciones que minimizan la probabilidad de ser descubierto. Las redes sociales, los videojuegos o plataformas de envío de mensajes permiten la posibilidad de borrar lo que se publicó. También existen aplicaciones como Snapchat donde es factible que los mensajes desaparezcan por sí solos. Puedes lanzar un ataque en una historia en cualquier plataforma que tiene esta opción a sabiendas de que solo estará allí por veinticuatro horas, o hacer una transmisión en vivo de una burla o crueldad sin guardarla y que solo sea visible en tiempo real.

Las herramientas permiten a los *cyberbullies* crear infinidad de cuentas falsas desde donde atacar «disfrazados» o encubrirse en el anonimato. Esto les crea la percepción de que es imposible ser descubiertos. Sin embargo, es importante resaltar que ambas estrategias no son infalibles porque con la tecnología actual, aunque sea difícil y complejo, siempre existe la posibilidad de dar con la persona real que está detrás de las agresiones.

El elemento de «esta cancha» de ataque que considero que incide notoriamente en la experiencia del *cyberbullyng* es que todo esto ocurre bajo una falsa sensación de privacidad, sin que tenga que ver a los ojos a su víctima y ser testigo del dolor y daño que causa. No solo aplica claramente: «ojos que no ven, corazón que no siente», sino que esta especie de distancia les dificulta medirse, detenerse e incluso, a algunos, darse cuenta de que quien está atrás de la pantalla es un ser humano y que sus acciones tienen una repercusión negativa. En la cancha presencial, incluso en las agresiones psicológicas, las señales que proporciona el entorno y las respuestas de la víctima a un ataque son mucho más obvias.

La deshumanización no solo genera ataques más fuertes también propicia que algunos adolescentes, sin la intención real de agredir, terminen haciendo comentarios o bromas que no harían en el entorno escolar, pero que, bajo la posible confusión producida por la sensación de distancia y privacidad de las pantallas, resulten siendo dolorosos para alguien. Es muy complejo para las escuelas identificar en cuáles situaciones existe *cyberbullying* y en cuáles no.

¿Quiere decir que el *cyberbullying* es imposible de identificar?

Quizás al leer la sección anterior te quedó la sensación de que tantas complejidades que resultan de los entornos digitales hacen que resulte casi imposible saber cuándo una situación es *cyberbullying* y cuándo no. Especialmente cuando es un hijo propio quien lo está pasando mal, ponerse a ver tanto detalle y variables pudiese parecer absurdo. Uno lo que quiere es detener el dolor que está atravesando su hijo y dejar de lado tecnicismos. Sin embargo, me atrevo a insistirte en el beneficio de pensar con calma y cabeza fría la situación, porque en la práctica, aunque nos resulte antinatural para nuestro instinto de padres, entender muy bien lo que sucede es lo que realmente va a permitir encontrar la mejor forma de apoyar al afectado.

Por otra parte, por muy enredado que suene, la base de los ataques tiene la misma naturaleza del *bullying* presencial. Volviendo al ejemplo del voleibol de piso y de playa, las dinámicas de ambas modalidades es la misma: pasar la pelota sobre una red con un número limitado de golpes sin que toque el piso. Entonces ante una sospecha de *cyberbullying*, es recomendable prestar atención en la conducta de quien está actuando mal y ver si se corresponde a esta dinámica social:

- ¿Existe la intención de hacer daño?
- ¿Se busca humillar?
- ¿Ocurre entre pares?
- ¿Se hace uso de una ventaja de poder sobre otro?
- ¿Hay uno más fuerte y otro más débil?
- ¿La víctima vive la experiencia como si fuese repetitiva?
- ¿Quien ataca sabe lo que está haciendo? Por ejemplo: ¿sabe que no necesita publicar más para que la víctima sufra varias veces?
- ¿Están claros los roles de víctima y victimario?

Cuando los adultos, escuela y padres de familia involucrados, no logran llegar a un consenso sobre si una situación es *cyberbullying* o no, para saber cómo proseguir, E. Englander recomienda reflexionar lo siguiente:

- ¿Es necesario llamar *cyberbullying* a esta situación para ayudar a la víctima a salir adelante?
- Si no está claro que la acción haya sido repetitiva, intencional o bajo un desbalance de poder ¿llamarlo *cyberbullying* le va a costar a la víctima la oportunidad de aprender formas de manejar y superar las dificultades sociales?

En cualquier caso, llamarlo o no llamarlo de una forma no quiere decir que haya que dejar abandonada o desprotegida a una víctima. Siempre que sintamos que un menor ha sido agredido, o que una acción haya sido cruel, hay que intervenir y brindarle el apoyo que necesite para sanar la herida y seguir adelante.

¿Qué hacer y qué no para apoyar a una víctima de bullying? [71]

Cuando los padres nos enteramos de que un hijo está siendo víctima de *bullying* por lo general tendemos a buscar dos cosas que en la práctica son poco probable que sucedan y que, además, tampoco son las más efectivas para ayudar a la víctima. La primera es poner como prioridad que se castigue al *bully*. Queremos que quien ha infligido un mal a nuestro hijo asuma una consecuencia. Sin embargo, cuando se les pregunta a las víctimas de *bullying* qué acciones tomaron los adultos, que realmente los ayudaron a superar el problema, únicamente el 7 % [72] menciona «castigar al *bully*». Esto no quiere decir que hay que dejar que se salga con la suya, pero centrar inicialmente la mayor parte de nuestras acciones, esfuerzos y estrategias en ese objetivo, no es lo que realmente va a generar un gran impacto en la víctima.

---

71. Las siguientes recomendaciones aplican tanto casos de *bullying* como *cyberbullying*. Por ese motivo, decidí utilizar el término *bullying* para referirme a ambas situaciones.

72. https://pdf4pro.com/fullscreen/the-youth-voice-project-3e2c37.html Revisado el 20 de junio 2021.

Lo segundo que queremos es que el asunto se resuelva rápido. Es natural, nadie quiere ver sufrir a un hijo un minuto más. No obstante, nos conviene ser realistas y entender que este tipo de dinámicas toman tiempo de solucionar. Es como los accidentes. Puede que nuestro hijo se cayó, sufrió un raspón en el brazo y con lavarlo con agua y jabón, ponerle árnica o quizás una bandita, con eso en unos días esté como nuevo. Pero si sufrió una fractura donde hubo un desplazamiento del radio de su brazo, a lo mejor lo que necesita es una cirugía, luego llevar un yeso por varias semanas e inclusive varios meses de fisioterapia antes de que pueda recuperar al 100 % el estado físico que tenía antes de tener la fractura. Si intentásemos resolver con árnica una lesión de este estilo, es muy probable que extendamos tanto el dolor como el tiempo de sanación de su brazo.

Aunque nuestro instinto paternal nos lleve a buscar al victimario y tratar de detener el dolor lo más pronto posible, es momento de separar las emociones que nos genera esta noticia, reconducir las energías de nuestros instintos hacia ser estratégicos, y recordar que nuestro objetivo principal es encontrar lo que va a ayudar a la víctima a salir adelante.

Entonces, ¿cómo proceder?, ¿qué señalan los especialistas como efectivo ante estas situaciones?:

La mejor defensa es la no confrontación. Si creciste en un hogar donde te enseñaron que si alguien te pegaba había que devolverle el golpe más fuerte para que te dejase en paz, no fuiste el único. Nuestra generación recibió ese consejo y quizás en su momento tenía lógica e incluso funcionó en conflictos donde había igualdad de poder o fuerzas. Pero en el *cyberbullying* o incluso en el *bullying* tradicional, consejos como «defiéndete» o busca venganza, está comprobado que más que resolver el problema lo que hace es empeorar el conflicto. Es como querer apagar el fuego echándole gasolina. Ese tipo de respuestas es justamente lo que el *bully* está esperando, le alimenta su necesidad de atención y tiende a interpretarla como que lo están retando a más. Inclusive, muchas veces es precisamente esa estrategia la que impide identificar quién es la víctima y quién es el victimario a ojos de las autoridades y en esa «nube de humo» es donde los *bullies* pueden salir airosos.

Hacerse pasar por sus hijos para confrontar o atacar al *bully* por medio de los chats o en comentarios de las publicaciones en redes sociales, tampoco resulta una estrategia de defensa efectiva porque, además de lo mencionado en el párrafo anterior, la víctima puede interpretar que lo consideramos incapaz de resolver sus problemas por sí mismo y esta percepción no contribuye a formar la resiliencia necesaria para salir fortalecido de esta dificultad.

Llamar o ponerse en contacto con la familia del agresor tampoco es una acción que los especialistas recomienden ya que es muy común que ante este tipo de noticias los padres lo asumamos como una ofensa, actuemos poco receptivos y más bien nos pongamos a la defensiva. Es decir, si la expectativa es: «vamos a llamar a los padres de Pepito para que se enteren y le pongan fin a esta situación» (e imaginar un castigo memorable para Pepito que haga justicia a lo que ha hecho), la experiencia en estos casos es que los papás de Pepito no se lo van a tomar nada bien, no harán nada y además puede empeorar la situación para nuestro hijo.

Sus amigos son el mejor recurso para salir adelante. Hablar con sus pares sobre el problema y sentir su apoyo es una de las acciones que, según las víctimas, los ha ayudado a sentirse mejor [73]. Por eso, es una idea que podemos sugerirles en caso de que no la hayan puesto en práctica. Hablar del problema *per se*, ya es una forma de ir procesando lo que ocurrió. Los amigos pueden ayudarles a tener una perspectiva más amplia de la situación, como sucedió en una ocasión con Sarah, de trece años, quien de la noche a la mañana comenzó a recibir mensajes personales muy crueles por el chat de Instagram desde una cuenta que, a pesar de que utilizaba con nombre ficticio, ella sabía

---

73. https://pdf4pro.com/fullscreen/the-youth-voice-project-3e2c37.html Revisado el 20 de junio 2021.

que venían de una compañera de clase[74]. Al platicarlo con sus amigas, le hicieron ver que esta chava estaba claramente celosa de ella porque la profesora de física la había felicitado frente a todo el salón por la posición que obtuvo en las Olimpiadas de Matemáticas, evento en el que tradicionalmente se había destacado otros años la niña que la atacaba. Según me compartió Sarah, el hablar con sus amigas no hizo que desaparecieran los ataques, pero de alguna forma le ayudó a restarle importancia: «Entender por qué podría estar Tina enojada conmigo, aunque fuese medio loco, no sé, me dio hasta un poco de lástima por ella. Su mamá es una *freak* que desde preescolar está planeando a cuál universidad tiene que entrar. Me imagino que los resultados de las Olimpiadas no la hicieron muy feliz». Otra forma de apoyo que recibió de sus amigas es que cada vez que Tina escribía algo desagradable en sus publicaciones, ellas le escribían cosas buenas o *emojis* que reflejasen algo positivo, pero sin confrontar a la cuenta falsa de Tina. El resultado era que los comentarios negativos de Tina y algunas de sus seguidoras se terminaban perdiendo entre otros positivos.

Los amigos son una pieza fundamental para apoyar a una víctima de *bullying*. El escuchar, dar consejos, brindar compañía, pasar tiempo con la víctima, hacer cosas junto a ella para distraerla del problema, ayudarla a pedir ayuda a un adulto, chatear con ella o llamarla para saber cómo está, son acciones que pueden marcar un mundo de diferencia para que la víctima se sienta mejor.

Como padres esta información también es relevante si la víctima es un amigo de nuestro hijo. Muchas veces, los adolescentes que son testigos de estos ataques no saben cómo actuar. A veces les decimos que salgan en defensa de la víctima, pero esto no es tan sencillo. Puede que sean niños o adolescentes que no quieren pelearse física o verbalmente con alguien, meterse en problemas en la escuela (lo cual es

---

74. A pesar de que los espacios digitales permiten el anonimato o la suplantación de identidad, en la mayoría de los casos las víctimas saben o tienen una sospecha que termina siendo cierta, sobre quién es su atacante.

muy común que suceda), convertirse en el nuevo blanco del agresor, sufrir pérdidas en términos sociales que, por ejemplo, afecte la tan preciada popularidad en esa etapa de desarrollo.

La buena noticia es que existen formas efectivas de ayudar a las víctimas y ser solidarios sin exponerse o salir lastimados:

- No aplaudir ni servir de amplificador de los ataques, evitando dar *likes*, escribiendo comentarios o compartiendo en grupos de WhatsApp.
- Hacerle saber a la víctima, aunque no sea una persona cercana a nosotros, que lamentamos lo que le sucedió, que no estamos de acuerdo y que no hay nada malo en él que lo haga merecedor de lo que sucedió.

¿Qué pasa si nuestro hijo en el momento que es víctima de *bullying* no tiene amigos? Sin duda es una situación más retadora porque uno no hace buenos amigos de la noche a la mañana. No obstante, en paralelo a otras estrategias, podemos ir trabajando en ofrecerle espacios diferentes a los que tiene, donde pueda ir encontrando amigos poco a poco: un nuevo equipo del deporte que practica, cursos o talleres extraescolares que le interesen, son algunos ejemplos. No se trata de cantidad, sino de relaciones de calidad que realmente sean de apoyo cuando las situaciones lo ameriten.

Escuchar, abrazar y mordernos tantito la lengua antes de hablar. Por increíble que parezca, una de las cosas que señalan los adolescentes que más les ayudó a sentirse mejor ante una situación de *bullying* fue poder hablar con sus padres sobre el tema. Recibir una noticia de este estilo puede accionar todos nuestros botones de «mamá gallina» y querer ahorcar al «escuincle» que le hizo daño a nuestro hijo. Pero nuestra forma de reaccionar es vital para que la conversación que ayuda a nuestro hijo realmente fluya y ocurra, por eso recomiendo respirar, enfocarnos en quien tenemos enfrente y posponer el manejo de nuestras emociones para después. Una vez controlado el monstruo

258 · CRECER ENTRE PANTALLAS

que tenemos dentro, centremos nuestra atención en escuchar la historia y con mucho tacto y sutileza tratar de obtener el mayor número de detalles sin caer en el extremo de parecer un detective de la policía. ¿Qué nos interesa saber?:

- ¿Qué sucedió?
- ¿Desde cuándo vienen ocurriendo los ataques?
- ¿Quién puede estar detrás de ellos?
- ¿Quién más estaba involucrado?
- ¿Ocurren también en la escuela?

Dependiendo del nivel de gravedad que percibamos de la situación descrita o si nuestros hijos nos lo piden, recibir recomendaciones y consejos de cómo actuar también ayuda a las víctimas a sentirse mejor. Con calma, no tiene que ocurrir todo en la misma conversación, podemos elaborar en conjunto una lista de acciones que nuestro hijo considere que podrían ayudarle en el conflicto siempre con el norte de que en cierto grado pueda sentirse capaz de enfrentar por sí mismo la experiencia.

Todas las amigas de María Beatriz comenzaron a vapear, pero ella no quería probar. A Federica particularmente le enojaba que María Beatriz no vapease como ellas y se enfurecía al ver que mientras más presionaba la amiga no cedía. Entonces decidió comenzar a aislar a María Beatriz. Creó otro grupo de WhatsApp de las amigas de siempre, pero sin ella, organizaba reuniones e influía en las demás para no invitar a María Beatriz y publicaba cosas que todas sabían que hacía referencia a María Beatriz, pero sin incluir su nombre: «cuando eres una *looser* y no te has enterado». Las cosas fueron escalando y su mamá notó que algo pasaba. No era invitada a nada ni ella quería invitar a nadie. Perdió el interés por la gimnasia, un deporte que amaba y practicaba con ese grupo de amigas. Estaba muy callada, comía con una mirada triste, fija en la mesa, cuando antes se la pasaba discutiendo con su hermano menor porque la interrumpía. Una noche la escuchó llorar en el baño. Tocó la puerta y María Beatriz la abrió y seguidamente la abrazó hecha un mar de lágrimas. Al compartir con su mamá lo que sucedía, luego de calmarla y apapacharla un buen rato, se pusieron a pensar qué cosas podría hacer. Definitivamente la solución no era ceder al vapeo, más bien la felicitó por su temple. María Beatriz siempre había querido probar una nueva academia de gimnasia y lo único que la retenía era estar con sus amigas así que ¿por qué no darle chance y aprovechar para conocer gente nueva? También pensaron con quién se podía juntar en la escuela en los momentos más cruciales como la llegada al colegio o la hora del recreo, al igual que ideas de cómo podía actuar en los equipos de trabajo que compartía con Federica o alguna del grupo si llegaba a sentirse agredida de alguna forma. Establecieron, por ejemplo un semáforo de conductas para que María Beatriz llevase en mente qué tipo de cosas iba a dejar pasar, o cómo podría responder sin confrontar y cuáles ameritaban retirarse, con lo cual sus padres estarían de su lado. Con frecuencia platicaban sobre cómo iba la situación y qué tan efectivas resultaban las ideas. A veces hizo falta encontrar otras.

Suena más fácil de lo que realmente fue. Requirió de mucho apoyo y trabajo terapéutico pero, cuando María Beatriz me compartió su historia, el conflicto se había solventado, ganó nuevos amigos e inclusive volvió a tener cierta relación de amistad con Federica y su grupo, aunque de forma más distante.

Avisar a la escuela y convertirla en una aliada. Al ser poco común que estos ataques se mantengan únicamente en el ámbito digital, vale la pena avisar a las autoridades competentes de la escuela para que estén al pendiente. A pesar de que debería estar dentro de los protocolos de *bullying*, es importante ser claros en que no esperamos ni queremos que propicien una mediación entre la víctima y el agresor. Eso solo funciona cuando estamos hablando de una pelea entre iguales, pero en casos de *bullying* este tipo de estrategias tiende a empeorar la situación de la víctima. Lo ideal es que estén atentos a situaciones y espacios para intervenir a tiempo en caso de que haya un incidente, apoyar a la víctima a encontrar amigos, orientarla a encontrar estrategias para manejar las situaciones que puedan presentarse, preguntarle de vez en cuando como está y que sepa que cuenta con adultos dentro de la escuela a quien acudir en caso de cualquier situación en que se sienta vulnerable. Este acompañamiento y apoyo también debe extenderse a otros actores involucrados: el generador de violencia (como veremos en el próximo capítulo), testigos, los seguidores del agresor y los amigos de la víctima.

Una escuela en la que se presentó un caso de *cyberbullying* decidió poner en marcha los protocolos de la siguiente manera. Por un lado, establecieron acciones para apoyar a la víctima:

- Todos los profesores que impartían clases a la víctima fueron informados de la situación. Tenían que prestar particular atención y asignar grupos que no incrementaran la vulnerabilidad de la víctima a los ataques sino por el contrario, la protegieran.
- Identificaron que la maestra de Biología era una de las personas con quien el adolescente mantenía una excelente relación y decidieron que ella platicara con él para brindarle apoyo, revisar cómo evolucionaba el caso y cómo se sentía la víctima. La idea es que fungiera como el adulto a quien acudir mientras estaba en las instalaciones de la escuela.
- El profesor de tecnología propuso invitar a la víctima a formar parte de un comité que estaba organizando la entrega de premios del final del curso. Dado que era muy bueno en programación, y en todo lo relacionado a plataformas tecnológicas, podría encargarse de esa área y a la vez conocer y compartir con un grupo diferente de alumnos que formaban parte del comité. Esto le ayudaría a intentar nuevas relaciones, potenciarle sus habilidades y fortalecer su autoestima.

Por otra parte, establecieron acciones para reconducir los comportamientos inadecuados del agresor:

- El entrenador de fútbol, una persona cercana a él, fue el encargado de acercarse y hacerle saber que estaba al tanto de lo que estaba ocurriendo. La conversación estaba estratégicamente diseñada para no exponer a la víctima. Como ambos adolescentes formaban parte del equipo, le expuso que ese tipo de comportamientos lo impactaban a él como entrenador porque primero, le afectaba ver que uno de los jugadores lo estuviese pasando mal, segundo, influía en el ambiente de los entrenamientos que ya no eran tan padres. El objetivo de centrarlo en él y no en la víctima es porque usualmente cuando se les reclama a los *bullies* sus agresiones contra una persona haciendo hincapié en lo que le genera al afectado, usualmente lo interpretan como un contra ataque de su víctima y por loco que nos parezca los hace sentir que está justificado volver a atacar.

  El mismo entrenador también estuvo encargado de hacerle saber cuáles podrían ser las posibles consecuencias que debería enfrentar en caso de continuar con esa conducta.

- Las psicólogas de secundaria estuvieron encargadas de acercarse al agresor para tratar de identificar qué podría estar detonando estos comportamientos y poder apoyarlo tanto a él como a su familia a sanar lo que lo estaba afectando y a manejar sus emociones sin dañar a terceros. Lamentablemente la familia reaccionó de forma negativa tratando de inculpar las acciones de su hijo, lo cual es sumamente común en estos casos, por lo que la escuela optó por hacer lo que estaba en sus manos para ayudarlo dentro de la institución incorporándolo en actividades que promoviesen el desarrollo de la empatía y habilidades sociales.

Claramente esta era una escuela que cuenta con recursos y que se ha venido preparando durante muchos años en estrategias de prevención y manejo de *bullying* y quizás no todos los adolescentes asisten a escuelas que cuenten con este nivel de preparación. Sin embargo, es algo en que los padres podemos influir, exigiendo que no solo se cuenten con los programas académicos más avanzados, la última tecnología o las instalaciones más bonitas. Hoy en día para crecer con tecnología, necesitamos que también tengan programas donde se desarrollen las habilidades sociales, emocionales y se proteja la salud mental de los jóvenes, así como tener las capacitaciones de todo el personal para estar a la altura del manejo del *bullying* que incluya estrategias de prevención, protección a las víctimas y la reconducción de conductas inadecuadas de los agresores, siendo esta última la menos común en la mayoría de las escuelas, cuando representa un bastión importante en la solución de este tipo de conflictos.

¿Y si intuimos que pasa algo, pero nuestro hijo no quiere hablar con nosotros?

Puede deberse a muchas cosas, pero es importante que no dejemos de intentar. El adolescente en el fondo aprecia que lo padres hagamos un esfuerzo por tratar de comunicarnos con ellos y eventualmente, con prueba y error, iremos aprendiendo la forma exitosa de abrir la puerta de la comunicación.

Las razones que más mencionan las víctimas por las cuales no acuden a sus padres son:

- Han sido amenazados por el agresor.
- Han pedido ayuda anteriormente y se han sentido defraudados.
- Temen que nos vamos a *freakear* y hagamos cosas que empeoren su situación.
- Temen que les quitemos sus dispositivos electrónicos porque si bien es cierto que allí ocurren los ataques, también es donde encuentran personas o comunidades que los apoya, así como entretenimiento que les alivia la carga del problema que tienen.
- Piensan que vamos a darles consejos inútiles como: elimina esa aplicación, cierra tu cuenta o defiéndete.

Para algunos adolescentes, el *reconocerse como víctima de bullying* les genera mucha vergüenza, más aun si crecen bajo la cultura o creencia que ser o mostrarse débil es algo poco valorado o reconocido en casa u otros entornos en donde se desenvuelve. Como padres podemos trabajar en mostrarnos vulnerables con nuestros hijos, compartiendo historias donde no fuimos los héroes, ganadores o triunfadores y en esos momentos ¿cómo nos sentimos?, ¿quién nos ayudó?, ¿cómo salimos adelante?

También es posible que el adolescente no quiera contar lo sucedido a sus padres como *una estrategia para protegerlos del disgusto y el dolor*, especialmente si los progenitores están atravesando un mal momento. «Mi mamá acababa de perder el trabajo, estábamos en pandemia, todos metidos en la casa. No podía llegarle con la noticia de que me estaban amenazando e insultando. Ella no se merecía eso», me compartió Mateo de quince años. «¿Y cómo se enteró?» le pregunté curiosa. «Bueno porque cuando comenzaron a amenazar a mis hermanas me asusté y decidí contarle a mi tío Juan y él fue quien me ayudó. También me dijo que le contara a mi mamá y bueno, ella no es que se puso feliz, pero si me ayudó».

En ocasiones no comparten porque no lo ven como un problema. A Celia le sorprendió la llamada de la Sub directora de la preparatoria donde estudia su hijo Javier pidiendo su presencia inmediata en la escuela. «¿Qué habrá hecho?» pensó mientras manejaba hacia la reunión. Celia jamás se imaginó lo que le iban a decir, se quedó muda. «La llamamos porque nos enteramos de que en una fiesta que hubo el sábado, un joven comenzó a correr detrás de su hijo amenazándolo con un cuchillo. Aparentemente su hijo hizo un comentario criticando que un grupo estuviese consumiendo drogas y el anfitrión reaccionó de esta manera». Cuando Celia recuperó el habla preguntó: «Disculpen ¿y cómo se enteraron ustedes de todo eso?». «Por Tellonym. Es que en realidad no la estamos llamando solo por eso sino porque además el chavo del cuchillo lo está amenazando por esta red social y ofreciendo una recompensa a quien le dé una paliza». Celia volvió a casa muy confundida. No había notado a Javier nervioso ni angustia-

264 • CRECER ENTRE PANTALLAS

do. Cuando Javier regresó de la escuela Celia se acercó a hablar con él para entender qué había ocurrido y para su sorpresa le respondió: «Mamá, nadie le hizo caso. Todo el mundo se puso de mi lado y más bien en Tellonym se pusieron todos en contra de él. Mira (y le mostro la pantalla de su celular)». Celia leyó una buena lista de insultos y amenazas, pero Javier tenía razón, no eran contra su hijo. Se creó una bola de nieve contra el otro joven. Javier nunca se sintió realmente en peligro, de hecho, hasta se mostró compasivo hacia el agresor, me comentó su mamá. Por eso, no consideró relevante contar esa historia en casa.

Hemos mencionado que no todas las víctimas de una agresión de *bullying* reaccionan igual, por lo tanto, si un adolescente no se siente en peligro o agredido, es probable que no considere necesario venir a compartirnos lo sucedido, al menos de forma inmediata.

El hecho de que la tecnología nos haya hecho más visibles las interacciones de los adolescentes, incluyendo las formas en que se agreden, puede llevarnos a pensar que la tecnología es el problema. Sin embargo, a lo largo de este capítulo hemos visto que las nuevas plataformas están sirviendo como nuevos espacios donde ocurren comportamientos que siempre han existido.

Saber que la mejor forma de apoyar a una víctima de *bullying* es a través de la formación en valores como la empatía, compasión y solidaridad, puede alentarnos a enfocar nuestros esfuerzos en ese tipo de estrategias en lugar de sentir miedo a la tecnología.

Quizás te preguntas, ¿y qué pasa con los agresores? Eso lo vamos a explorar en el siguiente capítulo.

Recuerda que:

- Para que una agresión pueda considerarse *bullying* deben cumplirse necesariamente tres condiciones:
  - Que la agresión tenga la intención de generar un daño.
  - Se repita en el tiempo.

- Exista un desbalance de poder entre el victimario y la víctima.
- No todas las agresiones que vemos en internet entre los adolescentes son *cyberbullying*, aunque sean muy crueles o causen mucho daño.
- El *cyberbullying* presenta las siguientes peculiaridades:
  - La acción inicial que desencadena los ataques no siempre tenía la intención de agredir.
  - Una sola agresión es suficiente para victimizar sin necesitar repetirse en el tiempo.
  - La heterogeneidad de los ataques y las diferentes formas de reaccionar de las víctimas dificulta saber cuándo intervenir.
  - La visualización del conflicto es ambivalente: facilita que los padres nos demos cuenta, pero sentirse expuesto hace que sea más doloroso para las víctimas.
  - Se crea una experiencia de ataque «*light*» para el agresor.
- Para ayudar a una víctima de *bullying* se recomienda:
  - Evitar la confrontación con el agresor.
  - Buscar apoyo entre los amigos.
  - Escucharlos y acompañarlos.
  - Avisar al colegio sobre la situación.
- Algunas de las razones por las cuales las víctimas deciden no pedir ayuda a sus padres son:
  - Temor a perder el acceso a sus dispositivos.
  - Miedo a que la reacción de sus padres empeore su situación.
  - Perciben que sus padres les darán consejos inútiles.
- Promover en casa la empatía, solidaridad y compasión por las víctimas es un pilar fundamental para apoyarlos en el proceso de recuperación.

Ejercicios:

1. Si te llega una publicación, historia o noticia sobre el *cyber-bullying*, compártela con tus hijos. Pregúntales:
   - ¿Qué opinan?
   - ¿Les parece exagerado? ¿Por qué?
   - La situación descrita ¿les parece una excepción o es muy común en sus entornos digitales?
   - ¿Han estado en una situación similar? ¿Cómo lo han manejado o cómo lo manejarían?
   - ¿Qué les han enseñado en la escuela sobre el *bullying* que se les ha hecho útil y qué les ha parecido inútil?, ¿por qué?
2. Haz una lista de las acciones que puedes hacer como padre de familia para influir en la disminución del *bullying* en la sociedad. ¿Consideras necesario ser una persona tecnológica para ponerlas en práctica?
3. Reflexiona sobre cómo percibes socialmente a tus hijos:
   - ¿Tienen amigos?
   - ¿Son buenos amigos?
   - ¿Crees que los apoyarían en caso de estar en problemas?
   - ¿Hace falta buscar nuevos espacios donde pueda mejorar la calidad de las relaciones que tienen actualmente?
4. ¿Conoces los programas que tiene la escuela de tus hijos para la formación de habilidades sociales, así como sus políticas y capacitaciones sobre el bullying? ¿Consideras que son suficientes o es importante buscar un refuerzo?
5. Cuando se presente una situación de *bullying* en el trabajo, la familia o entre tus amigos, acércate a la víctima y hazle saber que lo que sucedió no estuvo bien, que cuenta contigo y que no hay nada malo en él que justifique la forma en que fue tratado. Comparte esta experiencia con tus hijos si lo consideras pertinente.

Capítulo 13

El *bullying* se acaba ayudando al agresor

«Tener todas las posibilidades de hacer daño y no
hacerlo es una prueba de valor para el fuerte».

Diego Ruzzarin

Había una vez un rey súper glotón. Pedía más comida de la que podía comer y quedaban sobras por todo el castillo. La montaña de basura atrajo una plaga de ratones, por lo que el rey horrorizado convocó a sus consejeros. «Hay que traer al castillo muchos gatos», le sugirieron.

Los ratones salieron espantados pero los gatos comenzaron a arañar paredes, cortinas y muebles, convirtiéndose en un problema para el mantenimiento del palacio. «Perros, hay que traer perros», propusieron los consejeros en la nueva reunión con el rey.

Los gatos se fueron, pero los perros comenzaron a hacer sus necesidades y el castillo comenzó a apestar. «Rey, hemos analizado el problema y nuestra recomendación es traer tigres que asusten a los perros», sugirieron de nuevo los consejeros.

Los perros salieron volando del castillo, pero hasta el mismo rey estaba en pánico por el peligro de tener tigres dentro del palacio. En la nueva junta del consejo, alguien dijo: «¡Elefantes! Los tigres les tienen miedo a los elefantes».

Rápidamente llegaron embarcaciones llenas de elefantes al castillo y los tigres salieron huyendo. Pero eran exageradamente grandes para los espacios del palacio y también hacían sus necesidades por todas partes. Al consejo no le quedó otra que volver a reunirse. «Hay que salir de estos elefantes», exclamó el rey. Los consejeros se miraron y le dijeron: «Hay que traer ratones para que asusten a los elefantes».

El castillo volvió a quedar infestado de ratones. El rey pasó semanas caminando de un lado al otro de su habitación, hasta que por fin se dio cuenta de que la solución del problema estaba en sí mismo. Si dejaba de exigir cantidades exorbitantes de comida, no habría desperdicios que atrajesen a los ratones.

El *bullying* es un problema social muy complejo y podemos caer en la tentación, como le sucedió al rey de la fábula, de tratar de solucionarlo sin atender la raíz del asunto. Impedir el uso de dispositivos electrónicos, prohibir las redes sociales, vetar los videojuegos o expulsar a los *bullies* de las escuelas son acciones que no atienden la razón que detona el que un adolescente decida comportarse así. Para tener una sociedad sin *bullying*, nos toca hacer el trabajo de introspección que finalmente hizo el rey; reflexionar sobre los aspectos culturales, familiares y de personalidad que influyen para que un menor adopte estas conductas, y cómo ayudarlos para que aprendan a relacionarse de otra forma con los demás.

En este capítulo, nos vamos a concentrar en el perfil del «*bully* tradicional». No abordaremos todos los perfiles señalados por los expertos, porque se escapa del alcance de este libro. Tampoco haremos distinciones entre *bullying* y *cyberbullying*, ya que lo expuesto aplica a ambos por igual.

¿Qué factores inciden para que alguien actúe como bully?

En general, nos preocupa más que nuestro hijo sea una víctima de *bullying* y vemos poco probable, o incluso nos cuesta mucho reconocer, que podría ser un agresor. Creo que esto ocurre porque es más difícil sentir empatía por los *bullies*. Cuando a uno le llega una historia en la cual se ha causado mucho dolor a alguien nos imaginamos al agresor como alguien malvado que quiere hacerle daño a otro, lo disfruta y se divierte. Sin embargo, aunque es una posibilidad, la gran mayoría de los *bullies* son personas que están actuando de forma agresiva o inadecuada porque ellos mismos están atravesando por una situación difícil o necesitan apoyo y orientación para relacionarse con los demás de una forma sana y adecuada.

Como padres nos interesa conocer qué puede llevar a un joven a comportarse como un *bully* y cómo evitar que esto le suceda a alguno de nuestros hijos porque los *bullies* tienden a tener una vida difícil. A pesar de que veamos ejemplos de *bullies* que se gradúan con honores, entran a universidades de prestigio, logran posiciones de poder en las empresas y hasta llegan a ser presidentes de países muy importantes, son personas que tienden a tener muchas dificultades para ser felices porque carecen de relaciones humanas recíprocas basadas en el amor y el respeto, ¿qué padre desea eso para un hijo?

Aunque cada caso individual es distinto y no hay forma perfecta de predecir si un menor se convertirá en un *bully*, sí se conocen algunas variables que pueden incrementar la probabilidad de que un menor desarrolle este tipo de comportamientos agresivos.

Factores externos a la familia

Haber sido víctima de bullying. Para Federica la primaria fue un infierno. Haber sido extranjera con un acento diferente la convirtió en blanco de constantes burlas en el colegio y una vez que comenzaron a tener celulares se trasladó también a las redes sociales. Todo esto le generó muchas inseguridades y un concepto muy pobre de sí misma. Por eso, cuando pasó a la secundaria se prometió a sí misma que esa pesadilla se acababa allí, y que llegaba su momento de defenderse. Aprovechó la nueva escuela para reinventarse y convertirse en agresora en lugar de víctima, ya que en su mente esta estrategia era la mejor forma de defensa. Le fue fácil identificar a las posibles víctimas porque tenía experiencia de la «Federica de antes» y desde el primer día se valió de las redes sociales para esparcir rumores que iban subiendo de tono a medida que ella iba ganando estatus.

Muchos adolescentes, víctimas o testigos de *bullying*, adoptan la misma estrategia de Federica, si no ven en el horizonte otra forma de manejar las complejidades y retos propios de la convivencia entre sus pares.

Crecer en ambientes donde se ha normalizado el abuso. Vivir en un lugar donde culturalmente sea más aceptado el abuso o el ser más agresivo en lugar de ser pacífico.

Hay escuelas donde se normaliza y justifica la crueldad como parte de la adolescencia. Poner apodos, hostigar al débil o al que consideran diferente, se vuelve la estrategia para ganar popularidad y dominar a los demás. Por lo tanto, una forma de sobrevivir en esos ambientes tan tóxicos y ganar estatus social, tan valorado en la adolescencia, es convertirte en uno de esos líderes, aunque la forma de obtener seguidores sea a través del miedo a convertirse en su víctima.

También puede ocurrir en ambientes deportivos o culturales. Más que la actividad *per se*, tiene que ver con la cultura o los códigos socialmente aceptados que la rodea. Algunos ejemplos son las «iniciaciones o bautizos» que algunas organizaciones aplican a los nuevos integrantes, como una forma de establecer jerarquías.

Agresiones disfrazadas en los medios. En las películas o series, pero especialmente en las redes sociales, los adolescentes consumen contenidos donde se muestran bromas o retos que involucran diferentes niveles de agresión activa o pasiva, pero al espectador no le queda claro cuáles son las consecuencias sobre la persona que recibe esa broma.

También existen muchos contenidos donde adultos hacen bromas pesadas a menores de edad y viceversa, probablemente no con mala intención pero que al final contribuyen con la confusión colectiva de cuándo es broma y cuándo se lastima.

De no haber acompañamiento por parte de un adulto, que involucre la reflexión o el cuestionamiento de este estilo de bromas o retos, puede que algunos menores normalicen estas agresiones disfrazadas de bromas o incluso aprovechen esa línea gris para justificar sus agresiones. De igual forma, puede impactar en el desarrollo de la empatía y la compasión tan necesarias en el contexto del *bullying*.

Factores familiares

Haber sido víctima directa o indirectamente de violencia familiar. Crecer en entornos familiares donde hayan sufrido golpes, maltratos físicos, gritos, peleas e insultos de forma directa, o que hayan sido testigos de diferentes tipos de violencia entre miembros de la familia. Este tipo de traumas, para algunos jóvenes, puede desencadenar en conductas agresivas.

Estilos de paternidad extremadamente autoritarios. Hijos que crecen con padres muy estrictos y que, adicionalmente, son muy poco amorosos, puede influir en que el adolescente interprete que el respeto se impone a los demás y que una forma de lograrlo puede ser a través de las agresiones. Englander realizó una investigación [75] en la cual encontró que dentro del grupo de familias en las cuales el papá ejercía un estilo de paternidad autoritario, el grupo de adolescentes que se

---

75. Con base en una serie de aspectos de personalidad que los adolescentes calificaron a sus padres, Englander creó cuatro grupos de padres de acuerdo con su estilo de paternidad: autoritarios (muy estrictos y muy poco amorosos), padres con autoridad (estrictos pero amorosos), permisivos (nada estrictos pero amorosos) e indiferentes (ni estrictos ni amorosos). Del grupo de adolescentes que calificaron a sus papás con características autoritarias, 27 % se reconoció como *bully* en comparación a los otros tres estilos de paternidad que reportaron 11 % y 13 %, y 15 %; se reconoció como *cyberbully* en comparación al rango 6 % – 8 % de los otros tres estilos. Englander, Elizabeth, *25 myths about bullying and cyberbullying*. New Yersey: WILEY Blackwell, 2020, pp.106-108.

272 • CRECER ENTRE PANTALLAS

identificaban como *bullies* y *cyberbullies* era mucho mayor en comparación a los otros estilos de paternidad.

Dinámicas familiares que no promuevan el respeto hacia el otro. En los hogares pueden darse ambientes tóxicos de la misma forma que en las escuelas. A veces los papás puede que no sean agresivos, pero son permisivos ante malos tratos o faltas de respeto entre los hermanos o incluso hacia ellos mismos.

Cultura familiar que no promueva asumir responsabilidades ni rendir cuentas. Como la historia de Ángeles, una niña que a los cinco años le diagnosticaron diabetes y sus padres, por el miedo que les generaba esta enfermedad, inconscientemente le permitieron justificar o excusar conductas inapropiadas como tratar mal a sus hermanas, responder de mala forma o dejarlos con la palabra en la boca. Si le llegaban a decir algo respondía: «Me duele la cabeza», «Tengo la regla», «Dormí pésimo» y si necesitaba recurrir a algo más fuerte decía: «Ustedes no saben cómo es vivir como yo». Cuando eventualmente Ángeles tuvo un celular se convirtió en el terror de las redes sociales, porque creció con esta idea de ser libre de hacer y decir lo que se le viniese en gana, sin asumir consecuencias.

Una característica común entre los *bullies* es que en sus cabezas interpretan una situación en un contexto donde sus agresiones son justificables. Prácticamente bajo sus ojos, las víctimas son las culpables de que ellos los hayan tenido que agredir. Por eso es de suma importancia que en casa mantengamos una cultura en la cual cada miembro de la familia asuma las responsabilidades de sus actos. Puede que uno tenga un mal día, pero eso no es justificación para hablar o tratar a los demás de forma agresiva, ya sea activa o pasivamente. En caso de actuar de ese modo, lo que sigue es hacerse cargo y asumir las consecuencias. Los padres debemos ser el ejemplo, garantes de que esto se cumpla y modelar conductas como decir: «Oigan hoy tuve un pésimo día en la oficina, me duele la cabeza. Si me notan callado durante la cena no es nada personal con ustedes». Puede sonar utópico, pero lo importante es que hagamos el intento.

Ausencia de límites en la crianza. Adicional a las bondades destacadas sobre los límites en el capítulo 4, estos también preparan a los niños para aprender a vivir en sociedad, ayudan a adquirir autocontrol y los entrenan para manejar la frustración. ¿Cómo se vincula esto con el *bullying?* Un niño que crece en una ausencia total de límites en su familia, al salir de casa se va a encontrar con que el resto del mundo no funciona igual. Le cuesta más hacer amigos porque pocos querrán jugar con él si siempre hay que hacer las cosas como él quiere. Tiene poca o nula experiencia en negociar y al negársele algo es más probable que el manejo de sus emociones sea explosivo y que quiera imponerse al otro por la vía que sea. Este cúmulo de «fracasos sociales» pueden convertirse en muchos miedos e inseguridades. Detrás de la imagen que proyecta un *bully*, se podría esconder un joven que se siente frágil.

Factores individuales

Como ciertos trastornos de la salud mental. Las conductas agresivas pueden ser un síntoma detonado por la ansiedad, depresión, trastornos por estrés postraumáticos, entre otros. Por lo tanto, siempre será una buena idea consultar con un profesional de la salud mental, para confirmar o descartar que los comportamientos identificados como *bullying* sean resultado o no de un trastorno, y así poder ayudarle de manera efectiva.

Habilidades sociales por debajo del nivel de desarrollo esperado para la edad. Si se carece de aquello que es vital para la convivencia con los demás como la comunicación, resolución de conflictos, manejo de emociones, saber compartir, ceder o sacrificarse, se sale al mundo sin las herramientas necesarias y los jóvenes actúan en modo sobrevivencia.

Falta de empatía y compasión. La poca capacidad de interpretar las emociones del otro les dificulta identificar que lo que están haciendo no está siendo bien recibido o que causa más daño de lo que ellos imaginan. Por eso, a muchos niños con conductas agresivas, les cuesta reconocerlo, lo ven como bromas y que los demás exageran. Adicionalmente se les dificulta ponerse en el lugar de la víctima, imaginar cómo se siente, experimentar tristeza al ver lo mal que lo está pasando y en consecuencia, hacer algo para remediarlo.

A este respecto es importante tomar en cuenta que en el contexto en el que están creciendo estos adolescentes, la interacción por medio de las pantallas puede actuar como barrera en el desarrollo de estas habilidades si no existen las oportunidades suficientes para descubrirlas y ponerlas en práctica en espacios presenciales.

Deseo de pertenecer. Algunos adolescentes adoptan conductas agresivas para pertenecer a un grupo que también se comporta de esta manera. Les gana la satisfacción de «sentirse parte de» al posible malestar o dolor de ver sufrir al otro, así como las posibles consecuencias asociadas a esta conducta.

Situaciones emocionales como detonadores. Me quedé sorprendida cuando la madre de Daniel me mostró fotos de las conversaciones por chat que había tenido su hijo por las cuales la había citado la directora de la escuela. Conocía a Daniel desde pequeño y siempre había sido más bien un niño tranquilo, que no andaba buscando broncas con nadie. No me cuadraba esa conducta con él. Sin embargo, no se podía dejar de lado que la vida de Daniel había cambiado desde que su papá, con quien mantenía una relación muy cercana, murió de COVID-19 en menos de un mes de haberse contagiado. Trabajando con su terapeuta salió a la luz que su forma de encauzar la ira, la rabia, la tristeza y todo el torbellino emocional que traía adentro fue «pagándola» con la compañera del salón de clases que percibió más débil. El ejemplo de Daniel nos invita a reflexionar sobre todas esas situaciones difíciles que atraviesan nuestros hijos que pueden llevarlos a poner su rabia en el otro.

Como ya lo mencionamos, ninguno de los factores antes menciona-dos por sí solos son determinantes para que un niño presente comportamientos de *bullying*. Sin embargo, conocerlos nos permite, como padres, tener mayor claridad sobre qué hábitos y dinámicas podemos trabajar para disminuir la probabilidad de que alguno de nuestros hijos decida conducir sus relaciones de esta manera.

¿Cómo ayudar a un adolescente que muestra conductas de *bullying*?

Algo que me sorprendió desde que comencé a investigar sobre el *bullying* es la escasa información que existe sobre cómo ayudar a un niño que se comporta como *bully* en comparación al tema de cómo ayudar a la víctima. Quizás es porque pensamos que quien necesita la ayuda es la víctima y no el agresor, lo cual evidente-mente es importante y no hay que minimizarlo. No obstante, ayudar al agresor termina ayudando a la víctima actual y a posibles víctimas del futuro. Por eso, quise dedicar las siguientes páginas a compartir estrategias que se han probado como efectivas en este sentido, esperando que contribuyan a ir fomentando una nueva cultura en la cual, en los casos de *bullying*, también se normalice ayudar al agresor.

A continuación, algunas estrategias que los padres podemos se-guir en caso de que nos encontremos en esta situación:

Cambiar nuestros estereotipos sobre el bully. Hay que comenzar por hu-manizar a estos jóvenes y verlos a través de la mirada de la empatía y la compasión. Hemos visto que estos comportamientos son resultado de procesos dolorosos en diferentes grados y que en algunos casos ni siquiera ellos tienen control, como por ejemplo, haber crecido en un ambiente agresivo. Es muy difícil en la medida que la víctima es cer-cana a nosotros, pero es precisamente por ese otro joven que sufre que también es importante ayudar al que agrede.

Podemos comenzar por cambiar las etiquetas que les ponemos. En lugar de llamarlos *bullies* podemos referirnos a ellos como «niños o adolescentes que hacen *bullying*» o «niños y adolescentes que presentan conductas de *bullying*». ¿En qué incide este cambio de terminología? Pues que en el inconsciente ponemos al individuo primero y creamos una brecha entre su identidad y su comportamiento. Ya no es una sentencia.

No pasar por alto ni minimizar las alertas sobre conductas de bullying. Sin discusión, es muy doloroso enterarse que un hijo a quien amamos con todo nuestro corazón haya agredido de alguna forma a un compañero. Cuesta creerlo y aceptarlo, porque lo hemos visto crecer y nos parece imposible imaginar que haya hecho lo que nos cuentan. A veces puede que suceda en nuestras narices y ese amor nos impide reconocer que estamos frente a señales de alarma. Considero que algo que nos puede ayudar a afrontarlo de otro modo es reconocer que ignorar el problema, restarle importancia o no tomarlo en serio, solo va a agravar la situación de nuestro hijo. Hacerle frente es una acción que será al final más congruente con ese amor que sentimos por ellos.

Algunos padres cuando reciben esta noticia sienten que de alguna forma se les está juzgando o señalando por no haber hecho algo bien, que no son buenos papás y eso los pone a la defensiva. Considero que, hasta cierto punto, es natural sentirse así. A ningún padre le enorgullece que un hijo haya cometido un error. No obstante, es importante que reconozcamos nuestras emociones y las trabajemos para que no obstaculicen lo verdaderamente importante que es ayudar a nuestros hijos a aprender y corregir esa conducta.

Mónica, una mamá que atravesó esta situación, me compartió cómo entró en una espiral de culpa y vergüenza: «Desde que nos llamaron de la escuela, mi esposo y yo pasamos noches pensando en qué habíamos hecho mal o qué debimos haber hecho diferente. No entendíamos cómo Pablo había sido capaz de hacer algo así». Muchos padres pueden sentirse como Mónica, pero en mi opinión, es poco probable que lo que hayan hecho, o dejado de hacer, haya tenido la intención de generarle un daño a su hijo o al hijo del otro. Mejor enfocarse en agradecer que se dieron cuenta a tiempo y no más tarde, para de una vez poder ayudar al adolescente en lo que sea que haya causado ese comportamiento y que aprenda a relacionarse de formas que le traigan mayores satisfacciones y espacios de felicidad.

Acercarnos con calma a hablar con nuestro hijo. Es imperativo entender lo que pasó para dar en el clavo en cómo ayudarlo. Es necesario crear un ambiente de confianza. Si llegamos hechos unas fieras, con gritos y señalándolo como una mala persona u otro tipo de etiquetas, es poco probable que se den las condiciones correctas para tener una buena comunicación. O si perciben que llegamos a la conversación disculpándolos, puede resultar igualmente perjudicial ya que pueden aprovechar esto para victimizarse, con lo cual tampoco llegaremos a la raíz del problema.

Con un ambiente lo más ecuánime posible, la idea es tratar de explorar sin juicios qué fue lo que sucedió desde su perspectiva. En ocasiones, los adolescentes no siempre saben reconocer la diferencia entre una broma y el *bullying*, así como las serias consecuencias que pueden tener para la víctima. Es importante explorar qué tan claro tienen el concepto, enfatizar que ese tipo de conductas son muy perjudiciales para ambos: víctima y agresor y ser muy claros en que ese tipo de comportamiento es inaceptable. Por ejemplo, podemos indagar aspectos como:

- Me llamó la atención que el otro día, mientras estaban jugando videojuegos, todos se estaban burlando de Simón. ¿Cómo crees que se siente sobre ese tipo de bromas? ¿Cómo te sentirías tú si te las hicieran a ti?
- Me comentaste que es muy chistoso cómo Julia se enoja cuando se le hacen bromas sobre su cabello. ¿Sobre qué bromean exactamente? ¿Por qué crees que se enoje tanto? ¿Cómo sabes si lo que para ti es una broma realmente le está haciendo un daño?

Hay que tratar de encontrar la mejor combinación posible entre ser firmes, pero a la vez transmitir que estamos allí con la intención de ayudarlos a cambiar esa forma de actuar.

Explorar las razones detrás del comportamiento. Luego de escuchar su versión de los hechos, y tener una idea de cómo la interpretan, es importante pasar a lo más complejo de estas situaciones: identificar el detonante. Se puede iniciar desde aspectos generales a temas más específicos:

- ¿Cómo te has sentido últimamente?
- ¿Qué tal te llevas con tus amigos?
- ¿Te estás juntando con un grupo nuevo?
- ¿Alguien te ha molestado o se ha metido contigo?
- ¿Te sientes presionado por algo o por alguien?
- ¿Hay algo que sientas que te hace enojar?
- ¿Te has sentido frustrado por alguna situación?

Cada familia conoce procesos particulares que también puedan estar afectando y los puede incluir en estas conversaciones como, por ejemplo: mudanza a un nuevo lugar, cambio de escuela, separación de los padres, un entrenador con quien no se lleve bien, mayor exigencia académica en ese curso escolar, que sus amigos de siempre se hayan cambiado de escuela, la muerte o enfermedad de una persona cercana, entre otros.

En ocasiones también es de ayuda para los padres preguntar y escuchar la opinión de otras personas que estuvieron involucradas en la situación o que conozcan a sus hijos en otros contextos diferentes al familiar. De ellos puede surgir información muy valiosa para determinar la fuente que desata las conductas agresivas.

Asimismo, es buena idea involucrar a expertos que puedan confirmar o descartar dificultades de aprendizaje, trastornos de ansiedad, depresión, falta de habilidades sociales, que pudiesen ser la causa de estas conductas.

Establecer consecuencias que transformen la experiencia en algo formativo. Independientemente de las causas de la conducta y entendiendo que es un proceso que puede tomar su tiempo, el adolescente necesita ayuda para entender y dimensionar el impacto que tienen sus acciones sobre otros.

Primero, que no quede duda de que el *bullying* es inaceptable en cualquier formato. Mensajes claros y simples: «si ves que lo que estás haciendo o estás por hacer le hace daño a alguien es momento de parar o no hacerlo, si una broma es graciosa para ti, pero no para quien la recibe, ya deja de ser gracioso».

Segundo, establecer una actividad que enseñe empatía y habilidades sociales. Algunos ejemplos:

- Crear una cuenta en una red social como Instagram o TikTok, que publique contenidos sobre cómo se siente ser víctima de bullying. Esta es una idea de formato, pero puede ser en cualquier otro, desde un póster hasta una canción.
- Ver una serie o película que trate sobre el *bullying* y analizar los personajes y sus acciones. ¿Cómo se siente la víctima?, ¿Qué le dicen sus expresiones, lenguaje corporal o tono de voz sobre cómo se está sintiendo? Imaginen cómo podría ocurrir una escena similar, pero en una red social, ¿qué diferencias hay?, ¿qué signos podrían ser señal de que el interlocutor se sintió mal por algo que sucedió?, ¿de qué formas podría solventar las limitantes de comunicación?
- Hacer una investigación sobre un personaje de su interés que haya sido víctima de *bullying.*
- Identificar destrezas o fortalezas del adolescente y encontrar espacios y experiencias donde pueda utilizarlas para ayudar a otras personas. Si es buenísimo con la guitarra, ¿podría dar clases de música en una casa hogar? Si es muy hábil en un deporte, ¿podría ayudar al entrenador de la categoría de edades más jóvenes? Si es muy bueno en los videojuegos, ¿podría ayudar a sus tías a configurar las cuentas de los primos menores y ofrecerse a jugar

con ellos para supervisar y enseñarles aspectos de la seguridad en esos espacios?

Tercero, evaluar si aplicar una consecuencia que limite el uso de dispositivos por un tiempo va a ayudar o entorpecer el proceso. Algunos lineamientos para tomar esta decisión pueden ser:

- ¿Habíamos sido claros desde el principio sobre cuáles eran nuestras expectativas de uso y comportamiento en el dispositivo y los espacios digitales?
- ¿Hemos invertido tiempo en formarlo sobre ciudadanía digital?
- ¿El tiempo sin dispositivos le va a ayudar a aprender sobre las consecuencias de utilizar de forma inadecuada esta herramienta o por el contrario va a bloquear los canales de comunicación que nos permitirán entender las raíces del conflicto?
- ¿Qué tan relevantes son sus dispositivos para lidiar con sus dificultades? ¿Cuenta con otros mecanismos, estrategias o herramientas?
- ¿Podemos llevar nuestras rutinas cotidianas sin que tenga sus dispositivos? Por ejemplo, ¿podremos ponernos en contacto con él cuando queramos o terminaremos quitando esta consecuencia antes de tiempo porque no tendremos forma de saber a qué hora hay que recogerlo de sus entrenamientos?
- ¿Qué período de tiempo sin el dispositivo consideramos formativo?
- ¿Estamos en capacidad de hacer cumplir esta consecuencia durante ese tiempo?
- ¿Consideramos indispensable que deje de usar sus dispositivos para que aprenda de esta experiencia? ¿Por qué?

Cuarto, ayudarlos a compensar a la víctima por el daño causado. Hago la salvedad que no todos los casos se prestan, ni todos los adolescentes están listos para esto, así como también es posible que la persona afectada no desee recibir ningún tipo de disculpa. Pero en el caso de que sí y que genuinamente les interese hacerlo podemos apoyarlos de diferentes formas:

- Orientarlos sobre la manera en que pudiese ofrecer una disculpa a la persona que lastimó de forma privada, para evitar que alguien se sienta avergonzado o humillado; asumiendo su responsabilidad por lo que pasó y asegurando que no volverá a ocurrir.
- Explorar de qué forma pudiese enmendar los daños, bien sea ayudando a reparar o reponer objetos que se hayan afectado como resultado del *bullying* y en el caso del *cyberbullying*, aunque es más complejo, indagar estrategias que pudiesen ayudar a mejorar el status quo de la víctima dependiendo de la naturaleza de la agresión. Por ejemplo, si creó un rumor, se puede evaluar si es conveniente desmentirlo o si esa acción va a activar de nuevo los ataques de otras personas.

Armar un plan de acción. Cada caso de *bullying* es único y hay que analizarlo como tal. Habrá unos más sencillos que otros, pero por lo general el proceso de ayudar a un adolescente a relacionarse de forma diferente toma su tiempo. Las ideas anteriores son un comienzo y debo aclarar que todo esto, que suena muy fácil y práctico en el papel, no necesariamente resulte tan sencillo llevarlo a la práctica.

Con las expectativas ajustadas, crear un plan de acción puede ayudar a mantener el norte y no perdernos en el camino. Aunque el detalle se escapa del propósito de este libro, comparto algunas ideas generales de la estructura que podría tener:

- Tener identificadas las posibles causas de la conducta.
- ¿Qué es necesario cambiar?
- ¿Qué habilidades se necesitan reforzar?
- ¿Cómo podría lograrse?
- ¿Cuáles serán los próximos pasos para que esto suceda?
- ¿Quién puede ayudarnos?

- ¿Quién es importante que se involucre?
- ¿Cuáles serán las consecuencias inmediatas si vuelve a involucrarse en una situación de *bullying*?

Recordemos también que son seres humanos y, por lo tanto, una vez iniciado cualquier proceso es posible que mientras se adoptan nuevas formas de manejar sus emociones, resolver sus conflictos o cualquier otra habilidad, reincidan en algún tipo de conducta agresiva. A pesar de la dificultad, como padres mantengamos la calma, tengamos paciencia y firmeza. Mantengámonos presentes para que sientan que seguimos al pie del cañón con ellos.

¿Y si la conducta es por una situación que viene de casa?

Como mencionamos en la sección de los posibles factores que influyen en que un adolescente se comporte como *bully*, la violencia en el entorno familiar es uno de los componentes que puede estar detrás de estas agresiones. En estos casos, es muy complejo porque no se cuenta con el invaluable apoyo en casa para poder atender las necesidades que tiene el joven.

Otra situación frecuente, es que los padres estén dispuestos a hacer las actividades que solo involucran al hijo como llevarlo a terapias, pero muy poco abiertos a modificar conductas o dinámicas que los involucren a ellos y puedan estar incidiendo en el adolescente. Esto, aunque es menos grave que la violencia, también puede ser un obstáculo para conseguir cambios.

Entonces ¿qué procede?, ¿los dejamos a su propia suerte?, ¿volteamos para otro lado?, ¿qué los expulsen y que se las arreglen en el siguiente colegio? Probablemente cada uno opinará desde su trinchera. Lo que yo he reflexionado es que, no ayudar a estos jóvenes, al final nos afecta a todos, lo queramos o no. Por eso, la solución que les ofrezco es que los adultos que de alguna manera forman parte de la vida del menor fuera del ámbito familiar les brinden la ayuda que no va a recibir en su casa. Por supuesto que son casos mucho más difíciles, retadores y con sus limitantes, pero siempre será mejor para la sociedad que reciban ayuda y no estimar el caso como perdido.

Por lo general los adultos que pueden asumir ese rol se encuentran en las escuelas, equipos deportivos o culturales en los cuales participen, así como familiares cercanos.

¿De qué formas pueden intervenir? Antes que nada, transmitiendo que están allí para ayudarlos y que sepan que no creen que ellos son malas personas, pero que sí necesitan cambiar la forma de comportarse con los demás.

Dependiendo del caso, la idea es poder replicar alguna de las ideas que vimos anteriormente, pero con los recursos que se encuentren disponibles como: departamentos de psicología, proyectos escolares donde puedan poner en práctica algunas de sus fortalezas, programas deportivos para experimentar el espíritu de equipo o cualquier actividad que les sirva de refugio ante los problemas en casa y de formación para vincularse con los demás de manera positiva.

El *bullying* es una dinámica social que se aprende y que está ligada a valores, códigos morales y de conducta de la sociedad, entre los cuales se incluye el guardar silencio, no alzar la voz ni decir nada a una autoridad, seas la víctima o los testigos de la agresión. Esto es muy relevante porque todo lo que se aprende se puede desaprender y porque si, como padres de familia, tomamos la firme decisión de promover valores como la empatía y compasión, que sancionen el abuso con las minorías podemos heredarles una sociedad a nuestros hijos y nietos con menos *bullying*. Esta dinámica social no va a desaparecer expulsando a los *bullies* de las escuelas, negando dispositivos a menores de edad o desapareciendo las redes sociales o los videojuegos. Si verdaderamente queremos un mundo sin *bullying*, el cambio debe venir desde adentro, desde las bases morales de cada una de nuestras familias.

284 • CRECER ENTRE PANTALLAS

Recuerda que:

- La gran mayoría de los niños y adolescentes que se comportan como *bullies* están atravesando una situación difícil o necesitan apoyo y orientación para relacionarse con los demás de una forma saludable.
- Ayudar a un agresor indirectamente incide en el bienestar de una o varias víctimas.
- Haber sido víctima de *bullying*, o crecer en comunidades donde se haya normalizado el abuso, puede influir en que un menor se comporte como *bully*.
- En el ambiente familiar, situaciones como: violencia (directa o indirecta), estilos de paternidad extremadamente autoritarios, permisivos o negligentes, normalizar la falta de respeto entre los integrantes de la familia, no asumir la responsabilidad por nuestras acciones y la ausencia de límites, pueden incidir en que un menor adopte conductas tipo *bullying*.
- La presencia de ciertos trastornos de salud mental, el rezago en el desarrollo de habilidades sociales, la falta de empatía y compasión, así como la búsqueda por pertenecer a un grupo o ganar popularidad a través del control, son factores que podrían incrementar la probabilidad de que un menor se comporte como *bully*.
- Si un menor presenta conductas de *bullying* podemos apoyarle por medio de las siguientes estrategias:
  - Verlos a través de la mirada de la empatía y la compasión.
  - No pasar por alto ni minimizar las alertas sobre este tipo de comportamiento.
  - Acercarnos calmadamente a hablar con el agresor, sin culpar ni victimizar.
  - Explorar las razones que están detrás del comportamiento.

- Establecer consecuencias que le ayuden a entender y dimensionar el impacto que tienen sus acciones sobre otros.
- Armar un plan de acción a largo plazo.

Ejercicios:

1. Crea un plan de acción que cubra los elementos de la página 281 para la siguiente situación (Nota: asume los aspectos que necesites y que no se encuentren en la descripción):
   - Carola se creó un perfil falso en Instagram haciéndose pasar por un niño. Desde esa cuenta contactó con Mariela, una niña de su generación y pasó semanas chateando y ganándose su confianza. Cuando estaba con su grupo, todas chateaban con ella y se burlaban de sus respuestas. Un día, Carola tomó fotos de los chats y comenzó a compartirlos por diferentes redes sociales para dejar a Mariela en ridículo.

2. Ver en familia películas que incluyan personajes con conductas de *bullying* como Wonder o Cruela e intercambiar opiniones sobre:
   - ¿Qué conductas reflejan comportamientos de bullying?
   - ¿Por qué consideramos que se comportan así?
   - ¿Tenía otras opciones? ¿Cuáles?
   - ¿Qué haríamos nosotros en su situación?
   - ¿Cómo actúan los personajes alrededor de la persona que se comporta como *bully*?
   - ¿Podrían influir en ellos de forma positiva? ¿Lo hicieron? ¿Por qué?
   - ¿Cómo consideramos que podríamos haber ayudado a este personaje?

3. Debatir en familia las siguientes afirmaciones:
   - «Ser débil es malo».

- «El fin justifica los medios».
- «Ser diferente es bueno».
- «Las bromas de antes ahora son *bullying*».

Capítulo 14

Mándame tu pack

«Es difícil convencer a un adolescente que encontrará problemas mucho más difíciles que los de álgebra o geometría».

EDGAR W. HOWE

Hace tres años tuve una Semana Santa muy particular. Por casualidad me contactaron tres familias por diferentes medios, de distintas ciudades, pero que compartían algo en común. En los tres casos, sus hijas menores, entre trece y quince años, habían compartido fotografías y videos íntimos con jóvenes con quienes mantenían una relación sentimental.

Los padres estaban desesperados por recuperar esas imágenes y eliminarlas. Reparar lo sucedido y volver a su vida cotidiana. Tristemente, esa es la única solución que no puedo ofrecerles cuando me contactan por un caso de *sexting*, se haya viralizado la foto o no. En el mundo en el que crecen nuestros hijos, una vez que envías algo a través de internet se pierde muy fácil el control de lo enviado. Cada vez hay más leyes y a las plataformas web se les exigen más cosas para prevenir y mitigar cualquier daño, pero la realidad es que van muy lento y resultan insuficientes para lo que enfrentamos los padres; por más filtros que instalemos y por más control que creamos tener revisando sus teléfonos, si ellos tienen la motivación de hacer estos envíos cualquier medida se queda corta.

De todos los trabajos que hago, ayudar a las familias que atraviesan la experiencia de que sus hijos hayan pedido, enviado o reenviado fotos tipo *sexting*, es lo que más me parte el alma. Por un lado, es muy frustrante estar en esa situación de indefensión, la pérdida de control sobre imágenes donde ves a tus hijos en posturas y haciendo cosas como nunca los imaginaste, ni quisiste haber visto. Y por otro, el estado de confusión, no entender qué hicimos mal o dejamos de hacer como padres para llegar a la situación en la que estamos. Una de las lecciones que me llevo después de acompañar a estas familias, es que es algo que a todos nos puede pasar. He atendido casos de jóvenes buenos estudiantes, deportistas, algunos líderes estudiantiles, hijos de las mamás vocales de los salones, hijos de directoras de escuelas, estudiantes becados, es decir, son hijos de familias y alumnos de escuelas de quienes «se esperaba» que no enviaran, pidiesen o distribuyesen *packs*, pero al final de cuenta, y como veremos más adelante, son niños y adolescentes con un cerebro en pleno desarrollo y toman decisiones con una corteza prefrontal fuera de calibre para medir el riesgo que están tomando.

Estas familias se convierten en el centro de críticas y juicios por todas partes. De repente todo el mundo tiene una explicación de por qué sus hijos actuaron como actuaron. Tienen que ser testigos de cómo esos amigos, con quienes compartieron comidas los fines de semana, ahora les piden a sus hijos que mejor no se junten con los suyos, por aquello de la reputación. Hay colegios que expulsan a los alumnos cuando se conoce que enviaron estas fotos. Ya no son bienvenidos así, con ese pasado a sus espaldas, y en la nueva escuela a la que van, también los espera una comunidad de padres que ya sabe lo que pasó, así se muden de ciudad o país.

Es tal la escasez de recursos a donde pedir auxilio o ayuda ante esta situación, como serían los amigos, la familia o la escuela, que se vive en silencio o se pide ayuda por internet a una persona extraña como yo, por ejemplo. El eterno dilema de las redes sociales, muy malas para algunas cosas, pero muy buenas para generar estos contactos, que te dan la sensación de que puedo preguntar por Instagram aquello que no puedo consultar en el café con mis amigas.

De estas múltiples experiencias con familias y colegios, he entendido dos cosas que sugiero atender: Primero, los factores externos e internos que influyen en que los jóvenes envíen *nudes*, para identificar en qué aspectos de nuestra vida familiar podemos influir para minimizar las probabilidades de que lo practiquen y, segundo, los valores o principios que debemos promover para enfrentar este tipo de experiencias con resiliencia.

¿Qué es el *sexting*?

El *sexting* es el envío de fotos o videos, en los cuales la persona aparece desnuda, con poca ropa, en lencería o en posiciones eróticas, se mandan de forma voluntaria a través de un dispositivo electrónico con conexión a internet.

Recibe diferentes nombres: *packs, nudes, sexts, dick pics* (fotos de un pene erecto) que van cambiando de nombres a medida que los adultos vamos aprendiendo sobre estos temas. Usar códigos es una estrategia de los adolescentes para conseguir privacidad.

Por lo general, los adolescentes que lo practican van de menos a más. Por ejemplo, envían una foto mostrando únicamente su ropa interior, sin que aparezca su cara y ven que no pasa nada y entonces van decidiendo mostrar cada vez un poquito más. El tema que no ven es que la consecuencia de enviar el *sexting* puede no ser inmediata. La foto puede viralizarse cinco años después cuando incluso ya tengan una nueva pareja.

Existen varios mitos en cuanto al *sexting* seguro. Los más comunes son: «enviar un *nude* sin cara o marca que te puedan reconocer como un lunar o tatuaje, para que nadie pueda identificarte en caso de que se pierda el control de la foto». Tristemente vivimos en el mundo donde ese tipo de cosas realmente no importan. Si a todos nos da la gana de creer que quien aparece en la foto es una persona en particular, poca gente se pone a cuestionarse si en realidad es o no. Otro mito es utilizar plataformas específicas con mayor seguridad, donde los datos van encriptados, desaparecen las imágenes y evitan que se compartan como, por ejemplo, CoverMe. El problema con esta creencia es que las plataformas no pueden evitar la conducta humana. En sus mismos términos y condiciones especifican que ellos no tienen la capacidad de eludir al 100 % que quien reciba la imagen tome foto de la pantalla, la grabe y la comparta con otros. Es decir, si hay una mala intención, allí ya no llega la protección de la tecnología.

Las investigaciones sobre el *sexting*[76] muestran que aproximadamente el 15 % de los adolescentes entre doce y diecisiete años han enviado al menos un *sext* y alrededor de un 27 % han recibido al menos una de estas imágenes. Quizás los porcentajes pueden parecernos bajos, pero hay que recordar que estos números hacen referencia a personas, niños y jóvenes y que, por muy baja que nos parezca la incidencia, detrás de cada uno de ellos hay seres humanos. Por otra parte, cuando se traduce en números absolutos, de una escuela que cuente con cien alumnos por generación en esos grupos de edades (seiscientos alumnos), estamos hablando de noventa posibles fotos con potencial de viralizarse. Es un número importante. Por eso, cuando me dicen «en esta escuela no hemos tenido casos de *sexting*», en realidad no es que no los hayan tenido, sino que, de los que hay, ninguno ha salido a la luz hasta ese momento.

La práctica del *sexting* se ha incrementado en los últimos diez años, probablemente por el acceso a los teléfonos inteligentes y el crecimiento del número de plataformas de comunicación que les permite compartir estos contenidos con un supuesto sentido de mayor privacidad y seguridad. Otra tendencia que he notado es que, hace cinco años, prácticamente todos los casos que trabajaba con las escuelas ocurrían en secundaria y ahora comienzan a suceder con niños de

76. Madigan S, Ly A, Rash CL, Van Ouytsel J, Temple JR. Prevalence of Multiple Forms of Sexting Behavior Among Youth: A Systematic Review and Meta-analysis. *JAMA Pediatr.* 2018;172(4):327–335. https://pubmed.ncbi.nlm.nih.gov/29482215/

primaria alta (a partir de los once años). Mi hipótesis es que puede estar relacionado con que cada vez les damos teléfonos inteligentes a los niños a edades más tempranas[77] y que culturalmente todavía es poco común trabajar en la educación del buen uso de la tecnología, así como de la sexualidad afectiva.

Entre los adolescentes que practican *sexting* no existe una diferencia significativa entre niñas y niños, el porcentaje es muy similar. Sin embargo, cuando se viralizan por lo general a las niñas les va peor que a los niños, especialmente en contextos culturales donde todavía prevalece el machismo y existen otras construcciones sociales y culturales. Una vez, colaborando con una escuela para resolver un conflicto generado por el envío de *nudes,* me tocó presenciar la escena en la que un padre de familia, cuyo hijo había solicitado y distribuido fotos de una alumna, lo defendía y exculpaba con orgullo porque su hijo era «todo un macho» y la culpable era la joven por «zorra» y otros calificativos que no quiero escribir aquí.

Los varones tienden a solicitar más este tipo de imágenes que las niñas porque su manejo de la sexualidad es diferente. Cuando las niñas lo piden, por lo general es después de haber enviado una de ellas, porque creen que es parte del guion, pero el circuito erótico de la mujer se activa más a través de la conexión emocional. Esto no quiere decir que los varones son los malos, sino que en el manejo del erotismo, el *sexting* encaja mejor en el hombre que en la mujer. Las niñas que se involucran en el *sexting* por lo general lo hacen por motivaciones diferentes que no tienen que ver solo con querer mirar los órganos sexuales masculinos.

El *sexting* se considera una actividad de alto riesgo durante la infancia y la adolescencia porque, además de estar asociado a otras conductas de riesgo en el manejo de la sexualidad, si los contenidos comienzan a compartirse sin consentimiento de la persona que aparece en la foto, evoluciona a casos donde hay humillaciones, *bullying,*

---

77. Mascheroni, Giovanna & Ólafsson, Kjartan. (2014). Net Children Go Mobile: risks and opportunities. Second edition. Milano: Educatt. 10.13140/RG.2.1.3590.8561. https://www.researchgate.net/publication/283320908_Net_Children_Go_Mobile_risks_and_opportunities_Second_edition_Milano_Educatt

cyberbullying y la víctima puede sufrir ataques de ansiedad, depresión, ataques de pánico y en casos graves considerar el suicidio como una salida a este problema.

Todo lo que escribo en este libro sobre el *sexting* está circunscrito a menores de edad. Los adultos que incorporan el *sexting* en el manejo de su sexualidad lo hacen a partir de un cerebro con características muy diferentes, cuentan con recursos emocionales distintos y tienen medios económicos y legales con los cuales acceder a diversas soluciones.

Factores externos que influyen en la práctica del *sexting*

Son muchas las variables y condiciones del mundo en el que crecen nuestros hijos que influyen para que algunos tomen la decisión de enviar un *nude*.

Educación sexual. El consumo de pornografía desde edades tempranas forma parte de toda la información que van recibiendo los niños sobre sexualidad y los conceptos que van construyendo al respecto. La pornografía no refleja la realidad de lo que es una relación de pareja porque su objetivo es generar erotismo en el ser humano, pero eso los niños y jóvenes que lo ven no tienen por qué saberlo. No es algo con lo que se nace y si no existe una educación sexual, o son temas que no se hablan de forma abierta en la casa, la pornografía va formando parte de los cimientos a través de los cuales ellos van a vivir y experimentar la sexualidad.

Con relación al *sexting*, la pornografía contribuye al mostrar una imagen en donde predomina el control de una persona sobre la otra, no queda claro el consentimiento de ambas partes y el placer sexual se presenta prioritario sobre otros aspectos en la relación de una pareja. En este sentido, pedir una imagen tipo *sexting* como prueba de confianza a otra persona para luego tener una herramienta de control o chantaje y conseguir lo que sea, entra dentro del mismo patrón. Si se aprende que no hay que tener el consentimiento del otro, ¿por qué no podría compartir esas fotos con quien quiera? Y si mi placer está por encima de cualquier otra cosa en una relación, ¿qué importa pedir y enviar fotos a pesar de los riesgos que representan para mí, mi pareja y nuestras familias? También está la postura de la resignación: «si mi novio va a ver pornografía, prefiero que me vea a mí».

La tendencia social a hipersexualizar a los niños. Suele suceder que se lleguen a resaltar, por diferentes medios, los aspectos sexuales de una persona sobre todo lo demás, con el propósito de generar una idea de que su popularidad depende únicamente de qué tan sexy se vea.

Nuestros hijos están bombardeados por este tipo de mensajes a través de los contenidos que consumen. Los niños van aprendiendo que para obtener *likes* y seguidores, tienen que verse deseables. En TikTok, por ejemplo, se pueden encontrar muchos videos de niños muy jóvenes bailando reguetón y haciendo posturas no acordes a su edad. La ropa que utilizan, las preocupaciones precoces por el maquillaje, dietas y planes de ejercicios no enfocados a la salud, sino al verse bien, son síntomas de la normalización de la hipersexualización.

Su contribución al *sexting* es que las niñas desarrollan este concepto de que para obtener atención y reconocimiento hay que mostrarse, entonces ¿por qué no mandar una foto en un contexto sexual sabiendo que será más exitosa que una foto estudiando para las olimpiadas de matemática?

En los niños, estos mensajes construyen sobre una visión de la masculinidad donde tienes que vincularte con el sexo opuesto a través del ámbito de lo sexual, dejando el afecto y las emociones en un segundo plano, entonces ¿por qué no pedirle una foto a una niña que me gusta en vez de invitarle un helado o un chocolate en la tiendita del colegio?, ¿quién va a ser más popular, el que tenga la novia más codiciada por su apariencia o el que tenga la novia de quien se enamoró por su forma de ser sin importar si cumple o no con los estándares de belleza que impone la sociedad?, ¿quién será el rock star del salón, quién ha conseguido fotos de todas sus compañeras desnudas o el que piensa que está mal hacerlo?

294 • CRECER ENTRE PANTALLAS

La normalización del sexting en su entorno. Cuando investigan en Google consiguen páginas y páginas llenas de enlaces con información sobre las mejores posturas, aplicaciones para enviarlos, cómo iniciar una conversación por chat para pedir un *nude*: «esto es lo que tu novio quiere ver cuando le envías un *pack*». No encuentran enlaces advirtiendo los riesgos y consecuencias si estas fotografías se viralizan.

Algunos de los *influencers* que los adolescentes siguen en las redes lo practican y dan la impresión de que no pasa nada. También le dan visibilidad en alguna de las series o películas que ven. Mientras veía la serie *Euphoria* me llamó la atención una escena en la que uno de los personajes se da cuenta de que su novio había compartido con sus amigos videos que había filmado mientras tenían relaciones sexuales. La joven dice que en la primera ocasión se puso tan mal que incluso pensó en tomarse un frasco de Tylenol completo, pero luego pensó que en realidad: «Cuando terminase la universidad y buscase un empleo ya habrán filtrado desnudos del 99 % de la población». Me quedé reflexionando sobre esta escena porque no dudo que la afirmación sea posible, sin embargo, lo que no refleja es que independientemente de que todo el mundo lo haga no quiere decir que la persona no experimente todo lo que implica ser expuesto desnudo en redes sociales, tanto para ella como para sus familiares cercanos. Este tipo de análisis y cuestionamientos puedo hacerlos por mi edad, pero ¿qué estarán interpretando y asumiendo los niños y jóvenes con estos mensajes si no hay un acompañamiento? Muchos podrían estar tomando decisiones basadas en este tipo de información que minimiza los riesgos y consecuencias.

Factores internos que influyen en que los jóvenes practiquen el *sexting*

Existen también elementos particulares en los jóvenes que ayudan a explicar por qué algunos deciden utilizar el *sexting* como parte del manejo de su sexualidad:

El cerebro de los adolescentes no ha llegado a la madurez. La corteza prefrontal, encargada de medir riesgos y tomar decisiones, es la última en madurar. Por lo tanto, nuestros hijos toman decisiones interpretando la situación con una visión borrosa, turbia y muy distinta a como la vemos los adultos. Además, se sienten invencibles, todopoderosos y que a ellos no les va a pasar la lista de cosas que se les advierten. Por eso no hay que confiarse de que, por darles la información, escuchar una conferencia o ir a un taller, es suficiente para que actúen en concordancia. Todos tenemos recuerdos de las cosas sin sentido que hicimos en la adolescencia, probablemente nuestros padres nos advirtieron lo que podría pasar, pero, al igual que nuestros hijos, teníamos que probar si cruzar esa línea era tan mala y grave como nos decían los adultos. Es parte de crecer. No podemos inmunizarlos para que no vivan el proceso de la adolescencia, pero si es necesario recordarnos la importancia de estar presentes, de no darnos por vencidos en encontrar maneras de protegerlos y de concientizar que todos estamos expuestos a que nuestros hijos formen parte de las estadísticas de *sexting*.

Ellos están aprendiendo sobre el proceso del cortejo con esta idea de que «todo el mundo lo hace». Perciben erróneamente que el *sexting* es muy común basados en la creencia de que los más populares lo practican. Entonces, si hay alguien que les llama la atención y les pide una foto, sienten la presión de que es lo que hay que hacer, más si son jóvenes que todavía no cuentan con una autoestima lo suficientemente fuerte o si buscan validación externa y están dispuestos a arriesgarse por ser parte de los jóvenes *cool*.

Factores generacionales. Son una generación de niños y jóvenes que ha estado poco expuesta a los riesgos, viven en ambientes más sobreprotegidos y toman pocas decisiones por sí mismos. Probablemente si recordamos las cosas que hacíamos, o éramos capaces de hacer a la edad de nuestros hijos, la mayoría podemos identificar que éramos más independientes y resolvíamos nuestros problemas con menos intervención de los adultos. La justificación que nos damos es que antes había más seguridad, pero, incluso en países bastante seguros, la tendencia es que los padres intervienen muchísimo más que con las generaciones anteriores.

El impacto de esta tendencia sobre el *sexting* es que para aprender a medir los riesgos las personas necesitan tomar experiencia, estar expuestos a situaciones que les permita medir en términos relativos cuáles coyunturas son más peligrosas que otras. Los niños a quienes desde pequeños se les protege de vivir las consecuencias de sus decisiones en actividades acordes a su edad, se les inhabilita de ir desarrollando esas capacidades.

La necesidad emocional que satisfacen pidiendo o enviando un nude. Entender lo que cada uno de estos chicos estaba esperando sentir de manera consciente o inconscientemente, al involucrarse en situaciones de *sexting*, es clave para identificar posibles patrones, heridas o conductas que se pueden trabajar con un profesional de la salud mental. La terapia puede ayudar para que el adolescente aprenda a entenderse y la familia sepa cómo apoyarlo y acompañarlo. Que esa experiencia tenga un aprendizaje, una transformación y evolución hacia algo positivo.

Claire, una adolescente que se podría describir como tranquila, enfocada en sus estudios, los deportes, sus amigas, contra todo pronóstico se involucra con un joven completamente opuesto: malas calificaciones, expulsado de varias escuelas, que consumía alcohol, pero un foco rojo que llamó la atención de los padres era el desproporcionado nivel de control que ejercía sobre ella. Todo el tiempo le enviaba chats porque quería saber en dónde estaba, con quién y qué estaba haciendo. Su familia se dio cuenta a tiempo y supieron que ella llegó a enviarle una foto al chico, por suerte de bajo riesgo. Sin embargo, a partir de esta experiencia identificaron que en general su hija, desde pequeña, siempre buscaba amistades muy dominantes y controladoras. La incógnita era ¿qué obtenía su hija de ese tipo de relaciones?, ¿por qué las buscaba? Desconozco el desenlace, pero aprendí la importancia de fijarme en esos detalles, en el tipo de relaciones que buscan los hijos, porque esos patrones pueden influir a la hora de relacionarse sentimentalmente con alguien.

En otra oportunidad apoyé a una familia porque su hija de once años envió *packs* a otro alumno que cursaba preparatoria. Según la niña no mantenían ningún otro tipo de relación aparte de lo que se comunicaban por chat. No eran «quedantes», ni «salientes» ni mucho menos novios. Fue muy dura la reunión porque la mamá estaba devastada, quería cambiarla de escuela a pesar de que la niña quería seguir allí porque estaban sus amigas. Le preocupaba muchísimo todo lo que la gente iba a decir de su hija cuando se enteraran, creo que hasta más que a la propia niña. Lo curioso es que el argumento de la menor para enviar las fotos era «todo el mundo lo hace» y este chavo además era de «los *popus*», y por la reacción de la mamá era evidente que el tema de pertenecer y ser aceptados por los demás tenía un valor importante en esa familia. Mi reflexión luego de esta experiencia fue sobre los riesgos de educar desde que son pequeños para que pertenezcan y esta presión que hay ahora para que nuestros hijos sean los populares, que estén en todo. Porque cuando educamos en esa dirección, el mensaje que reciben nuestros hijos es que, para que la gente los valore y quiera estar con ellos, no basta con ser quienes son. Deben tener y hacer lo que en ese momento la sociedad les dicta que es *cool* y si lo *cool* es el *sexting*, pues allá vamos sin cuestionar.

También existen los casos en que los mismos adolescentes se toman *nudes* y los viralizan. A esto se le conoce como una de las formas de autolesión digital. Las necesidades que los lleva a hacer esto pueden ser muchas, sin embargo, están relacionadas a obtener atención, a una baja autoestima o a ganar aceptación de sus pares. Es otra manifestación de buscar pertenecer a cualquier precio.

No quiero dejar la idea de que debemos estar como locos al pendiente de cada detalle y comportamiento de cada uno de nuestros hijos. Sin embargo, si ha sido un gran aprendizaje cuestionarme a qué le estamos dando importancia en nuestra familia, si tienen sentido esos ritmos de vida donde no hay tiempo para nada. ¿Qué dejamos de percibir los padres con estas agendas de lunes a viernes donde queremos que estén preparados para todo lo académico y que esto contribuya a una determinada versión de éxito? ¿Tenemos tiempo de observarlos? ¿Nos gana el cansancio para identificar conductas o patrones que pueden llevarlos a riesgos como practicar el *sexting*? ¿Estamos allí para ellos?

Tercer personaje, el distribuidor

No se puede entender el *sexting* sin presentar el rol que representan los distribuidores de las imágenes. Si no existiesen, el impacto sería diametralmente menor. Nos parezca ingenuo o no, las personas que envían *nudes* lo hacen porque confían en que permanecerá únicamente en el celular de la persona que lo recibe[78].

Las razones por las cuales se comienzan a distribuir las fotos son muchas y muy variadas: a) Puede darse en caso de relaciones que terminan en malos términos y en un mal manejo del enojo, lo canalizan con la traición de divulgar todas las fotos íntimas de la pareja con otras personas; b) Las fotos pueden ser tomadas de dispositivos robados o perdidos, o a través del jaqueo de cuentas en redes sociales; c) Una broma pesada de amigos como tomar el celular de alguien sin que se dé cuenta, acceder a las fotos y compartirlas por chats o subirlas a redes para difundirlas; d) Se pueden obtener *nudes* al tomar foto de pantalla antes de que la foto desaparezca o también al grabar o fotografiar desde otro celular.

Para algunos adolescentes[79], cuando reciben sin pedirlo un *nude* de alguien más, sienten que están en pleno derecho de reenviarlo porque «si la persona se tomó la foto por voluntad propia, ¿por qué está

---

78. A excepción de los casos de Autolesión digital.

79. Doce por ciento de los adolescentes entre trece y diecisiete años afirman haber reenviado fotos íntimas sin el consentimiento de quien aparece en las fotos. Madigan S, Ly A, Rash CL, Van Ouytsel J, Temple JR. Prevalence of Multiple Forms of Sexting Behavior Among Youth: A Systematic Review and Meta-analysis. *JAMA Pediatr.* 2018; 172(4):327–335. https://pubmed.ncbi.nlm.nih.gov/29482215/

mal que yo la comparta?». Incluso, pareciera que quisieran aplicar justicia a la persona que aparece en la foto y por eso no se detienen a pensar que, al hacerlo, forman parte del problema. Un ejemplo que les doy en mis conferencias a los adolescentes, para poner esta filosofía en otro contexto, es como que yo tenga el semáforo en verde y un peatón decida cruzar y yo me lo lleve por delante porque el paso lo tenía yo y la persona decidió cruzar por voluntad propia.

Quitando el debate de lo que es correcto o no, una consecuencia que muchos no conocen es que cada vez en más lugares (países o sitios de internet) compartir fotos íntimas de otras personas es considerado un delito penal. Compartir estas imágenes, dependiendo del lugar donde vivas, puede considerarse distribución de pornografía infantil. Por eso es importante hablar con nuestros hijos sobre estos temas, que entiendan que sí pueden tener consecuencias más allá de lo que imaginamos, aunque en el fondo lo ideal es que la decisión de no reenviar venga de no querer lastimar a alguien.

Estrategias de prevención que podemos aplicar en casa

A veces los panoramas complejos nos generan desesperanza. ¿Cómo puedo combatir desde casa la industria de la pornografía, la tendencia a la hipersexualización o la cultura que se promueve en los medios? Es cierto, hay cosas que están fuera de nuestra área de injerencia. Sin embargo, he encontrado que enfocarme en las cosas que sí puedo hacer me ayuda a no quedarme atascada en mis miedos y además como dicen «si quieres cambiar el mundo comienza cambiando en casa». Las características de nuestra sociedad vienen de la suma de lo que hacemos todos.

Esta es mi propuesta de algunas de las cosas que podemos hacer:

Conversar con nuestros hijos. Sobre otros aspectos importantes en una relación de pareja además de la sexualidad. Darles la versión que no da la pornografía, las redes sociales y demás medios, resaltando la amistad, confianza, honestidad, amor, lealtad, compromiso y otros elementos que consideramos relevantes según la experiencia de cada familia para llevar una relación que crezca y se fortalezca en el tiempo. Hablarles de nuestros errores, qué aprendimos de ellos y de qué formas los superamos. Si hay una coherencia en lo que les decimos y lo que ellos observan en casa, probablemente serán jóvenes más críticos con lo que viene de afuera.

Enseñar que es válido y saludable poner límites a los demás, que decir que *no* siempre es una opción. En general, en la cultura latinoamericana, eso nos cuesta mucho. Crecemos acostumbrados a que si decimos que no la otra persona lo puede interpretar como una falta de amor y que ponemos en riesgo su cariño y aceptación. Arrastrar esta creencia a nuestros hijos les impide marcar una línea de respeto si alguien especial le pide una foto comprometedora.

La mejor forma de educar en límites es poniéndolos en práctica en casa. Por ejemplo, si hay un miembro de la familia al que no le gusta que lo llamen por un apodo, como padres podemos respetar que no le gusta ser llamado así y ser firmes en que el resto de los miembros de la familia también lo respeten. Si nos invitan a una comida o evento y no queremos ir porque nos encontramos agotados, podemos ser ejemplo de cómo rechazar educadamente la invitación.

Educar en el manejo de emociones y resolución de conflictos. En una ocasión tuve la oportunidad de compartir con un grupo de alumnos de secundaria un taller sobre el *sexting*. Cuando les pregunté qué variables tomaban en consideración a la hora de reenviar un *nude* que les hubiese llegado en un grupo de chat o por otras vías, una alumna me respondió: «depende de cómo me haya tratado esa persona. Si ha sido una *bitch* conmigo sí la paso y que se friegue».

En este tipo de conflictos influye mucho el manejo del enojo, la envidia, la tristeza, el sentirse excluidos. Si los educamos con herramientas que les permitan canalizar estas situaciones de forma menos destructiva, pondremos un grano de arena para que crezcan en ambientes más sanos.

Evitar la sobreprotección permitiendo que aprendan a tomar sus propias decisiones, asuman riesgos que impliquen bajos niveles de peligro y experimenten qué tipo de consecuencias generan esas acciones. En esas cosas simples de la cotidianidad, el sentirse capaces, vivir en carne propia el logro es vital para ir construyendo la autoestima, lo cual es muy importante en la prevención del envío de este tipo de fotografías.

Educar en la empatía y la compasión a través del ejemplo. Como padres podemos modelar el ponernos en los zapatos del otro antes de juzgar, señalar y criticar. Cuestionarnos ¿qué habrá llevado a ese joven a pedir o enviar un *nude*?, ¿cómo estará su familia?, ¿habrá alguna forma de ayudar para aliviar la situación?

Educar con la empatía y la compasión es una inversión a largo plazo. Ninguno de nosotros está exento de verse involucrado en una situación como el *sexting* o ser expuesto en las redes de cualquier otra forma. Aunque ningún miembro de la familia envíe *nudes*, siempre existe la posibilidad de que alguien edite un video o foto porno y lo distribuya diciendo que es un hijo nuestro.

Para todos es conveniente que, si un día llegamos a ser las víctimas, nos encontremos con una sociedad que nos tienda la mano o que no contribuya a hacer esta experiencia peor de lo que ya es.

Tener límites en momentos y lugares de uso. Poner en práctica el hábito de retirar los dispositivos de las habitaciones durante la noche ayuda a que los adolescentes duerman mejor y durante el día tengan un cerebro más descansado para tomar decisiones. También disminuye el riesgo de involucrarse en actividades de riesgo durante la noche. No quiere decir que los *nudes* solo los envían de noche, puede ser en cualquier momento, pero por lo general en la madrugada se encuentran más cansados y puede afectar su juicio a la hora de decidir qué ver en sus celulares, con quién contactarse y qué enviar.

Cómo decir *no*

A veces, como padres, se nos olvida lo difícil que era a la edad de nuestros hijos lidiar con las presiones sociales, estar siempre a la altura de lo que esperan sus amigos o esa persona que les gusta.

Para ellos no es tan fácil decir que no, hay muchas cosas involucradas, pueden ser decisiones a las que los adultos no prestamos atención, pero que para los adolescentes significan todo. No es lo mismo tener que decirle no a un chavo o chava que no les gusta, que decírselo a «el *crush*» que les ha gustado desde primaria, o al novio o novia que creen que será para toda la vida.

No estaremos allí en el momento en que tengan que enfrentarse a decidir qué hacer, pero sí podemos prepararlos para que, en caso de ocurrir, sepan tomar la mejor decisión. Lo primero es plantearnos la situación. Siempre anticiparnos a algo nos permite contar con algunas ideas.

Una reflexión que pongo sobre la mesa, cuando hablo sobre el *sexting* con los adolescentes, es: ¿la persona que te pide la foto te va a querer exactamente igual, nada va a cambiar en esa relación si decides no enviarla? Si la respuesta es sí, ¿para qué enviarla?, ¿para qué exponerse a todas las posibles consecuencias si se pierde el control sobre la imagen? Si la respuesta es no, ¿para qué enviarla? Es una señal de que puedes estar en una relación condicionada que solo va a funcionar mientras hagas lo que esa persona quiera. Ese tipo de relaciones no tienden a durar y dejar a esa persona con tus imágenes puede ser contraproducente en el futuro.

Pensar en estrategias para decir que no con un menor costo social, también los puede ayudar, especialmente para quienes resulte más retador o tengan personalidades menos seguras de sí mismas. El humor es una excelente herramienta para responder sin comprometerse. Por ejemplo, enviar una foto de un gato raza *sphynx* que no tiene pelo, o de una Barbie, son formas de responder y subliminalmente decir «no estoy dispuesto a enviar mi *nude*». Si la otra persona insiste, o no entiende el mensaje, es una señal de que deben reflexionar sobre la conveniencia de esa pareja.

¿Y si les llega un nude que no pidieron?

Esto es una situación muy común entre adolescentes. Recibir un *dick pic* o foto de una chava mostrando algo en sus chats sin haberlo pedido. Muchos no tienen idea de qué hacer en estas situaciones y no es algo fácil de ir a hablar con sus papás, especialmente si no se ha construido la base de una comunicación abierta con ellos. También temen que nos *freakeemos* (entremos en pánico), nos precipitemos a criticar a la persona que les envió la foto, en caso de ser alguien conocido, o juzgarlos a ellos, asumiendo una historia que no necesariamente pasó como: «Seguro estuviste en páginas que no son» o «te dije que no estuvieses chateando con gente que conoces en las redes».

Aquí dependerá mucho de la relación que tienen con la persona que les envió la foto. Si es alguien completamente desconocido, lo mejor es borrar la foto y tratar de bloquear el contacto. Si la persona insiste por diferentes vías (diferentes números de teléfono o cuentas en redes sociales), se puede denunciar en las plataformas y autoridades competentes en caso de contar con ellas.

Si es alguien conocido, también dependerá del tipo de relación. No existe una fórmula perfecta para abordarlo ni un diálogo estándar. Ellos tendrán que decidir si vale la pena contestarle y qué decir. Aquí como padres cada uno puede aportar la visión de qué tipo de cosas puede decirle un hombre a una mujer y viceversa en estas situaciones y valorar en conjunto si resultaría una opción para ellos dar ese tipo de respuestas.

También puede suceder que se encuentran en un grupo de WhatsApp en donde compartieron un *nude* de alguien. Por lo general, están quienes se burlan y expresan de forma despectiva de quien aparece en la foto, los que no dicen nada y un porcentaje muy pequeño, pero que existe, que son esos adolescentes que se atreven a ser valientes, dar un paso al frente, a pesar de las consecuencias sociales y responden «neta, bórrenlo y no lo compartan más». La gran pregunta para nosotros los padres es: ¿estamos educando para que nuestros hijos formen parte de cuál grupo?

Y si ya mandaron la foto ¿qué hacemos?

Es una situación compleja y dolorosa sin duda. El instinto protector nos hace salir a perseguir lo que causa el daño: la foto o video en el que aparece nuestro hijo. Sin embargo, es lo único que es prácticamente imposible de detener. Por eso mi recomendación es darle prioridad a la víctima, centrarnos en ella, «armar bolita» como familia para darle el apoyo emocional que requiere en esos momentos de tanta vulnerabilidad. Es como darnos cuenta de que hay un fuego en la cocina de la casa y salir corriendo a atrapar al responsable teniendo chance de apagarlo y evitar que se queme la casa completa. Una vez controlado el fuego podemos dedicarnos a tratar de descubrir qué fue lo que lo causó. Muchas veces lo siento así, veo a los padres tan angustiados por conseguir las fotos, poner denuncias, encontrar a los causantes y al mismo tiempo las caritas de los jóvenes sintiéndose doblemente culpables por lo que hicieron y por el dolor y desesperación de sus padres.

Algo que me ha llamado la atención en todos los casos de *sexting* en que he colaborado es el miedo de las víctimas a perder el amor de sus padres. Incluso quienes piden las fotos, o los distribuidores, me mencionan: «Lo primero que pensé cuando supe que mis papás se habían enterado de lo que hice fue "¿qué pensarían de mí?"» Este miedo puede llegar a ser tan fuerte que a veces prefieren enfrentar solos ese problema tan grande y doloroso para evitar que se enteren sus padres. El mundo al revés. Los hijos protegiendo a los padres. En una ocasión, una niña fue fotografiada en una pijamada mientras se bañaba, era una broma pesada de una amiga. Nunca se aseguró que borrasen la foto y tiempo después, ante un mal manejo de celos entre amigas propios de la edad, alguien la compartió con toda la escuela. Los padres de esta niña se enteraron prácticamente un año después. Imagina por un momento a una niña de doce años lidiando sola con la angustia, humillación, el acoso de saberse expuesta desnuda frente a cientos de personas durante un año por evitarle el disgusto a sus padres. En los conflictos que involucran el internet el tiempo vale oro, se forma una bola de nieve. No vamos a detener la distribución de la foto, pero podemos asistir y ayudar a la víctima desde el día uno.

Mi gran aprendizaje ha sido la importancia de encontrar formas de transmitirles a nuestros hijos que el amor que sentimos por ellos no está condicionado. Como alguna vez leí de un autor que no logro recordar: «No hay nada que puedas hacer para que te deje de amar y no hay nada que puedas hacer para que te ame más». Puede que sus decisiones y actitudes nos generen enojo, desilusión o tristeza, pero el amor que sentimos por ellos siempre estará allí.

¿Hay un final feliz? Sí, a veces sí, lo que pasa es que no es el final feliz de que aquí no pasó nada, sino que es una historia en donde, como familia, convierten la situación en una experiencia de crecimiento y resiliencia. Esos logros a veces se viven en intimidad y otras veces se transforman en acciones de activismo social que buscan evitar que alguien más pase por una experiencia similar, como es el caso de Olimpia Melo Cruz y la Ley Olimpia en México [80].

En mi experiencia considero que la ayuda y orientación de un profesional de la salud mental es un recurso muy importante para estos casos, no solo para la víctima sino para todos los miembros de la familia. Es una experiencia tan intensa para los padres que ayuda el hablarlo con alguien más. En uno de los casos, el hermano mayor de la niña que fue expuesta en las redes sufrió ser el flanco de burlas y acoso escolar por parte de otros alumnos del colegio. Tenía que defender a su hermana y a él mismo, lo que para un adolescente de quince años no resultaba fácil. Las consecuencias del *sexting* permean más allá de quienes aparecen en las imágenes. Es una situación con la que hay que aprender a vivir porque lamentablemente es

---

80. La Ley Olimpia no es una ley como tal. Es un conjunto de reformas legislativas que buscan sancionar la violencia digital y tipificar el ciberacoso. Recibe ese nombre por Olimpia Melo Cruz, quien luego de ser víctima de burlas e insultos tras la distribución sin su consentimiento de un video íntimo suyo, inició junto con otras mujeres un movimiento con el objetivo de conseguir protección y consecuencias legales ante este tipo de situaciones. En el caso de que el delito sea cometido por menores de edad, en México existe la Ley Nacional del Sistema Integral de Justicia Penal para Adolescentes encargado de atender estas situaciones.

atemporal, siempre pueden volver a reenviar las fotos, aunque hayan pasado años de la primera vez. Con el tiempo y mucho trabajo terapéutico es posible que las familias conviertan esta experiencia en un aprendizaje, se fortalezcan los lazos familiares y las víctimas logren salir adelante dejando que esta experiencia no las defina como personas. Como le dije a una niña que se me acercó a compartirme su experiencia luego de una de mis conferencias: «Lo que hiciste fue un error, todos nos equivocamos, nadie es perfecto. Pero nunca creas que tú eres un error o que ahora vales menos. Algún día podrás ver esto como una experiencia que te dejó ciertas enseñanzas para tu vida o la de los demás».

¿Y la policía cibernética? ¿No es importante poner una denuncia?

La decisión de denunciar es compleja. En el mundo ideal las personas deberíamos tener derecho a la protección y defensa ante la utilización y distribución de nuestras imágenes sin nuestro consentimiento, al acoso, chantaje, amenazas y todos los abusos que sufre una víctima. Sin embargo, en la vida real, lamentablemente, todavía no estamos preparados en materia de leyes, procesos, capacitación de la policía cibernética y respuesta de las plataformas de redes sociales a este tipo de temas. La víctima y sus familiares se sienten muy indefensos en comparación a si les hubiesen robado la casa o su coche.

No en todos los países existen leyes y los que las tienen, a veces, varían dependiendo del estado. Aun existiendo las leyes a veces poner una denuncia es completamente arcaico para un delito que ocurre en entornos digitales.

Otra barrera para las víctimas es que para poder presentar la denuncia tienen que llevar las pruebas de las fotos o videos y para muchos es algo sumamente doloroso volverse a exponer ahora frente a policías y dependiendo del país en donde vivan, pero en muchos, lamentablemente la policía como institución no cuenta con buena reputación.

En consecuencia, las familias se debaten si denunciar va a ser una solución o si va a empeorar el problema.

Por otro lado, cuando el *sexting* ocurre entre menores de edad donde a veces hasta las familias se conocen, resulta difícil de analizar en términos fríos cuál es el proceder correcto. Hay jóvenes que viven además en países donde el sistema de justicia es cualquier cosa menos lo más apropiado para darle una consecuencia o enseñanza a un menor de edad. Por eso muchos padres de las víctimas se cuestionan, por muy dolidos que estén por lo sucedido con su hijo, si es correcto someter a un adolescente a un proceso policial y legal en este país.

Las redes sociales por lo general cuentan con los mecanismos para poner los reportes y las denuncias de las cuentas y las personas, pero en los casos que he trabajado, tardan en responder y nunca hemos tenido acceso a hablar directamente con una persona para explicar detalles importantes del caso que no pueden incluirse en los formatos estandarizados que te hacen llenar.

Reportar y denunciar puede generar conciencia dentro de la sociedad sobre las consecuencias de compartir contenidos sin el consentimiento de las personas que aparecen en él. A los adolescentes puede que les ayude a pensárselo dos veces y a los padres a darle la importancia de hablar estos temas en casa y promover con el ejemplo el buen manejo emocional de los conflictos, especialmente no utilizar la exposición de los demás como una forma de venganza. Sin embargo, es una decisión que incluye muchas variables y matices que cada uno debe analizar.

Considero que independientemente de si se decida denunciar o no, lo ideal es continuar trabajando en el acompañamiento emocional y formativo como estrategia para disuadir a los menores de enviar, solicitar o distribuir material íntimo de ellos o terceros. Además, como ciudadanos debemos exigir más a las autoridades y a las plataformas para que hagan un mejor trabajo en pro de nuestra protección y defensa. Si no viene de nosotros, ellos tendrán pocos incentivos para hacerlo.

Estaba en la sala de espera del ortodoncista de mis hijos cuando por el rabillo del ojo vi que pasaba una persona fuera del consultorio. Se detuvo, se regresó, entró dirigiéndose a mí y me preguntó: «¿Tú eres Cristina Fortuny?». Era un joven de unos diecinueve o veinte años máximo, yo no sabía si es que me había estacionado mal (algo muy común en mí, soy pésima al volante), pero ¿y cómo sabía mi nombre? «Tú fuiste a mi escuela hace unos años a platicarnos de los *packs*. Estuvo padre. Te sigo en Instagram» me dijo. A pesar de que mis hijos querían cavar un hoyo y que se los tragase la tierra de la vergüenza, yo me sentí muy feliz y luego de agradecerle reflexioné sobre cómo subvaloramos el poder de las palabras. No sé si de algún modo fui capaz de proteger a este joven de una experiencia desagradable, pero sí me animó a continuar haciendo lo que hago.

Al igual que yo, quizás a veces sientes que los adolescentes no escuchan y menos cuando se trata de estos temas que pueden resultar incómodos. Espero que luego de leer este capítulo te motives a tomar lo que consideres de valor y ponerlo en práctica con tu familia porque cada vez me convenzo más de que escuchan más de lo que creemos, que no hay nada que podamos explicarles tan mal que les genere un daño irreversible y que hablando con ellos tendremos la oportunidad de aprender también muchas cosas.

Recuerda que:

- El *sexting* es el envío de fotos o videos, en los cuales la persona aparece desnuda, con poca ropa, en lencería o en posiciones eróticas, se mandan de forma voluntaria a través de un dispositivo electrónico con conexión a internet. Recibe diferentes nombres: *packs, nudes, sexts, dick pics*.
- Entre los factores externos que influyen en la práctica del *sexting* se encuentran la falta de educación en una sexualidad afectiva, la influencia del consumo de pornografía, la

tendencia a hipersexualizar a los niños y la normalización del *sexting* en la sociedad donde crecen.

- El cerebro de los adolescentes todavía no se encuentra plenamente desarrollado para medir los riesgos de la misma forma que un adulto. Esto afecta la percepción sobre los riesgos del *sexting* a esas edades.

- La necesidad emocional que están buscando satisfacer a través del envío de un *nude* a veces es más fuerte que cualquier peligro que intentemos explicarles. Por eso la importancia de que cuenten con un equipo de apoyo dentro y fuera de casa que los ayude a conocerse y a encontrar estrategias para enfrentar sus dificultades.

- Educar en la empatía y compasión es relevante para generar conciencia entre quienes distribuyen fotos o videos íntimos sin el consentimiento de la persona que aparece en ellos.

- Los adultos podemos ofrecerles una versión alternativa a la que reciben en los medios digitales sobre lo que es una relación afectiva entre dos personas que se gustan: amistad, confianza, honestidad, amor, compromiso y otros aspectos que consideremos relevantes.

- Si ya enviaron una foto es prácticamente imposible recuperarla. En ese caso lo recomendable es enfocarnos en atender a la víctima emocionalmente y que reciban un apoyo incondicional de parte de su familia.

- Para decidir si denunciar o no hay que considerar muchos factores, pero siempre poniendo de primero lo que es mejor para la víctima, entendiendo que los involucrados son menores de edad.

Ejercicios:

1. Comparte anécdotas con tus hijos sobre cómo era «el cortejo» entre dos personas que se gustaban en tu adolescencia:
   - ¿Qué cosas te gustaban y cuáles te incomodaban? ¿Cómo actuabas en las situaciones en las cuales no te sentiste respetado?
   - ¿Cometiste un error alguna vez? ¿Cómo lo solucionaste? ¿Hubo consecuencias?
   - ¿Qué similitudes o diferencias encuentran tus hijos entre lo que tú viviste y lo que ellos viven?

2. Conversa con tus hijos sobre el *sexting*. Pregúntales qué saben, qué opinan y cuáles riesgos consideran que tenga su práctica. Puedes compartir con ellos cosas que hayas aprendido en este capítulo en modo de pregunta. Por ejemplo: ¿ven alguna relación entre el consumo de pornografía y pedir *nudes*?

3. Pregúntales a tus hijos de qué forma ustedes podrían ayudarlos si ellos se involucraran en una situación de envío, distribución o recepción de *nudes*.

4. Hagan una lista sobre conductas que respeten límites que son importantes para su familia. Por ejemplo:
   - Tocar la puerta de las habitaciones antes de entrar.
   - Dejar de llamar a alguien con un apodo que le molesta.
   - Antes de enviar fotos a la familia o amigos, pedir permiso a la persona que aparece.

Capítulo 15
El Lobo feroz digital

«Recuerda siempre que eres más grande que tus
circunstancias, eres más que cualquier cosa que
te pueda ocurrir».

ANTHONY ROBBINS

Elisa es psicóloga y trabaja en una escuela en el departamento de apoyo estudiantil en primaria. Me llamó muy preocupada porque varios padres de cuarto grado en adelante habían pedido ayuda al colegio por casos de *sexting* en la plataforma *Roblox*. En un principio pensé que se habían conocido en alguno de los videojuegos y el envío de *nudes* entre menores había ocurrido por chats en *WhatsApp*. Pero indagando un poco más comprendí que las comunicaciones habían ocurrido dentro de los chats de *Roblox* y que la persona con quien se comunicaban era un adulto pretendiendo ser un niño. «Elisa, creo que no estamos hablando de *sexting* sino más bien de *grooming*» le dije.

La diferencia entre este capítulo y el anterior, es que aquí la persona que estaba detrás era un adulto con una gran capacidad de manipulación, que se aprovechaba de la vulnerabilidad e inocencia de los niños y adolescentes con la intención de involucrarlos en una actividad sexual. Esto se conoce como *grooming* y es un delito.

Muchas de las estrategias de prevención que vimos en el capítulo anterior aplican también para el *grooming*. Sin embargo, en este tema en particular, algo que puede marcar una diferencia es si logran reconocer a tiempo que se encuentran ante el Lobo feroz y no siguen caminando ingenuamente por el bosque hasta llegar a casa de su abuelita. Por esa razón vamos a dedicarle especial atención a las características de una situación que involucra *grooming* y el comportamiento de estos delincuentes.

¿Qué es exactamente el grooming?

Es un delito que implica que un adulto contacte a un menor de edad para generar una relación de confianza con la intención de involucrarlo en una actividad sexual. Las palabras claves son confianza e intención, ya que el victimario desde un inicio tiene claro su objetivo y sabe que, una vez que la víctima se sienta cómoda en la relación, tenderá a bajar la guardia.

La tecnología, así como permite la comunicación a través de redes sociales y videojuegos, también ha facilitado, lamentablemente, la actuación de estos delincuentes. Es más sencillo conseguir a las víctimas porque se rompen las barreras geográficas. Esto les da acceso a más menores en comparación a tener que ir a lugares presenciales. También incrementa sus posibilidades de éxito por simplemente contar con una base de datos de niños más amplia. Expertos en este tema señalan que hay acosadores que «trabajan» varias víctimas al mismo tiempo. Sin embargo, el *grooming* no es un delito exclusivo de los espacios digitales. También puede ocurrir en la vida presencial. Puede ser una persona cercana al menor, que incluso pueda valerse de la confianza que le tienen los padres, para tener más fácil acceso, ya que no es alguien de quien estén particularmente alerta. Por eso, aunque este es un libro que se centra en temas de tecnología, mi recomendación es educar sobre el peligro del *grooming* en ambos entornos, digital y presencial. No debemos cometer el error de estar atentos únicamente del espacio digital.

No existen plataformas exclusivas donde ocurra el *grooming*. Una mamá me preguntó a través de Instagram: «¿Es posible que alguien contacte a mi hijo en *Minecraft*?». Dependerá obviamente de las configuraciones de la cuenta, pero igual que los pescadores salen a pescar, en los lugares que conocen o intuyen que conseguirán más pescados, estos depredadores buscan menores de edad en los espacios digitales que se encuentran. Entonces es un peligro que puede estar presente en cualquier plataforma.

Tampoco es algo que exclusivamente les pase a las niñas. El peligro es para todos. En una ocasión, un grupo de mamás me contactó porque sus hijos habían compartido fotos e incluso tuvieron videollamadas con una joven, quien nunca se dejó ver. Unos a otros se compartían la información del contacto repitiendo lo mismo, pero sin que nadie corroborara que esa persona realmente existiese o fuese quien decía ser. Como casualmente había trabajado con la escuela donde supuestamente estudiaba la chica, me puse en contacto con ellos para constatar que fuese estudiante de esa institución y, de ser así, alertarlos sobre la situación. Resultó que no había ninguna estudiante con ese nombre ni las características de la persona que manejaba esta cuenta. ¿A quién le enviaron las fotos y con quién compartieron sus datos estos jóvenes? ¿Qué hicieron con esos contenidos? Nunca lo supimos con certeza.

El *grooming* involucra diferentes niveles de interacción y de peligro. Esto puede ir desde tener conversaciones sobre sexo, como ocurrió en los chats de *Roblox* donde, en palabras de los padres de las víctimas: «Les robaron la inocencia a sus hijos». Puede que busquen conseguir imágenes, videos íntimos e incluso transmisiones en vivo de los menores, o llegar a conseguir un encuentro presencial para abusar sexualmente de sus víctimas. Es una gama muy amplia de delitos, pero cualquiera de ellos constituye un daño y abuso, no solo sexual, sino también psicológico y emocional.

¡Qué miedo dan estas cosas! Provoca salir corriendo con nuestros hijos a un lugar en el planeta que no tenga internet. Pero lo importante es no dejar que el miedo nos paralice y tomar acciones que estén en nuestras manos para protegerlos. Veamos algunas estrategias que podemos utilizar.

Hablar del tema

Puede que al acercarnos a hablar estos temas con los adolescentes haya rechazo: «Ay, por favor». «Sí, sí ya sé, ya sé que tengo que ir con cuidado con quien hablo por internet». «¡Tú también! Ya nos hablaron de eso en el colegio». Ajustemos nuestras expectativas, son adolescentes, no van a recibirnos con los brazos abiertos para hablar de un tema que además les incomoda. Podemos modificar nuestra estrategia y, en lugar de ir a explicarles nosotros, podemos indagar con curiosidad qué saben ellos al respecto:

- ¿Sabes algo sobre el *grooming*? (Si pronunciamos mal el término disfrutan reírse de nosotros. Puede hacer la conversación menos incómoda).
- ¿Eso dónde lo aprendiste?
- ¿Dónde me recomiendas que investigue al respecto?
- ¿Cómo te cuidas en las redes sociales? ¿Y en los videojuegos?
- ¿Crees que las plataformas podrían hacer algo mejor para prevenir este peligro? ¿Qué cosas?
- ¿Has conocido a alguien que haya pasado por eso? ¿Qué hizo? ¿Recibió ayuda?
- A mí me explicaron… (incluye algo que aprendiste sobre el *grooming*), ¿tú qué opinas?
- ¿Crees que debamos hacer algo adicional para proteger a tu hermano? (en caso de que tengan hermanos menores) ¿Me ayudarías a explicarles?

Por sus respuestas podemos entender qué tanto saben, la claridad que tienen del peligro y así tener un punto de partida para apoyarlos y darles información.

¿Nos vendrían a pedir ayuda?

Es crucial para resolver un caso de *grooming* que los niños o adolescentes pidan ayuda de forma oportuna a un adulto de confianza. Ojalá esa persona seamos nosotros, sus padres. Pero para que esto ocurra tenemos que trabajar en nuestra relación.

Un obstáculo podría ser, aunque no es determinante, que nos perciban como antagonistas a la tecnología o «los policías del internet». Esto no significa ser laxo o no poner límites, pero si sienten que venir a compartirnos algo relacionado con un abuso que les pasó a ellos, o a algún amigo va a poner en riesgo que los dejemos usar sus dispositivos, quizás se decanten por otra persona o no digan nada. El abusador puede amenazarlos o chantajearlos con enviar a sus padres las fotos de las conversaciones, imágenes y videos que han compartido por los chats. Esa amenaza es más poderosa si los jóvenes temen más las represalias de sus progenitores, que a las de su propio victimario.

A lo largo del libro hemos visto diferentes estrategias para acercarnos a nuestros hijos y construir una relación alrededor de la tecnología en donde esta no sea la protagonista. Puede resultar particularmente difícil por miedos o porque no compartimos sus gustos, pero algo que puede mantenernos firmes es la búsqueda constante de oportunidades de aprendizaje sobre cómo y para qué la usan.

Ahora, es importante recordar que ser víctima de *grooming* es una experiencia sumamente traumática y compleja. Trabajar en la relación padres-hijos es algo que ayuda. Es mejor tener una buena relación que no tenerla. Pero no es lo único que influye en que una víctima en un primer momento busque la ayuda de sus padres. No necesariamente porque no venga en un primer momento a pedir ayuda quiere decir que nuestra relación sea mala o que no lo hemos hecho lo suficientemente bien. Se han visto casos de víctimas que no acuden a sus padres por la necesidad de protegerlos, por vergüenza o porque sienten asco hacia sí mismas y creen no merecer ayuda. El miedo, puede resultarles paralizante. Si como adultos desconocemos

316 · CRECER ENTRE PANTALLAS

nuestra reacción ante un acosador sexual, imaginemos lo que puede sentir un niño o adolescente.

También pueden existir otro tipo de circunstancias por las cuales no se acerquen a pedirnos ayuda, como, por ejemplo, que no vivan en el mismo lugar que sus padres o que estos estén enfermos. Por eso, como se mencionó anteriormente, contar con «un bateador designado», un adulto que pueda ser su salvavidas ante estos peligros, es una opción a considerar.

Decir: «no hables con desconocidos», no es suficiente

Celia, mamá de un amigo de mi hijo, me contó lo sorprendida que quedó cuando un día, saliendo de bañarse, llegó a la cocina y notó que habían cambiado el garrafón de agua[81]. Se desconcertó porque se encontraba sola en su casa con su hijo de cinco años, quien no podía haberlo cambiado. Le preguntó: «Carlos, ¿quién puso este garrafón de agua?». «El Sr. José, mamá, el que siempre nos trae el agua». Resultó que mientras se bañaba, sonó el timbre de la casa y el niño abrió la puerta, buscó el dinero en la bolsa de su mamá y le pagó al señor. «¿No te he dicho que nunca le abras la puerta a un extraño?» le reprendió mi amiga. «Sí mamá, pero el Sr. José no es un extraño. Viene todas las semanas ¿no te acuerdas?». Mi amiga casi se desmaya con esta respuesta. Por lo general les hablamos a nuestros hijos y asumimos que una palabra significa para todos igual. Carlos no le hubiese abierto la puerta a una persona que nunca hubiese visto. Eso para él era un extraño. El Sr. José le era familiar, siempre les había traído el agua y por tanto no cumplía ese criterio. Moraleja de la historia, cuando hablemos de términos como «personas desconocidas» o «personas extrañas» definamos y pongamos ejemplos de a qué nos referimos.

En el mundo digital ocurre algo parecido. Se les dice y advierte a los adolescentes, especialmente cuando comienzan a utilizar su pri-

---

81. Un garrafón de agua en México generalmente tiene veinte litros.

mer celular, que no hablen, chateen o tengan de seguidores a personas que no conozcan en el mundo presencial. Sin embargo, eso también resulta insuficiente. Por una parte, porque para ellos el que alguien sea el amigo de la prima del hermano de un compañero que va en su generación, puede ser alguien que califica como conocido, aunque lo hayan visto una vez en su vida. Por otra, no necesariamente un depredador es una persona desconocida, por el contrario, puede ser alguien que más bien los conoce demasiado bien y eso les permite armar una historia lo suficientemente convincente para engañarlos.

¿Quién es el Lobo feroz?

Es increíble cómo el cuento de la *Caperucita Roja* no pierde vigencia, aun en la era digital. Los lobos han existido y existirán siempre, por lo que utilizar la metáfora de que no todo es lo que aparenta, o que una persona no necesariamente es quien dice ser, continúa siendo muy útil tanto en el entorno presencial como en el digital.

Hablar del Lobo feroz en el entorno presencial se nos da más naturalmente porque es algo con lo que crecimos: no abrir la puerta a cualquiera, no entrar a casas de personas desconocidas, no aceptar un dulce o un regalo de una persona extraña y cuando empieza la edad de «las reus» y de las fiestas, añadimos más temas como: no tomar una bebida que no hayas visto cómo la han servido, no descuidar el vaso e ir siempre acompañados de amigos conocidos.

En los espacios digitales los desafíos pueden ser aun mayores, ya que para el Lobo feroz es mucho más fácil fingir sobre su edad, género, hablar cualquier idioma, decir que está en cualquier país y nuestros hijos cuentan con menos referencias para poder identificar señales sospechosas.

Sin embargo, a pesar de que no lo puedan ver o escuchar de la misma forma que sucedería en el mundo presencial, y que eso le da ventaja al lobo, sí podemos enseñarles a reconocer conductas o patrones de comportamiento que se repiten en los depredadores digitales, que activen sus señales de alarma y sepan reconocerse en una situación de peligro.

El Lobo feroz puede ser cualquier persona y por eso hay que ser menos ingenuos con las cosas que compartimos en redes y en grupos de WhatsApp. Incluso nosotros los padres, podemos ser quienes ponemos en peligro a nuestros propios hijos. Un clásico es cuando formamos parte de grupos de chats de vecinos con muchos participantes, que difícilmente conocemos en su totalidad y que por lo general, no hay una persona que verifique o garantice que realmente sean quienes dicen ser. He sido testigo de cómo las personas comparten en esos foros sus datos personales, profesionales, avisan cuándo salen de vacaciones, asumiendo ingenuamente que todos los que viven en su edificio son personas de bien. En una ocasión, al inicio de un ciclo escolar, se armó el tradicional grupo de WhatsApp de los padres del salón. Al parecer, al incluir los números de teléfono hubo un error y luego de meses en los cuales todos nos presentamos dando nuestros nombres, nombres de nuestros hijos y otros detalles, alguien escribió: «Buenos días, señoras, no sé qué hago aquí, pero un gusto conocerlas a todas», y posteriormente se salió. Puede que esta persona nunca hubiera hecho nada malo con todos nuestros datos, pero, de haber querido, hubiese sido demasiado fácil.

Una forma en la que podemos sembrar el pensamiento crítico en nuestros hijos, es compartir y conversar con ellos sobre cómo es realmente ese Lobo feroz:

- ¿Es hombre o mujer?
- ¿De qué edad?
- ¿Te conoce?
- ¿En qué plataformas está?
- ¿Puede ser un amigo de la escuela?
- ¿Puede ser un familiar?
- ¿Puede ser un vecino?

El objetivo es sembrar la idea de que puede ser cualquiera y que quizás, esa persona que los está contactando sabe mucho de ellos, no porque los haya hackeado sino porque es alguien cercano que los conoce.

¿Cómo se comporta?

Por lo general, los depredadores son personas expertas en ganarse la confianza de sus víctimas y son capaces de esperar el tiempo que haga falta. Son esos amigos que no han encontrado en la vida real, con los cuales no hay ningún tipo de conflicto ni diferencia de opinión, les aplauden todo, los entienden como nadie más lo hace.

También cuentan con la habilidad de encontrarles su punto débil. Los adolescentes que ponen su valor como persona en el número de seguidores o *likes*, son presas fáciles para que el Lobo feroz los adule por medio de comentarios en sus publicaciones. Para quienes quieren ser *influencers* por el camino rápido y fácil, puede enviarles un mensaje elogiando su cuenta y ofreciendo patrocinios de marcas o muchos seguidores. También pueden irse ganando a nuestros hijos enviándoles regalos tipo *skins*, bailes o monedas digitales dentro de los videojuegos o haciendo envíos de regalos físicos por plataformas de venta en línea. Es importante generar los espacios de comunicación en donde los niños vayan aprendiendo a diferenciar lo real y lo ficticio de los comportamientos en línea e identifiquen si están en presencia del lobo:

- ¿Te trata «demasiado» bien?
- ¿Ofrece algo que quieres?
- ¿Te entiende mejor que nadie?
- ¿Pide mantener secretos?
- ¿Te dice que no le comentes a tus padres de esa amistad?
- ¿Se deja ver o siempre tiene una excusa para no hacerlo?
- ¿Te pregunta quién tiene acceso a los dispositivos que usas?

La estrategia de pedir secretos busca aislar a las víctimas de las personas que podrían protegerlos. Puede que sean ellos los que inicialmente revelen un «supuesto secreto» al menor, para que se sienta comprometido a compartir uno él también: «Si yo confié en ti, ahora te toca a ti». Para los niños y adolescentes ciertos secretos pueden tener una relevancia que a veces a los adultos nos cuesta comprender, como fue el caso de una niña de once años que decidió compartir fotos íntimas ante la amenaza de que difundiesen que se había desarrollado, lo cual había compartido como un secreto. Para nuestros ojos, obviamente es mejor asumir las consecuencias de que la gente se entere de algo que es lo más natural del mundo, a los riesgos de compartir imágenes íntimas. Pero los niños y adolescentes toman decisiones con base a lo que es importante para ellos. Por eso, es importante reforzar que compartir secretos en las interacciones en línea, es una señal de alerta y que cada secreto que damos le otorga poder a quien lo recibe.

Preguntarles sobre quiénes tienen acceso a sus dispositivos es una estrategia que utilizan para calcular sus riesgos. Como mencionamos al principio, es posible que tengan múltiples víctimas en simultáneo y evalúan quién es más fácil que caiga en la trampa. Si perciben el riesgo de que otras personas tienen acceso a descubrir el chat, es probable que escojan a alguien que no tenga esa protección. Al compartir esta conducta con los adolescentes podemos platicar sobre diferentes posibilidades para reaccionar:

- ¿Cómo podrías responder si una persona en las redes o en los videojuegos te hace esa pregunta?
- Si llegase a ser un depredador ¿qué respuesta consideras que te protegería más?

Hasta este punto hemos visto conductas que, aunque son señales de alerta, es posible que una persona las tenga sin necesariamente tener una mala intención. Es para estar alertas, como cuando uno va a la playa y hay una banderilla amarilla indicando que existen ciertos riesgos de meterse al mar y en caso de hacerlo hay que tener precaución.

A continuación, vamos a cambiar el color de la banderilla a rojo. A las siguientes conductas, en caso de presentarse, no recomiendo dar el beneficio de la duda.

La introducción de temas de sexualidad en las conversaciones, especialmente si se conoce que el interlocutor es un adulto, no deben pasarse por alto. Por lo general, van midiendo la tolerancia del menor o introducen juegos para hacerlo más ingenuo, como por ejemplo tomarse fotos de determinadas partes de su cuerpo y enviarlas. Paulatinamente pueden ir subiendo el tono de las conversaciones y hacer peticiones de naturaleza sexual, que pueden ir desde fotos, videos, compartir fantasías sexuales hasta concertar una videollamada o un encuentro presencial. Así como se les enseña cuáles partes del cuerpo son públicas y cuáles son privadas, las caricias buenas y malas, o los secretos buenos y malos, es recomendable extrapolar estas enseñanzas al ámbito digital. A continuación, una guía de preguntas para compartir en familia:

- ¿Qué temas son adecuados para compartir por un medio digital?
- ¿Qué opinan sobre tener conversaciones íntimas por medios digitales?
- ¿Qué riesgos implican tenerlas con una persona que no conocen?
- ¿Qué tipo de fotos son inapropiadas recibir de otra persona? ¿Cuáles califican como un abuso?
- ¿Qué partes del cuerpo son para compartir o publicar?
- ¿Qué prendas de ropa son apropiadas para foto o video?
- ¿Qué puede hacer una persona con malas intenciones con estos contenidos?
- ¿Qué comentarios sobre su cuerpo o apariencia son correctos y cuáles serían inapropiados?
- ¿Cuáles son los riesgos de asistir a un encuentro presencial con una persona que solo conocen por internet?

- ¿Hay alguna diferencia, en términos de riesgo, si es una persona pública? (Por ejemplo, que sea un *influencer* famoso).
- Si en lugar de una persona, la invitación viene de una empresa de un tema que te interesa muchísimo como una agencia de modelaje, equipo deportivo, marca de ropa que quiere patrocinarte, ¿cuáles estrategias de protección debes tener para asegurarte de que no se trata de un engaño que te ponga en peligro?

Recordemos que no es lo mismo hablar de estos temas que estar en la situación. A veces fuera de la escena suena muy obvio que hay que decir que no, retirarse o pedir ayuda, pero en el momento, y con la gran habilidad del victimario, no puede resultar tan sencillo y menos para un menor de edad. Al igual que con el *sexting*, anticipar posibles reacciones o respuestas podría (no garantiza) ayudar en esas situaciones:

- ¿Cómo podrías responder si una persona que ya te ha dado varias señales de alarma un día te envía una *dick pic*, *nude* o un video porno?
- ¿De qué forma podrías responder si te pide una foto o video que consideres inapropiado o íntimo?
- ¿Qué harías si en el medio de una conversación esa persona comienza a hablarte de temas que te incomoden o que involucren temas íntimos?
- Estando en una videollamada con una persona, si la conversación comienza a ponerse incómoda, ¿de qué forma podrías ponerle un límite?, ¿cómo podrían terminar la conversación?, ¿cuándo sería el momento de finalizar esa llamada?
- ¿Cómo podrías rechazar una invitación de una persona sospechosa si quiere verte en persona?

En el caso de haber compartido secretos, fotos o videos, es posible que el depredador cambie de actitud, iniciando un ciclo de manipulaciones, chantajes o amenazas. Esta es otra clara señal de peligro que no deben desestimar. De nuevo esto suena fácil en papel, pero es muy difícil para ellos de enfrentar, especialmente si se han involucrado sentimentalmente con el agresor. El problema con ceder ante un chantaje es que la situación nunca mejora. Además, recordemos que hay una diferencia de poder importante, el delincuente es especialista en lo que está haciendo, nuestros hijos no. En un foro sobre *grooming* tuve la oportunidad de escuchar a un experto compartir un caso en el cual, el victimario, se creó una cuenta falsa haciéndose pasar por una niña de la misma edad de la víctima. Desde esa cuenta, se comunicaba y le contaba que ella había pasado por lo mismo y que si le mandaba lo que él le pedía, ya la iba a dejar en paz. Así de macabro puede ser este tema. Ya sé, ¡qué miedo da esto! Pero sigamos buscando formas de prepararlos y protegerlos.

Lo ideal es que frente a un chantaje o amenaza, nuestros hijos vengan a pedirnos ayuda. Esa es una idea que me gusta dejar muy clara cuando hablo con ellos: mientras más pronto pidan ayuda a un adulto de su confianza, más rápido podrán salir de esa situación. Cualquier regaño que pudiesen recibir de sus padres o tutores nunca será peor que seguir en esa relación (esto es lo que al menos debería ser). A los adolescentes a veces les cuesta hablar y lamentablemente, el discurso de la famosa brecha digital no ayuda. Los hace sentir más solos en estas situaciones. ¿Cómo van a ayudarme mis padres si no entienden nada de esto? Por eso la importancia de que ellos entiendan que el hecho de que no sepamos tanto de tecnología no nos invalida para apoyarlos. «Puedo no saber usar Reddit o no jugar videojuegos, pero como tu mamá haré lo que sea para protegerte y ayudarte ante un acoso». Son dos cosas muy distintas.

Para estas situaciones podemos establecer como familia varios acuerdos como:

- Tener un código de emergencia entre nosotros que cuando los hijos lo digan, los padres podremos saber que se encuentran en una situación de peligro y, sin preguntar en exceso, ponernos manos a la obra para ayudarlos. Por ejemplo, en mi familia en un momento utilizábamos la palabra «tornillo».

- Garantizar que, en este tipo de situaciones, si ellos piden nuestra ayuda no habrá represalias de nuestra parte de las cuales deban temer.

- Involucrarlos preguntándoles: de estar en esa situación ¿qué consideran que les ayudaría más de nuestra parte?

No buscar cariño en internet

Me tocó conocer el caso de una niña a quien se le murió su papá. Su mamá atravesaba una profunda depresión por esta pérdida. La niña conoció a una persona por una red social que la acompañó en su duelo. Le dio consuelo, la escuchó, estaba siempre allí para ella, cuando nadie más estuvo. Eventualmente, las conversaciones evolucionaron de forma paulatina a temas sexuales. Comenzó a pedirle fotos y videos íntimos. Cuando la mamá se enteró, la solución no fue tan sencilla como quitarle el celular o cerrarle todas las redes sociales, porque para la hija esa persona no era un abusador, era un salvavidas en una etapa muy dura de su vida.

Tratar de disuadir a los adolescentes de que acudan al internet para sentirse queridos, apoyados o aceptados, es una estrategia de protección. El estar vulnerables los hace «presa» fácil de las personas que se dedican a hacer cosas malas por medio de la red. Esto es muy fácil decirlo y muy complejo ponerlo en práctica. Es tentador para todos ir a buscar en las redes lo que nos está faltando en la vida presencial. Si los adultos preferimos voltear a ver nuestros teléfonos antes de enfrentar una conversación difícil, si se nos van horas en Instagram para evitar reconocer qué aspectos de nuestras vidas no nos hacen felices, si revisamos constantemente WhatsApp para sentirnos productivos y valorados, no podemos esperar que para los adolescentes resulte diferente.

Mostrarme vulnerable frente a mis hijos y otros adolescentes sobre cómo me descubro yendo a las redes para evadir una situación o emoción que atravieso, me ha ayudado a conectar con ellos. He podido aprender sobre cuáles son las emociones y situaciones más retadoras que enfrentan, y el alivio que encuentran en la tecnología. Compartir estas experiencias de igual a igual genera que todos nos sintamos que atravesamos la misma tormenta, pero cada uno en su propio barco. Yo les cuento cómo a veces sufro del síndrome del impostor y me pongo a publicar cosas en Instagram para recibir *likes* y comentarios que llenen mi vacío de reconocimiento. Ellos me cuentan cómo les preocupa su apariencia física, no conseguir tener un cuerpo de acuerdo con los estándares de las redes sociales, y que eso, los lleva a pasarse horas viendo videos irrelevantes en TikTok que les permiten olvidar. O que a veces se sienten solos, que ya sus amigos de antes no son sus amigos y se ponen a jugar videojuegos donde sí consiguen una comunidad en donde se sienten valorados.

Cuando vemos que todos pasamos por lo mismo, cada uno con sus temas, podemos pasar a una segunda fase en la cual exploramos qué otras opciones existen para satisfacer esas necesidades o emociones, que no impliquen salir corriendo como corderitos a las redes. De nuevo me ha funcionado mantenerme de tú a tú. Ellos me dan ideas a mí y yo a ellos. El objetivo es transmitirles que cuentan con otros recursos a quien acudir cuando no se sientan bien o estén en problemas, que no sea lo digital siempre su primera opción. La lista puede incluir desde actividades alternativas hasta personas con quienes pueden contar.

Me he sentido…	¿De qué otra forma puedo manejarlo?
Triste	
Aburrido	
Enojado	
Preocupado	
Solo	
Culpable	
Curioso	
Inquieto	

Hay opciones técnicas dentro y fuera de las plataformas que también son muy útiles para la protección de peligros como el *grooming*. Estas serán abordadas con mayor profundidad en el capítulo 17, ya que aplican para muchos otros temas de seguridad.

Seguir la intuición: el cuerpo avisa cuando estás en peligro

Cuando trabajaba en el mundo corporativo nos daban muchos cursos de seguridad, en los cuales hacían énfasis en que nuestro cuerpo nos envía señales, segundos antes de estar en una situación de peligro. Siempre que las identificásemos, lo mejor era seguir nuestra intuición de que algo estaba mal.

No se trata de vivir paranoico ni transmitirles ansiedades y miedos a nuestros hijos, pero la intuición es un recurso que tenemos los seres humanos y bien utilizada, puede ayudarlos a tomar decisiones cuando sienten que algo no está bien. Esto es particularmente relevante en el mundo digital porque, como hemos explicado anteriormente, el Lobo feroz en internet cuenta con más recursos para enmascararse y cualquier detalle que les llame la atención es importante.

En una ocasión me puse en contacto con un proveedor de filtros de contenidos, porque antes de compartir sus números telefónicos quería probar directamente que fuesen los correctos. Conversé muy amablemente con una persona e intercambiamos celulares; yo con la intención de ponerlos en contacto de forma rápida con alguna familia o escuela que pudiese estar interesada en sus productos y servicios. Días después mientras estaba en una cena, me llegó un mensaje de esta persona preguntándome cómo estaba y qué tal había estado mi día. La verdad es que tan solo leerlo me incomodó. No me escribió nada sugestivo ni vulgar, pero ¿era normal que un proveedor de filtros de contenidos me escribiese a las nueve de la noche para ver qué tal estaba? Para mí no. Al llegar a la casa le comenté a mi esposo lo sucedido y ambos estuvimos de acuerdo con tomar fotos de pantalla del chat como evidencia, bloquear el contacto y esperar a ver si intentaba contactarme de otra forma. Nunca más me escribió, quizás no había una mala intención, pero de nuevo creo que lo mejor fue actuar por el camino seguro.

A nuestros hijos podemos enseñarles a reconocer de qué formas sus cuerpos les dan avisos. Para algunos es el dolor de estómago, otros experimentan sudoración y hay a quienes se les acelera el corazón. Si estando en plataformas digitales su cuerpo les manda esas u otras señales, es porque hay algo inusual. Puede ser que el contenido de un video no sea apropiado para ellos, que un comentario en un chat o en sus publicaciones sea un foco rojo o que el comportamiento de un jugador en un videojuego sea sospechoso.

¿Cómo identificar si mi hijo es víctima de un Lobo feroz?

Hemos hablado de la importancia de que nuestros hijos nos pidan ayuda de inmediato en caso de *grooming*. Pero ¿qué pasa si esto no ocurre? Sus comportamientos pueden ser señales que nos invitan a indagar más para identificar si se encuentran en peligro. Algunas de ellas son:

• Modificaciones inexplicables de humor.
• Aislamientos.
• Reacciones desproporcionadas cuando te acercas a ellos de forma sorpresiva mientras usan sus dispositivos.
• Miedo irracional a que revises sus celulares, computadoras o tabletas.
• Interés recurrente por saber cuándo vamos a estar en casa y cuándo no.
• Cambios de hábitos y rutinas.
• Pérdida de apetito o de sueño.

No porque presenten una o varias de estas conductas quiere decir necesariamente que son víctimas de *grooming*. De hecho, lo difícil es que muchos de estos comportamientos pueden deberse a la adolescencia o muchas otras cosas. Por ejemplo, una vez una mamá me comentó que se espantó muchísimo porque le pidió prestado el celular a la hija y la joven se puso muy nerviosa. Ella entró en pánico e insistió en revisar sus chats y lo que descubrió es que había hablado mal de ella con una amiga, porque no la había dejado ir a una fiesta. Es realmente complejo diferenciar entre una cosa y la otra. Sin embargo, son invitaciones a indagar un poco más sobre lo que pudiese estar pasando.

Cuando nuestra intuición o la suma de muchas señales nos digan que es muy probable que algo no esté bien, mi recomendación es revisar las plataformas que más utilizan, para ver si han tenido comunicaciones de riesgo. También pedir ayuda a un profesional de la salud mental nos puede apoyar para confirmar o descartar si estamos frente a un caso de *grooming*.

¿Qué hacer ante un caso de *grooming*?

No hacerlos sentir culpables. Recordemos que los niños y adolescentes que son víctimas de *grooming* fueron engañados por un delincuente experto en algo tan terrible como el abuso sexual de un menor. Las víctimas hubiesen actuado diferente y tomado otras decisiones de haber sabido que con quien interactuaban buscaba hacerles daño. Tampoco se merecen lo que les pasó por haber estado en un videojuego o en redes sociales. Es fundamental que las víctimas reciban apoyo incondicional y más aun de sus progenitores, para salir adelante después de una experiencia tan dura.

Buscar ayuda de un profesional de la salud mental. Los traumas que pueden generar estas experiencias pueden ser muy fuertes y afectar el desarrollo afectivo y emocional del menor. También es una experiencia que impacta a toda la familia. Por eso, un psicólogo o psiquiatra pueden ser un gran recurso para ayudarlos a todos. Ellos cuentan con la preparación para orientar a los padres en cómo acompañar y brindar el apoyo necesario a su hijo, además de brindarles estrategias para continuar adelante e ir sanando las heridas.

Guardar evidencias. La complejidad de poner una denuncia, que se comentó en el capítulo anterior, también aplica lamentablemente a las víctimas de *grooming*. De nuevo dependerá de la policía cibernética con la que se cuente y adicionalmente de los tratados de ayuda que existan entre los países en caso de que involucre a personas que se encuentren físicamente en otros lugares. Es una decisión individual que cada familia tomará dependiendo de lo que consideren mejor para su hijo. Independientemente de lo que elijan hacer, en un primer momento es importante tratar de conseguir el mayor número de evidencias, porque eso será indispensable en el caso de que se decanten por denunciar.

Para ello recomiendo:

- No borrar los chats y tomar fotos de éstos. Guardar las imágenes y videos que hayan sido compartidos. Si se cuenta con los urls de los perfiles de las cuentas desde donde se comunicaba el delincuente, será de gran ayuda para la policía o perito cibernético.
- No hacerse pasar por sus hijos y tratar de comunicarse con el delincuente. De nuevo, son especialistas y saben muy bien cómo escribe un niño o un adolescente. Si sospechan que son los padres, tienen el conocimiento técnico para eliminar todo y no dejar ninguna huella de lo ocurrido.

Reportar y denunciar en las plataformas. Independientemente de si se acude o no a la policía, hacer un reporte en la plataforma donde ocurrió el delito es una forma de contribuir para que otro menor de edad no pase por la misma experiencia. La mayoría de las redes sociales y videojuegos cuentan con esta posibilidad. Por lo general esta opción se puede realizar de forma anónima y se encuentra bajo el símbolo de tres puntos (…) en el perfil de los usuarios[82]. De hecho, si no la tienen, es una clara señal de que no es un espacio digital que brinda mucha seguridad. Es como ir a un centro comercial donde no haya personal de vigilancia, a un parque sin luces o a una playa sin salvavidas.

Al colocar un reporte la plataforma no suspende de inmediato al usuario. Primero revisan si realmente el usuario infringió una regla. Lamentablemente hay veces que nunca lo llegan a suspender. Este es un tema que las empresas tienen que mejorar, no solo en los procedimientos para atender las denuncias, sino para que estos eventos no ocurran.

---

82. El apéndice incluye enlaces de las plataformas más comunes a la fecha que explican cómo hacer un reporte o poner una denuncia.

Al final del cuento de la Caperucita aparece un leñador. Ese personaje tiene un significado especial tanto en el cuento como en el *grooming*. El leñador es el adulto que sale al rescate de las víctimas, las ayuda para salir de la panza del lobo y a seguir adelante. Todos podemos ser leñadores, por mucho dolor que exista, las heridas bien curadas y tratadas, aunque dejen una cicatriz, no definen a las víctimas. No son lo que les pasó. Ojalá los adultos contemos con la sabiduría para manejar esta dolorosa experiencia de una forma que nos una como familia, y no que nos separe. De igual forma, si la víctima es de otra familia, ojalá despierte en nosotros la empatía y compasión para brindarle una mano.

Recuerda que:

- El *grooming* es un delito perpetrado por un adulto hacia un menor de edad, cuyo fin es generar una relación de confianza para involucrarlo en una actividad sexual.
- No es un delito exclusivo del mundo digital, aunque es un hecho que el internet facilita mucho el trabajo a los victimarios. Dentro del entorno digital, no existen plataformas específicas donde ocurre el *grooming*. Puede pasar en cualquiera.
- No siempre se hace pasar por un menor de edad, así como no siempre son personas completamente desconocidas por el menor.
- Puede afectar tanto a niñas como a niños.
- Hay diferentes niveles de interacción y peligros; desde conversaciones sexuales, solicitudes de fotos o videos íntimos, hasta encuentros presenciales.
- Tener una relación cercana con nuestros hijos es fundamental para que acudan a nosotros por ayuda lo antes posible.
- Como en internet es muy sencillo hacerse pasar por otra persona, podemos anticiparle a nuestros hijos posibles com-

portamientos de estos victimarios, para que, en caso de que los identifiquen, sepan salir a tiempo de la situación.

- Si observamos que nuestros hijos presentan cambios de conducta muy notorios y nuestra intuición nos dice que están en peligro, es recomendable revisar las plataformas que más utilizan y pedir ayuda a un profesional de la salud mental.

- Ante un caso de *grooming* en casa, es importante no hacer sentir culpable a la víctima de lo que sucedió y darle todo el apoyo emocional que necesite, idealmente involucrando a un psicólogo o psiquiatra.

- Guardar toda la evidencia posible es fundamental en caso de que se decida poner una denuncia con la policía. También se recomienda reportar la situación en las plataformas donde ocurrieron los eventos, a fin de evitar nuevas víctimas.

 Ejercicios:

1. Explícale a alguien la diferencia entre *sexting* y *grooming*.
2. Conversemos con nuestros hijos sobre la intuición: ¿en cuáles situaciones la hemos sentido?, ¿qué señales nos ha dado?, ¿qué sentimos cuando algo nos dice que estamos en peligro?
3. Revisar solos o en familia, dónde se encuentran las opciones para reportar o denunciar en las plataformas que más utilizamos.
4. Si tenemos hijos o sobrinos mayores de edad en casa, preguntarles qué estrategias consideran más efectivas para proteger del *grooming* a sus hermanos o primos menores.

Bibliografía

Bazelon, Emily. *Sticks and Stones*. Random House Publishing Group. Kindle Edition. 2013.

Boyd, Danah. *It's Complicated: the social lives of networked teens*. New Haven, CT: Yale University Press. 2014.

Canovas, Guillermo. *Cariño he conectado a los niños*. Bilbao: Ediciones Mensajero, S.A., 2015.

Englander, Elizabeth K. *Bullying and Cyberbullying What Every Educator Needs To Know*. Cambridge: Harvard Education Press, 2018.

Englander, Elizabeth. «Childhood Access to Technology and Cyberbullying». Journal of Pediatrics and Pediatric Medicine, 2019. https://www.pediatricsresearchjournal.com/articles/childhood-access-to-technology-and-cyberbullying.html Revisado mayo 2021.

Englander, Elizabeth K. 25 *Myths About Bullying and Cyberbullying*, New Yersey: WILEY Blackwell, 2020.

Hamilton, Audrey. «Cyberbullying Less Frequent than Traditional Bullying, According to International Studies». American Psychological Association. 2012. https://www.apa.org/news/press/releases/2012/08/cyberbullying Revisado mayo 2021

«How to Protect Your Children From Online Sexual Predators». The New York Times. https://www.nytimes.com/2019/12/07/us/protect-children-online-sex-abuse.html

Hurley, Katie. LCSW. «Digital Self-Harm: Why Are Teens Cyber Bullying Themselves?» *Psycom*. https://www.psycom.net/digital-self-harm.

Kowalski, R. M., Giumetti, G. W., Schroeder, A. N., & Lattanner, M. R. *Bullying in the digital age: A critical review and meta-analysis of cyberbullying research among youth.* Psychological Bulletin, 140(4), 1073–1137. 2014. https://doi.org/10.1037/a0035618

Laguarda, Elena; Laguarda, María Fernanda y Novelo Regina. *A un click de distancia: estrategias para abordar el tema de la pornografía con niños y adolescentes.* México: Ediciones Urano. 2015.

Madigan, Sheri. Anh Ly, MA. Christina L. Rash, BA. «Prevalence of Multiple Forms of Sexting Behavior Among YouthA Systematic Review and Meta-analysis». 2018. Jama Network. https://jamanetwork.com/journals/jamapediatrics/fullarticle/2673719

Mascheroni, Giovanna & Ólafsson, Kjartan. Net Children Go Mobile: risks and opportunities. Second edition. Milano: Educatt. 10.13140/RG.2.1.3590.8561. 2014. https://www.researchgate.net/publication/283320908_Net_Children_Go_Mobile_risks_and_opportunities_Second_edition_Milano_Educatt.

Mckiski, Kayla. «Sexting May Be Less Common Among Teens Than You Think», 2019. https://www.webmd.com/parenting/news/20190726/sexting-may-be-less-common-by-teens-than-you-think#1

Olweus. Dan A. «Cyberbullying: An overrated phenomenon?» 2012. https://www.researchgate.net/publication/254222937_Cyberbullying_An_overratedphenomenon. Revisado mayo 2021.

Pierce, Cindy. *Sexploitation: helping kids develop healthy sexuality in a porn-driven world.* Brookline, Massachusetts: Bibliomotion Inc. 2015.

Sanderberg, Sheryl & Adam, Grant. *Option B: Facing Adversity, Building Resilience, and Finding Joy.* New York: Alfred A. Knopf, 2017.

Smahel, D., Machackova, H., Mascheroni, G., Dedkova, L., Staksrud, E., Ólafsson, K., Livingstone, S., and Hasebrink, U. EU Kids Online 2020: *Survey results from 19 countries.* EU Kids Online. Doi: 10.21953/lse.47fdeqj01ofo, 2020.

Zysman, María. *Ciberbullying: cuando el maltrato viaja en las redes.* Buenos Aires: Paidós, primera edición, 2017. Libro digital, EPUB.

Parte V
Protección y supervisión entre pantallas

Capítulo 16
Protegerlos en la era digital

«Cualquier cosa que quieras preguntarle a un maestro,
pregúntatelo a ti mismo y espera por la respuesta en silencio».

BYRON KATIE

Ocurre algo muy interesante con las invenciones tecnológicas. Los seres humanos somos capaces de crear cosas muy innovadoras, pero al crearlas, no tenemos idea del impacto que pueden tener en la sociedad, de la ética que se va a requerir para utilizarlas, de los tipos de regulación ni de las acciones que vamos a necesitar para protegernos de lo que nosotros mismos creamos. El proceso de innovar, además, va a una velocidad mucho más rápida que los procesos de debatir, aprobar leyes, ponerlas en práctica y ver que efectivamente tengan sentido o si más bien crean otros problemas. Pongamos como ejemplo el dilema que enfrentan los países que ponen cámaras de vigilancia en diferentes puntos de una ciudad y utilizan tecnología de reconocimiento facial [83]. En principio, puede ser una estrategia muy eficiente de seguridad ya que facilita encontrar a delincuentes. También puede resultar útil en manejo de pandemias a través del reconocimiento de la temperatura corporal. Pero así como puede utilizarse

---

83. Quizás te sorprenda saber que Londres es la tercera ciudad del mundo, después de Taiyuan y Wuxi, con el mayor número de cámaras de vigilancia por cada 1.000 habitantes en 2020. Fuente: Comparitech https://www.comparitech.com/studies/surveillance-studies/the-worlds-most-surveilled-cities/ Revisado 04 de mayo de 2021

para eso, también puede ser una herramienta para que los gobiernos autoritarios identifiquen y repriman a sus adversarios. Se nos presenta el dilema de qué tanto queremos que los gobiernos tengan acceso a nuestra información, qué tan vulnerables nos ponemos si utilizan todo lo que saben de nosotros con un propósito que no es conveniente para la sociedad o que responde a intereses personales de los gobernantes de turno.

Este dilema que se nos presenta a gran escala en la sociedad se parece al que nos enfrentamos en casa. Le damos entrada a los dispositivos sin tener muy claras las nuevas dinámicas que se van a generar; queremos supervisar para cuidar a nuestros hijos en los espacios digitales pero no sabemos cómo hacerlo, y además, ciertas estrategias de supervisión, nos dan acceso a tal nivel de información sobre su vida, que nos hace cuestionar si más bien no estaremos invadiendo su privacidad.

La supervisión en esta era digital es uno de los aspectos más retadores de la paternidad. No existe una fórmula única o una aplicación que podamos comprar que nos garantice hacerlo perfectamente. Lo que sí tengo claro es que como padres no podemos desprendernos de nuestro rol de protectores y eso no puede dejar por fuera los espacios digitales donde nuestros hijos pasan la mayor parte de su tiempo. La tecnología está tan integrada en su día a día; viven en la era digital. Por eso debemos ser cuidadosos con afirmaciones como: «Yo no me meto en eso porque no sé», ya que dejar de supervisar el mundo digital de nuestros hijos puede implicar dejar de protegerlos en la mayor parte de su infancia y adolescencia.

Es cierto que no contamos con las referencias de nuestra infancia de cómo lo hacían nuestros papás, a diferencia de otras situaciones como permisos para ir a dormir a casas de amigos, hacer fiestas en la casa o estar al tanto de las calificaciones. Somos pioneros y estamos estableciendo patrones que servirán de referencia para generaciones futuras, ya sea para repetirlos, hacer lo contrario o una mezcla. Nos toca experimentar, además, con un conocimiento muy limitado de las tecnologías que utilizan y de todo lo que es posible hacer con ellas. Del lado de nuestros hijos, hemos sembrado esta idea de que ellos son los expertos, que nosotros no sabemos nada y si nos ponemos en sus zapatos piensan: ¿y cómo me van a cuidar mis padres de algo que no tienen ni idea? Esta sensación les pone un peso adicional, una responsabilidad que todavía no están 100 % capacitados para asumir y les genera miedo y ansiedades. La buena noticia es que existen cantidades desorbitantes de información como nunca antes en la historia, y si nos abrimos a compartir nuestras experiencias con personas de confianza, o con profesionales de algún tópico en particular, podemos obtener herramientas, ideas y estrategias para ponerlas en práctica, entendiendo que somos humanos y nos equivocaremos, pero sin renunciar a nuestro rol de protectores.

¿Esta generación es peor que las anteriores?

Es absurda la cantidad de información que hoy en día los padres tenemos de la vida de nuestros hijos. Muchos tienen la idea de que esta generación es mucho peor a las anteriores, pero hay que cuestionarnos si esto es realmente cierto o si es un argumento construido con base a todo lo que nos enteramos y que nuestros padres no tuvieron ni remotamente acceso a conocer de nuestras vidas de adolescentes. Hoy podemos saber en dónde están en todo momento, leer sus conversaciones, ver lo que publican, los comentarios que reciben o escriben a otras personas, nos llegan videos y fotos de fiestas en chats de los padres, fotos de pantalla de lo que uno de ellos escribió sobre otro. Es prácticamente la adolescencia al desnudo, y como recibimos pedazos de información muy puntuales, es muy fácil hacer interpretaciones fuera de contexto.

A veces me pregunto: ¿tanta información se traduce necesariamente en mayor protección? Considero que una habilidad muy importante para los padres del siglo xxi es aprender a administrar todos estos datos, qué hacer con ellos, identificar cuáles son de utilidad,

cuáles no, porque un mal manejo nos puede llevar a estar constantemente ansiosos y preocupados[84]. En la escuela de Alejandra, una
adolescente de quince años, pusieron a disposición de los padres una
plataforma en la cual podían acceder a infinidad de información entre
las cuales estaba el saber si un alumno faltó a clase o llegó tarde. Un
día al regresar de la escuela, se encontró a su mamá hecha una furia y
sin decirle ni hola, le empezó a reclamar el haberse ido de pinta durante el período de clase después del recreo. Resultó que una amiga se
cayó por las escaleras mientras bajaban al receso y Alejandra la acompañó a la enfermería y permaneció con ella hasta que sus padres llegaron para llevarla al hospital. Alejandra salió regañada prácticamente
por un malentendido que genera el exceso de información, que sin
complementarse con el contexto llevó a una conclusión y reacción
equivocada. Le explicó a su mamá y esta se sintió mal por haberla
señalado por algo que no había hecho, pero Alejandra se ofendió más
por la falta de confianza y el señalamiento.

Situaciones como estas son muy comunes en la paternidad actual,
por eso debemos ser selectivos con el tipo de información que realmente necesitamos saber de nuestros hijos y una vez que la tenemos
utilizarla con sabiduría. En caso contrario, bajo el pretexto de protegerlos, podemos vivir con una angustia crónica que nos lleve a reaccionar constantemente desde el miedo. Esto puede generar un ambiente
muy desgastante, cuya consecuencia sea que nuestros hijos busquen
espacios más privados y de mayor riesgo en comparación a las plataformas tradicionales.

El dilema de la privacidad

Nos debatimos entre nuestra necesidad de protegerlos y la necesidad
de que ellos tengan una sana privacidad. Ambas cosas son muy im-

---

84. Damour, Lisa. *Under Pressure. Confronting the Epidemic of Stress and Anxiety in Girls.*
New York: Ballantine Books, 2019, pp. 54-56.

portantes en el desarrollo de nuestros hijos. Por un lado, no podemos caer en la ingenuidad de que no existen peligros en internet y, por otro, entender que la privacidad en ciertas áreas de su vida es importante mientras descubren quiénes son y desarrollan relaciones interpersonales con sus pares.

Los adultos vemos con sorpresa algunos videos, imágenes y comentarios de las nuevas generaciones, que nos hacen cuestionar si hoy en día ya no se aprecia la intimidad o si se ha perdido el concepto de privacidad. Nos cuesta entender porqué arman una revolución si queremos ver su celular y al mismo tiempo «nos parece» que publican su vida entera y la exponen a miles de personas que ni siquiera conocen bien.

Danah Boyd en su libro *It's Complicated* analiza esta paradoja y concluye que la vida privada sigue siendo valorada por los adolescentes. Ellos escogen qué aspectos de su vida quieren compartir a través de sus redes sociales y cuáles permanecen fuera, aunque a veces parezca que no dejan nada.

Hay muchos temas que deciden no publicar: qué les preocupa, qué les genera miedo, la persona que les gusta, lo que anhelan profundamente, si tienen un ser querido enfermo o atraviesan una situación familiar difícil. Lo que nuestros hijos están dispuestos a compartir es un porcentaje del total de su identidad y de lo que están viviendo como individuos.

A veces nos horroriza lo que vemos, sin embargo, tenemos que recordar que ellos están socializando en ambientes que son mucho más visibles. Quizás nosotros nos comportamos igual a su edad, pero los adultos tenían mucho menos acceso a nuestras interacciones. Si estábamos hablando mal de alguien, diciendo groserías y se acercaba un adulto bajábamos la voz, cambiábamos de tema o callábamos. Entonces, no necesariamente son peores que nuestra generación, solo tienen retos diferentes y debemos ayudarlos a enfrentar.

¿De quién buscan privacidad los adolescentes? Definitivamente no están preocupados si entes gubernamentales, corporaciones, uni-

344 • CRECER ENTRE PANTALLAS

versidades o futuros empleadores están revisando sus redes sociales. Aunque entienden los posibles efectos, lo ven poco probable y en todo caso absurdo. Más allá de las noticias que les mostramos sobre los diez alumnos expulsados de Harvard por publicar en sus cuentas comentarios racistas, en su ambiente cercano no conocen muchos casos que corroboren el pánico que intentamos transmitirles. Tampoco ayuda que, por su etapa de desarrollo, el cerebro de los adolescentes hace que no manejen horizontes de tiempo a largo plazo. Para ellos, hablarles de algo que pudiese ocurrir en tres años les parece irrelevante.

Les preocupa ser vigilados por diferentes personajes de autoridad en sus vidas: padres, directores de la escuela, entrenadores o incluso grupos de amigos que pudiesen malinterpretar la información que comparten o meterlos en problemas. Por incoherente que nos parezca, buscan privacidad de sus círculos cercanos al mismo tiempo que están dispuestos a compartir ciertos aspectos de su vida con miles de personas.

Esta privacidad, los adolescentes la logran con esfuerzo. En general, desde la introducción del mundo digital, la vida de todas las personas se volvió bastante pública. Olvidamos rápido pero antes todo era bastante privado y las personas decidían qué querían compartir, las audiencias eran más limitadas y teníamos más control de nuestra información. Lo digital nos llevó al polo opuesto. Ahora con que una persona busque en Google nuestro nombre puede tener acceso a muchos datos y si queremos restringirlos, nos toca invertir tiempo y dinero para que sepan lo que estamos dispuestos a compartir de nosotros.

A los adolescentes les ocurre igual. Su privacidad la logran con esfuerzo y mucha creatividad dependiendo de qué y a quién están limitando el acceso. Ana Lucía, de trece años, maneja tres cuentas diferentes de Instagram y publica dependiendo de quien lo vaya a ver: «En la que siguen mis papás no pongo nada que los pueda *freakear*, luego tengo la de mis mejores amigos que son cosas más privadas y la tercera es lo que no me importa que vea quien sea». Roberto, de quince años, me explicó que él usa redes y plataformas que sus papás ni conocen: «Utilizo Discord, Reddit, Snapchat o Twitch, que sé que ni se van a meter, ellos me siguen en Instagram o revisan mi WhatsApp, pero casi nunca estoy allí». Isabel, de trece años, graba sus videos en TikTok, los descarga en su celular y los comparte por WhatsApp con las amigas que quiere. Jorge, de catorce años, crea cuentas con nombres de usuarios que nadie sabría que son de él y pone nombres a sus grupos de WhatsApp para confundir a sus papás en caso de que le revisen el celular sin que él esté presente: «Guardó el contacto de la chava con quien estaba quedando con el nombre de un chavo, o el grupo donde nos compartimos cosas más pasadas lo llamamos Fut Cat 2005».

A pesar de estas complejidades, no debemos desanimarnos en nuestra labor de protección. Nuestros hijos necesitan figuras adultas que los acompañen y orienten tanto para tomar decisiones como para enmendar errores. Al igual que en otros aspectos de sus vidas, es un proceso que toma tiempo mientras desarrollan esas habilidades que necesitan. Sus conductas nos irán confirmando, cuando están listos para ganar una mayor independencia de nuestra parte.

Lo que he aprendido de límites y supervisión

Uno de los aspectos más difíciles que he enfrentado en la maternidad es que lo que se aprende a través del estudio suena muy sencillo en la letra, pero en la práctica son enseñanzas que se deben adaptar a la realidad de cada hijo, a las dinámicas familiares y que además son procesos que pueden tomar su tiempo. Por eso, cuando recibo preguntas a través de mis redes que apuntan a que les dé una receta o píldora mágica, lo entiendo perfectamente. Todos quisiéramos que los retos que nos ponen nuestros hijos se resolviesen instalando una aplicación, firmando contratos o siguiendo cinco pasos estandarizados. Sin embargo, más allá del *marketing* que puede tomar ventaja del desespero de los padres, la realidad es que las relaciones y conductas humanas, así como el contexto en el que ocurren, son muy complejas para abordarlas con recetas.

En siete años que llevo hablando de temas de paternidad y tecnología he trabajado el tema de la supervisión y límites desde muchos frentes. He vivido en carne propia, en casa, la oportunidad de ponerlos en práctica y experimentar qué ha funcionado y qué no. También he visto cómo lo que ha funcionado en mi familia no necesariamente funciona en otras y hemos probado nuevas estrategias. Por eso he decidido compartir lo que he aprendido del arte de la supervisión y de los límites en el uso de la tecnología. Es más como dar todos los ingredientes que he encontrado, entendiendo que pueden existir otros que todavía no he descubierto, para que cada uno arme sus propias recetas con sus propias proporciones e incluyan sus toques personales.

¿Cuál es el mejor momento para darles un dispositivo?

Una duda muy común de todos los padres tiene que ver con la edad para permitir que sus hijos utilicen la tecnología: ¿cuándo es la edad adecuada para darles un celular? o ¿cuándo es la edad correcta para que abran una cuenta en una red social?

Por muchos años se manejó la idea de seguir los lineamientos que ponían las propias redes sociales: «Si Facebook dice que es para doce años, o más, entonces darle un teléfono inteligente o permitir que tengan cuentas antes de esa edad es peligroso». Algunas escuelas aún mantienen este discurso e incluso añaden que trasgredir ese límite es enseñarles a los niños a romper las reglas o ir en contra de la ley.

Sin embargo, ese criterio, aunque práctico, no surge de investigaciones científicas. Las compañías los establecen para cumplir con temas legales relacionados con el manejo de datos personales de los menores de edad en determinados países.

En general, la decisión de abrir la puerta a un dispositivo o cuenta en una plataforma es compleja. Mi propuesta para que cada quien consiga una respuesta, consiste en los siguientes pasos:

Primero, tener claridad sobre cuál es la necesidad que la herramienta va a satisfacer: ¿por temas de seguridad necesitamos estar en contacto con nuestros hijos?, ¿nuestro hijo tiene un talento que quiere comenzar a promover a través de una red social?, ¿la red social le va a permitir estar más en contacto con sus amigos y familiares?, ¿en su escuela se están apoyando en tabletas como parte de las herramientas educativas?

Lo segundo es analizar las competencias con las que cuentan nuestros hijos para evaluar qué tan preparados están y qué van a requerir de nosotros para utilizar esa tecnología de forma responsable y segura. En este sentido, la Dra. Devorah Heitner, autora del libro *Screenwise*, nos brinda una serie de preguntas que son de gran utilidad para saber dónde estamos parados:

- ¿Sabe controlar sus impulsos?
- ¿Muestra señales de empatía hacia los demás?
- ¿Es paciente en sus comunicaciones? ¿Le molesta que lo dejen en «visto»?
- ¿Es resiliente cuando recibe comentarios crueles?
- ¿Maneja bien sus conflictos personales?
- ¿Se distrae con facilidad?
- ¿Es organizado? ¿Sabe dónde están sus cosas?
- ¿Muestra buen juicio sobre situaciones que requieren de la intervención de un adulto?
- ¿Sabe poner límites a la presión de grupo?
- ¿Es responsable con sus tareas?
- ¿Se disculpa cuando hiere los sentimientos de alguien?
- ¿Puede estar solo en lugares públicos? ¿Sabe cuidar de alguien menor?

Es irreal pensar que un niño o adolescente puede tener todas estas competencias plenamente desarrolladas, pero si le faltan la gran mayoría puede ser un indicador de que podemos esperar un poco más y nos da luces en las áreas que debemos trabajar para que puedan disfrutar de esa tecnología de forma responsable.

Tercero, los padres debemos asumir que traer dispositivos o abrir la puerta a las redes sociales en la vida de nuestros hijos, implica asumir la responsabilidad de aprender, averiguar, configurar, acompañar y dar mentoría en muchos temas. Todo esto implica tiempo y si no se tiene en el momento de tomar la decisión, es mejor postergarlo. No pasa nada por esperar. Al igual que con las competencias, se puede planificar en qué momento los padres cuentan con mayor disponibilidad para entrar en esta nueva etapa.

Poner límites que tengan sentido

Los límites deben cumplir el propósito de generar espacios y situaciones para que nuestros hijos puedan usar la tecnología de forma segura. También, les permite desarrollar competencias para que en un futuro puedan manejar responsablemente la tecnología de forma independiente y sin supervisión.

Muchas veces recibo preguntas relacionadas al control sobre un uso particular de la tecnología de sus hijos. Si cambiamos la palabra control por protección se genera una narrativa completamente diferente. En vez de poner un límite para controlar cuántas horas usa un dispositivo, pongo un límite para protegerlo de un uso excesivo que afecte su sano crecimiento. Los padres conectamos de forma natural con nuestra función protectora. El control nos hace sentir invasivos, especialmente frente a los adolescentes y sus necesidades crecientes de independencia. También nos genera frustración, porque no es posible lograr un control total. Si nuestros hijos quieren, siempre encuentran una forma de zafarse al sentirse controlados. Ellos reciben con mayor agrado los límites que tienen un trasfondo de protección.

He encontrado que una buena forma de comenzar es preguntándonos: ¿De qué los queremos proteger?

- Del acceso accidental a contenidos peligrosos o inapropiados.
- De que sean contactados por personas con malas intenciones.
- De que no duerman lo suficiente para crecer saludablemente.
- De que no desarrollen la atención y concentración para cumplir con sus responsabilidades.
- De que se vea afectada su autoestima.
- De desarrollar una conducta adictiva.
- De que se inhiba el desarrollo de habilidades que se obtienen en el mundo presencial.
- De que comparta menos con sus familiares y amigos.
- De que le *hackeen* las cuentas.

Cada familia tendrá su lista y probablemente, dependiendo de las edades de los hijos, algunos temas serán más relevantes que otros.

Una vez identificado lo que nos preocupa, y la necesidad de protección, he aprendido que es vital explicarles a nuestros hijos porqué es importante. Los niños y adolescentes de hoy crecen en ambientes más democráticos. El acceso a la información hace que no nos necesiten para saber lo que quieren saber. Son una generación que requiere entender los porqués, las razones que están detrás de los límites que ponemos. Si no se las damos, interpretan que estas vienen de nuestros miedos e ignorancia sobre la tecnología y en consecuencias son menos propensos a seguirlos o busquen probar por sí mismos si realmente tenemos razón o no.

Por otra parte, para poderles explicar la importancia de ese límite, tenemos que prepararnos y ese trabajo previo nos ayuda a los padres a obtener mayor claridad y generar mayor convicción. Nuestros hijos probablemente ya se tomaron la tarea de investigar para debatir y cuestionar lo que planteemos de tecnología, por lo tanto, no se trata de prepararnos para ir a una guerra, sino de estar a la altura de la conversación que se puede producir.

Cuando nos sentamos a plantearle a nuestra hija adolescente la importancia de generar el hábito de dormir sin su celular en la recámara, para protegerla de no dormir las horas suficientes, ella contaba ya con información que había obtenido en TikTok sobre el hecho de que el cerebro adolescente segrega melatonina en horarios diferentes y por eso se duermen y despiertan más tarde. Los datos que mencionaba eran ciertos e incluso me interesé por el libro que citó la *tiktoker*, pero mi esposo y yo ya sabíamos por otras fuentes que eso no invalidaba la relevancia de dormir un cierto número de horas. Ella contaba con una información, nosotros con otra, y la diferencia de ir preparados es que todos aprendimos de todos.

Si el límite que queremos implantar no se ha pensado bien, no cuenta con fundamentos sólidos, o no se ha investigado, es muy probable que el adolescente cuente con más herramientas para darle tres vueltas a nuestro argumento. Es como ir a una junta de trabajo, a vender una propuesta y no tomarnos el tiempo de prepararnos bien. Lo más probable es que no podamos contestar todas las preguntas que surjan y se ponga en duda si realmente sabemos lo que estamos proponiendo. Nuestros hijos, por su parte, cuando quieren obtener un permiso sí se toman el tiempo de prepararse y tienen respuestas y soluciones a lo que anticiparon que podemos utilizar como argumento para no dejarlos ir. Yo trato de dar de forma recíproca ese respeto y prepararme también.

Involucra a los expertos: tus hijos

Esto puedo resultar completamente contraintuitivo y podemos sentirnos cuestionados en nuestra jerarquía y autoridad, sin embargo, en temas de tecnología quienes realmente saben los detalles que pueden marcar la diferencia en que nuestros hijos sigan o no un límite son ellos mismos. Ellos conocen mejor que nadie los videojuegos, las redes sociales, las situaciones que ocurren, los sentimientos que les generan, sus horarios, por lo que, si no los involucramos en el plan, los límites pueden convertirse en parte del problema en vez de la solución. Amanda y Jorge configuraron un horario límite de acceso a internet a sus tres hijos por igual. Andrés, su hijo mayor de quince años, llegaba cuatro días de la semana pasadas las ocho de la noche de sus prácticas deportivas, hora en la que ya no había internet en la casa, y por lo tanto no podía tener acceso a las clases, los materiales, ni comunicación con sus compañeros de clase. El límite fijado a esa hora era un tema de discusión y de mucha fricción, hasta que los padres pudieron ver los requerimientos de internet de Andrés y buscar con él una forma alternativa para que pudiese hacer sus trabajos y proteger las horas de sueño. En este caso, él decidió poner a cargar sus equipos fuera de su recámara.

Adicionalmente, involucrar a nuestros hijos puede resultar una estrategia efectiva para que sigan las reglas que acordemos [85] y esto contribuye con el desarrollo de habilidades para la toma de decisiones.

Cuando me enfrento a situaciones difíciles que involucran el uso de tecnología, y es necesario generar un cambio de comportamiento en un adolescente, recurro a una herramienta que aprendí de Zoe Chance, profesora de la Escuela de Negocios de la Universidad de Yale y experta en persuasión e influencia en el comportamiento humano. Se llama: La «Pregunta Mágica».

Consiste en preguntarle al adolescente qué necesita o qué es necesario que suceda para que modifique su comportamiento. Por ejemplo, si tengo una hija que constantemente está viendo su celular a la hora de la comida, la pregunta mágica sería: ¿Qué haría falta para que durante la comida no tengas el celular en la mesa? Las respuestas que se obtienen a veces pueden ser realmente sorprendentes, porque como explica Zoe Chance, «cuando estás tratando de influenciar el comportamiento de otra persona, quien es realmente experto en lo que está pasando es él». Entonces puede ocurrir que te respondan: «Me gustaría que me prestes atención, que hablemos de temas que también sean relevantes para mí no solo lo que le interesa a mi papá y a ti, comer en la mesa del comedor en vez de la mesa de la cocina o cenar después de las 8:00 p.m. cuando ya hayan publicado mis calificaciones.

---

85. Carter, Christine. *The New Adolescence*, Dallas: BenBella Books, Inc. 2020.

Con el simple hecho de preguntarles qué hace falta, o qué necesitan, implícitamente se les está dando el reconocimiento de que ellos son los expertos en sus propias vidas y se les empodera a que participen en encontrar una solución que mejore la situación.

Otro beneficio adicional que destaca Zoe Chance de esta herramienta es que en el momento en que te dan una respuesta se están comprometiendo con el resultado. Entonces, si como padres estamos dispuestos a cambiar los temas de conversación para que sean más atractivos para ellos, mover las comidas a la mesa de la sala o modificar el horario de cenar, genera el compromiso para que ellos cumplan su parte del acuerdo. No hacerlo, les quitaría crédito como expertos.

La Pregunta Mágica funciona para prácticamente todos los temas:

- ¿Qué haría falta para que no tuviese que gritar como loca para que bajes a cenar y dejes el videojuego?
- ¿Qué haría falta para que inviertas menos horas en TikTok?
- ¿Qué haría falta para que te acostaras a dormir más temprano?
- ¿Qué haría falta para que sacaras tu celular de la recámara?
- ¿Qué haría falta para que me vinieses a preguntar las dudas que tengas sobre un tema difícil?

Así que solo falta que escribamos la pregunta que aplica para la necesidad de protección que buscamos satisfacer.

La supervisión no puede ir en detrimento de la relación

Cuando ponemos en marcha un límite y se empieza a generar un conflicto tras otro, mi sugerencia es revisarlo, ver qué hay que modificar o buscar una alternativa. Esto pudiese interpretarse como ser muy permisivo o estar cediendo constantemente a las exigencias de los hijos, pero no necesariamente es así. Mi entendimiento de los límites es que son estrategias que ayudan a los hijos a desarrollar, de forma más segura, una habilidad que necesitan tener cuando sean seres independientes, deberían sumar y ser parte de una solución no de un problema.

Si además generan un ambiente muy tóxico y deterioran la relación entre padres e hijos, mi invitación es siempre a poner la relación delante, lo cual no implica una renuncia a poner límites sino a hacer el trabajo duro y profundo de entender qué es lo que está pasando, por qué no funciona esa regla y buscar otra alternativa para cumplir con nuestro rol de protectores.

La razón para darle la prioridad a la relación es que, en mi experiencia, es precisamente esa relación que construimos con ellos la que va a permitir cuidarlos mejor. Los necesitamos para entender el mundo en el que están creciendo, requerimos de los espacios de comunicación para darles nuestra versión alternativa que no van a conseguir en plataformas digitales y tenemos que posicionarnos como su mejor opción cuando tomen una decisión que traiga consecuencias negativas o errores que necesiten enmendar.

Los límites nacen, evolucionan y mueren

Recuerdo cuando pusimos la cuna de mi primera hija. Al principio tenía el colchón arriba y a medida que crecía lo íbamos bajando para que no fuese a saltar y darse un golpe en la cabeza. Cuando le quedó pequeña la pasamos a una cama individual y le pusimos un barandal, hasta que fue evidente que no lo necesitaba para evitar caerse de la cama. Al darle su primer celular, el proceso fue similar. Comenzamos por instalar una aplicación de control parental donde configuramos que después de las ocho de la noche no tuviese acceso a internet. Esto era adicional a la regla de que el celular tenía que permanecer fuera de la recámara durante la noche. Al cabo de un año, un día mi hija se nos acercó y nos pidió si podíamos desactivar la configuración de tiempo del control parental, ya que le bloqueaba la música que escuchaba mientras se bañaba y afectaba el funcionamiento de otras plataformas de su teléfono. Nos recordó que consistentemente había sido responsable en poner su celular fuera de la recámara y era cierto. En ese momento nos dimos cuenta de que era momento de pasarla de la cuna a una cama con barandal, pero en el entorno digital.

Cuento esta historia porque muchas veces por practicidad queremos aplicar límites o reglas «parejo», todos lo mismo y todos por igual. Sin embargo, tanto en el entorno digital como en el entorno presencial no hay nada más personal que las reglas, y cuando tienes más de un hijo aprendes que lo que funciona con uno no funciona con el otro, tampoco lo que funciona a los cinco años funciona a los trece y menos a los dieciocho. Las reglas al igual que nuestros hijos van cambiando y evolucionando en función de sus necesidades y el contexto. Es importante que monitoreemos si siguen estando vigentes, porque con la velocidad de la tecnología lo que es relevante hoy deja de serlo mañana. Tan simple como que hoy nos preocupa TikTok y *Fortnite* y en meses se pueden poner de moda otras plataformas.

La muerte de la regla ocurre en el momento que identificamos que ya no la necesitan, que son capaces de ir solos de forma segura y que cuentan con habilidades para saber qué hacer si algo sale mal.

Espiar sus dispositivos: Navaja de doble filo

Revisar los dispositivos de nuestros hijos y las plataformas digitales en las que participan es una estrategia de protección válida para identificar situaciones de riesgo y qué tan preparados están para hacerlo de forma independiente. Cualquier aplicación es igual a estar en un lugar físico público y, para hacerlo de forma segura, se necesita enseñarlos a cuidarse y acompañarlos mientras consiguen este aprendizaje. Adicionalmente hay especialistas que señalan que saberse supervisados genera un efecto regulador en los adolescentes. Puede ayudarlos a pensar dos veces las cosas antes de hacerlas.

Algunos padres frente al dilema de proteger y respetar la privacidad de sus hijos deciden revisar sus dispositivos a escondidas cuando están dormidos o cuando los dejan olvidados en algún lugar. El problema con esta estrategia es que los adolescentes se enteran muy fácilmente de que sus padres han estado revisando cosas sin avisarles y hasta la fecha no he encontrado a un joven que esto no le resulte lo peor que les pueden hacer. Es un punto de honor. La gran mayoría prefiere mil veces que, si es algo que van a hacer, se les avise y mejor aun si pueden estar ellos presentes. Lo interpretan como un engaño y una conducta hipócrita: no puedes ir diciendo que respetas su privacidad y violas esa confianza al mismo tiempo.

Además, los adolescentes que saben que sus padres revisan sus dispositivos a escondidas, luchan por su privacidad teniendo varias cuentas, borrando búsquedas que han hecho, cambiando los nombres de los contactos o cualquier otra estrategia que le complique la tarea a sus padres. Esto genera un espiral muy tóxico que construye cualquier cosa menos una buena comunicación y un vínculo fuerte con ellos.

En este sentido, puede resultar más efectivo ser transparentes con ellos, explicarles por qué consideramos necesario revisar sus dispositivos, de qué los queremos proteger y generar acuerdos en la forma de hacerlo con la cual todas las partes se sientan cómodas. De nuevo es muy importante involucrarlos, porque ellos son los que nos pueden dar información que puede marcar toda la diferencia para que la estrategia sea exitosa. En el caso de uno de mis hijos establecimos que si había un chat en particular que él dijese que no lo podíamos leer lo íbamos a respetar. La razón es que en algunos casos somos amigos de los padres de sus amigos y en ocasiones sus amigos les comparten cosas muy personales de cómo están viviendo determinadas situaciones familiares, como separaciones o divorcios. Para nosotros resultó una razón válida. Quizás te preguntas ¿y si justamente es en esos chats que nos piden no leer es donde se encuentra el peligro? Sí, ese es un riesgo que en nuestro caso decidimos asumir. Preferimos que nuestro hijo se sintiese respetado y trabajar en el día a día para que se convierta en una persona que sepa cuidarse y utilizar las plataformas de acuerdo con nuestros valores familiares. No existe la forma perfecta de hacer estas cosas y esto que nos funcionó a nosotros probablemente no sea lo más apropiado para otro adolescente. Por eso siempre invito a que cada familia aplique las estrategias de protección que encuentren más efectivas de acuerdo a las necesidades de sus hijos.

Quiero hacer la salvedad de que en situaciones de peligro evidente, como enterarte por un tercero que tu hijo está implicado en algo que claramente atenta contra su seguridad física o emocional, este tipo de estrategias de negociación no aplican. Si sabemos que se involucraron con una persona a través de una red social con la cual han intercambiado fotografías o videos íntimos, y están planeando un encuentro presencial, es una situación de alto riesgo en la cual hay que intervenir y donde es mejor equivocarse por exageración que por omisión.

Las enseñanzas de los conflictos

Parte del paquete de que nuestros hijos interactúen con otras personas es que van a surgir necesariamente conflictos. La única forma de vivir sin conflictos es irnos a una isla desierta y vivir con Wilson, la pelota de voleibol del náufrago.

La forma en que nos relacionamos con el conflicto en casa es determinante para la conducta que asumirán nuestros hijos cuando tengan que lidiar con alguno. Por eso considero importante preguntarnos: ¿Generalmente buscamos evadirlos?, ¿le tenemos temor a los conflictos o, por el contrario, los aceptamos como parte de la vida y buscamos aprender de ellos en cada situación? Gran parte de mi vida la pasé esquivando conflictos. En ocasiones hasta cedí en cosas que me hirieron simplemente por evitar una posible confrontación con otra persona. Hasta que un día me di cuenta de que la cultura de la evasión del conflicto que teníamos en casa no aportaba en el desarrollo de habilidades de mis hijos para la resolución de problemas y que era necesario que las obtuviesen para desenvolverse en los espacios digitales con la menor toxicidad posible.

La interacción que resulta al comunicarse en línea a través de las redes sociales y los videojuegos hace que el conflicto esté presente de la misma forma que ocurre en los espacios presenciales. Sin embargo, las limitaciones de elementos importantes dentro del proceso de comunicación como la ausencia del lenguaje corporal o la intensidad de la voz, aunado a la atemporalidad de las conversaciones, la pérdida de control de la audiencia, y que las personas se sienten más libres de decir cosas que quizás no las dirían en un contexto presencial, hacen que en el entorno digital los conflictos sean más frecuentes y en algunos casos más complejos. Por eso, aprender a lidiar con los conflictos interpersonales es una materia obligada para poder desenvolverse bien dentro de las plataformas. Es común dentro de las plataformas de mensajería anónima como Tellonym, ver cómo los adolescentes están tratando de resolver sus conflictos, pero a través de una estrategia que, en vez de encontrar un acuerdo o solución, les genera más conflictos.

He encontrado que compartir con los adolescentes los conflictos a los cuales me enfrento en grupos de WhatsApp (especialmente los de mis vecinos que son una fuente interminable de ejemplos) y tener mis seguidores en las redes sociales, me ha ayudado a poner este tema como parte de la vida. En ocasiones les pregunto su opinión y a veces incluso nos ponemos a analizar cuáles son realmente las intenciones detrás de los comentarios que recibo. En una ocasión, en mi grupo de WhatsApp de vecinos, uno de ellos escribió que había contratado a una compañía para que le instalase un sistema de seguridad en su casa, que pagó un anticipo y nunca se lo instalaron. Quería avisarnos para que a ninguno de nosotros nos sucediese algo igual. Era evidente y con razón que se encontraba muy enojado. El detalle es que el dueño de esa compañía era uno de los vecinos que se encontraba en el chat, y para que quedase bastante claro, compartió el nombre de su esposa, el colegio al cual asistían los hijos de esta

358 • CRECER ENTRE PANTALLAS

persona, el lugar de trabajo de la señora, es decir, los dejó completamente expuestos para que no quedase ninguna duda de quién estaba hablando o, quizás, también para darle un escarmiento a través de la humillación pública. Como era de esperarse, el vecino dueño de la compañía respondió, su esposa también y la conversación llegó hasta el punto de que todos nos enteramos de sus problemas maritales. Compartí este ejemplo con mis hijos para tratar de identificar qué podíamos aprender de esta situación. Lo primero fue tratar de entender cuál era realmente la intención del vecino que denunciaba, ¿quería realmente protegernos a todos o quería manejar su enojo vengándose a través de la exposición del estafador? Si su intención era protegernos, ¿era realmente necesario compartir los datos personales?, ¿era relevante conocer la escuela de los hijos? Para resolver su problema ¿ayudaba exponerlo en las redes?, ¿qué otras opciones tenían disponible?, ¿habrá considerado acudir a las autoridades que podían ayudarlo a recuperar su dinero o ejercer una medida para que esa compañía no estafara a más nadie?

Mi intención con esos cuestionamientos es crear una nueva cultura en casa en donde los conflictos son parte de la vida y confirmar que de cada uno de ellos se puede aprender siempre algo. Es importante saber identificar en cuáles batallas quieres participar y en cuáles no, porque tampoco se trata de invertir toda nuestra vida en todos los conflictos que hay, pero sí es necesario que descubran qué peleas son importantes para ellos. Por ejemplo, en sus grupos de WhatsApp con sus pares, se pueden compartir comentarios, imágenes o videos que pueden ir en contra de sus principios, como un comentario racista, una foto sexualmente explícita humillando a un compañero, una broma pesada que puede ponerlos en problemas con la escuela y ellos van a tener que decidir qué hacer.

En los videojuegos es igual de importante, hay comportamientos entre los jugadores que generan conflictos como que los saquen de una partida. En ocasiones son parte de la experiencia de jugar con otros, a veces te escogen para un equipo y otras veces no. Pero ¿qué pasa cuando no se logran acuerdos o siempre se deja afuera a la misma persona?, ¿qué sucede cuando la forma de expresarse ya no los hace sentir bien? Tenemos que darles recursos para resolver esos problemas y para poner límites, aunque sea en un espacio digital.

Hay que darle la importancia a lo que sienten nuestros hijos cuando tienen conflictos en las interacciones digitales. Si alguien destruye lo que habían construido en *Minecraft* y para ellos es importante, que sientan que para nosotros también lo es. Estamos allí para apoyarlos a que puedan aprender de esa situación y seguir adelante, sin caer en dramas o victimizaciones.

Todos nos equivocamos, hasta en el internet

El error también es parte de vivir y nos enseña lecciones importantes. A veces son las que más recordamos a lo largo de nuestra vida. Nuestros hijos, al igual que nosotros, se van a equivocar muchas veces haciendo uso de la tecnología. Sus errores serán más visibles y puede que tengan un impacto más significativo en sus vidas o en la de los demás por el alcance del internet.

Cometer errores es inevitable, pero en lo que sí tenemos un grado de acción es en cómo entendemos y manejamos los errores en nuestra familia. Podemos cultivar una cultura en la cual cuando alguien se equivoca nos unimos para entender qué sucedió, ver qué podemos aprender e identificar cómo enmendar la equivocación y no fomentar un ambiente en donde quien se equivoca es señalado y etiquetado.

Para crecer con tecnología considero importante entender el error como parte de vivir y reconocer las experiencias de aprendizaje que aporta. Claro que hay lecciones más duras que otras. Para los adolescentes que toman decisiones en el mundo digital y tienen un gran impacto negativo para ellos o para los demás, trato de que no se sientan etiquetados y los invito a reflexionar qué les aportó esa experiencia. Por ejemplo, en los casos de *sexting*, algunos se dieron cuenta quiénes eran sus amigos y quiénes no. Qué bueno que no perdieron más tiempo invirtiendo en esas relaciones. A otros les permitió sentir el inmenso amor que recibieron de su familia.

Vivir la adolescencia observando los éxitos de las personas en redes sociales, y muy pocos fracasos, puede distorsionar cómo perciben el error. Quizás se lleven la idea de que la forma de conseguir algo es equivocarse lo menos posible, que esos *influencers* son muy certeros en sus decisiones y por eso tienen fama. En casa es posible brindar otros ángulos al hablar de nuestros propios errores, desde lo más sencillo; como el día que mi esposo les contó que se había enviado un correo electrónico a sí mismo, a equivocaciones de mayor impacto, como cuando di una conferencia y el mensaje que se llevó la audiencia fue exactamente lo opuesto a lo que quería transmitir. Sara Blakely, fundadora de la marca Spanx, comparte cómo su padre tenía el hábito de preguntarles, a ella y a su hermano, en cuáles actividades habían fallado esa semana. Si no se habían equivocado en nada se sentía decepcionado porque lo interpretaba como que no habían intentado hacer cosas nuevas.

¿Cómo corregir y encaminar?

En el mundo digital, los errores que se cometen en ocasiones ya vienen con una consecuencia suficientemente alta. Como lanzar una pelota con fuerza y que te rebote en la cara. En esos casos considero que en vez de añadir más consecuencias lo importante es trabajar en cómo se puede enmendar o reparar a la persona afectada o lo que se haya dañado. Una vez una adolescente de 12 años hizo creer a su familia y escuela que estaba siendo víctima de *cyberbullying*, cuando era ella misma quien se escribía esos mensajes como una forma de captar la atención que necesitaba. Saberse descubierta fue suficientemente humillante para la niña. ¿Había que aplicarle alguna sanción disciplinaria adicional, sabiendo que su motivación venía de que necesitaba ayuda de los adultos y no supo cómo pedirla de una forma más asertiva? En este caso se decidió concentrarnos en que la adolescente tuviese la experiencia de reparar su acción ofreciendo una disculpa a todas las personas que invirtieron tiempo en investigar lo que había sucedido y que escribiese un texto para explicar lo que había aprendido y de qué otra manera podría haberlo solucionado sin la necesidad de mentir.

En otros contextos que sí ameriten una corrección la doctora en Psicología Social Rosa Rabbani nos ofrece una fórmula para afianzar las virtudes y la formación del carácter, además de corregir. Esta consiste en:

Acción incorrecta + Virtud a la cual queremos apelar + Acción alternativa

Veamos la fórmula en un ejemplo. Imaginemos que nuestra hija publicó en Instagram una foto en la cual aparece en bikini y consideramos que puede ser utilizada con otros fines por personas malintencionadas. Utilizando la fórmula de Rabbani podríamos decirle: «Habíamos acordado que no ibas a publicar contenidos en tus redes en traje de baño por los riesgos que discutimos en su momento. Ahora necesito que seas responsable, asertiva y prudente y la bajes de inmediato de la cuenta».

También es importante destacar sus aciertos. A veces pareciera que solo vemos errores en sus usos de la tecnología. Para esto Rabanni recomienda hacerlo con la siguiente fórmula:

Virtud + Acción

Por ejemplo: «Has sido muy perseverante en incorporar nuevas actividades a tu tiempo libre aparte de los videojuegos» o «Fuiste muy compasivo al no compartir la foto de Karla que han estado viralizando en tu escuela» o «Qué alegres han sido tus últimas publicaciones en TikTok. Seguramente le haces el día más feliz a alguien».

Sin duda que cumplir nuestra responsabilidad de protegerlos en esta era puede parecer complejo y muy diferente a como crecimos. Sin embargo, es posible y como veremos en el siguiente capítulo, la misma tecnología nos brinda herramientas para hacer más fácil y eficiente algunas de estas tareas.

Recuerda que:

- La tecnología nos da acceso a una cantidad absurda de información sobre la vida de nuestros hijos, la cual es importante aprender a gestionar para no vivir con una angustia crónica.
- Los adolescentes sí valoran su privacidad a pesar de compartir demasiado en las redes. La diferencia es que buscan resguardar su privacidad de las figuras de autoridad.
- La edad no es un criterio suficiente para determinar cuándo pueden empezar a usar dispositivos electrónicos. Es necesario revisar las competencias que tienen y el tiempo que disponemos los adultos para acompañarlos.
- Los límites también son necesarios en los espacios digitales. Hay que buscar que sean adecuados a nuestras dinámicas familiares y para ello es necesario involucrar a los adolescentes en la conversación.
- La supervisión no puede ir en detrimento de la relación con nuestros hijos. Si así sucede, es necesario buscar otras alternativas.
- Los límites tienen su caducidad y deben ir evolucionando a medida que nuestros hijos crecen y adquieren competencias.
- No se recomienda espiar sus dispositivos electrónicos porque en lugar de proteger, los adolescentes eventualmente se dan cuenta y pierden la confianza en sus padres.
- Aprender a manejar conflictos es básico para poder crecer con tecnología. Para adquirir esta competencia hay que reflexionar sobre cómo manejamos los conflictos en casa para ser un modelo a seguir.

- Los adolescentes son seres humanos y como tal van a equivocarse. Los errores pueden ser grandes maestros en la medida que los utilicemos como oportunidades de enseñanza.

 Ejercicios:

1. Platica con tus familiares o amigos de la infancia sobre tu adolescencia. Recuerden las cosas que hacían y luego toma un tiempo para reflexionar:
   - ¿Qué similitudes encuentras entre tu adolescencia y la de tus hijos?
   - ¿Encuentras algunas «equivalencias» entre cosas que ellos hoy hacen con tecnología y cosas que hacías tú? ¿Cuáles?
2. Encuentra un momento que se preste para hablar con tus hijos sobre qué significa para ellos el concepto de privacidad y cuáles estrategias aplican al utilizar la tecnología.
3. Piensa en las estrategias de supervisión que implementas actualmente:
   - ¿Consideras que alguna de ellas afecta la relación con tu hijo?
   - De ser afirmativa la respuesta anterior, ¿existe otra estrategia que pudieses poner en práctica para lograr el mismo objetivo de protección sin que afecte de forma negativa la relación?
4. Comparte con tus hijos alguna experiencia de conflicto grupal a través del chat:
   - ¿Cuál era, en tu opinión, la raíz del conflicto?
   - ¿Se solucionó o empeoró haberlo planteado por chat?
   - ¿Qué alternativas consideras que hubiesen resultado más efectivas para realmente resolver el problema?
   - ¿Qué criterios utilizas para saber en cuáles conflictos meterte y en cuáles no?
5. Observa a tus hijos durante una semana y haz una lista de todas las cosas que hacen bien relacionadas al uso de la tecno-

logía. Utiliza la fórmula de Rosa Rabbani para reconocerles lo que hayas identificado. ¿Notas algún cambio en sus conductas al reconocer lo que hacen bien?

Capítulo 17
Herramientas y estrategias

«Si hubiera esperado que otra gente hiciera mis herramientas y mis cosas nunca hubiera hecho nada».

ISAAC NEWTON

Existen múltiples recursos para ayudarnos a realizar la tarea de supervisar de forma más estructurada, fácil y eficiente. Algunos de ellos nos los proporciona la misma tecnología y otros se pueden poner en práctica sin requerir de ella. A continuación, te comparto los que han utilizado diversas familias, incluyendo la mía, y que han resultado útiles:

Creación de contraseñas robustas

La contraseña es uno de los elementos más importantes de seguridad en el manejo de dispositivos y plataformas. Es como la puerta que ponemos en nuestra casa. Mientras más segura sea más difícil será vulnerarla. Sin embargo, a pesar de que llevamos viviendo décadas con internet, la mayoría de las personas a la hora de crear sus cuentas pone contraseñas similares a poner una cortina de baño como puerta de sus casas: fecha de nacimiento, nombre de la mascota, iniciales o una combinación de ellos. No hay que ser muy brillante para *hackearlas*.

Enseñarles a crear buenas contraseñas a nuestros hijos es un paso fundamental para su seguridad en el mundo digital. Una forma muy efectiva es utilizar frases en lugar de palabras, que incorporen símbolos, números, mayúsculas, minúsculas y que sea siempre igual o superior a ocho caracteres.

Por ejemplo:

Yo tengo 4 mejores amigos: María, Andrés, Sofía y Pablo. Contraseña: Yt4ma:MASyP

Para añadirle una mayor complejidad al final se pueden incorporar más símbolos: **Yt4ma:MASyP@!**

Tampoco es recomendable utilizar la misma contraseña en todas las plataformas, porque es como utilizar la misma cerradura en todas tus puertas. Si se te pierde la llave y cae en manos de un delincuente, pones todos tus activos en riesgo. En el entorno digital sucede lo mismo. Sin embargo, en el mundo en que vivimos, donde se requiere una contraseña para muchas cosas, es muy complejo recordar una frase para cada cuenta.

Para resolverlo podemos incorporar las iniciales de la plataforma al principio o final de la misma contraseña. Por ejemplo:

Instagram: IGYt4ma:MASyP@!
TikTok: TTYt4ma:MASyP@!

También podemos utilizar plataformas que administran contraseñas como Dashlane o Bitwarden. Este tipo de aplicaciones te permiten guardar de forma segura y organizada todas las contraseñas e incluso generarlas.

Es importante educarnos en la cultura de que las contraseñas no se comparten con nadie. Algunos adolescentes caen en estas prácticas como una forma de demostrarse que hay confianza en la relación. Lamentablemente es justamente en la adolescencia cuando cambian de amigos muy fácilmente y se utiliza la traición como una forma de manejar sus emociones. Si tienen contraseñas seguras, pero las comparten con los demás, se pierde el esfuerzo inicial.

Activar la doble verificación en las plataformas que así lo permiten

La doble verificación es una opción de seguridad que ofrecen algunas plataformas con la cual se añade una capa de protección adicional ya que, para iniciar sesión, además de la contraseña se envía un código aleatorio por mensaje de texto o correo electrónico al usuario de la cuenta. Con esto se reduce la posibilidad de que el *hacker* tome el control de la cuenta en caso de haber conseguido dar con nuestra contraseña.

Guardar las contraseñas en lugares seguros

Una estrategia de seguridad que podemos implementar es anotar los usuarios y las contraseñas de cada plataforma que utiliza cada miembro de la familia en un papel y guardarlo en un sobre cerrado. Este documento podemos tenerlo en el lugar donde guardamos pasaportes u otros documentos importantes.

También existen opciones tecnológicas como la ya mencionada Dashlane, que permiten almacenar, administrar y controlar contraseñas desde cualquier dispositivo. Es una especie de caja fuerte digital donde podemos almacenar información personal y acceder a la misma de forma rápida y desde cualquier lugar.

El beneficio de esta estrategia es que, ante situaciones graves como la desaparición de una persona, se gana mucho tiempo teniendo disponible la información de los espacios digitales en los cuales se desenvuelve y pudiendo acceder a sus cuentas. También si alguien realiza una publicación inapropiada, etiqueta a algún miembro de la familia o pone algún comentario contraproducente, los adultos tenemos rápido acceso para tomar las medidas que consideremos pertinentes.

Sin embargo, esta estrategia solo funciona si todos los miembros de la familia tenemos la disciplina de comunicar o realizar los cambios, en caso de modificar las contraseñas o de ingresar a nuevas plataformas.

Configurar las opciones de seguridad y privacidad que brinda cada red

Al igual que en los locales comerciales, y otros espacios físicos, existen medidas de seguridad, como por ejemplo las puertas de emergencias en los cines, el que se permita fumar o no, la capacidad de personas que puede haber o reservarse el derecho de admisión, lo mismo ocurre en las redes sociales. De hecho, el número de medidas que ofrecen es un indicador de qué tan seguro es el espacio digital en el que se encuentran.

En líneas generales, las redes sociales te permiten [86]:

- Configurar la cuenta como pública o privada.
- Aprobar si tu perfil se puede recomendar a otros usuarios.
- Desactivar la opción de que las publicaciones puedan ser descargadas por todos.
- Establecer quién puede enviarnos mensajes directos por los chats de la red social.
- Escoger quién puede dejar comentarios, ocultar comentarios ofensivos y bloquear determinadas palabras.
- Establecer quién puede etiquetarnos o mencionarnos en otras publicaciones y aprobar de forma manual tales etiquetas.

---

86. No todas las redes sociales ofrecen lo mismo y por lo general cambian con algunas de las actualizaciones.

Lo ideal es sentarnos con nuestros hijos a explorar estas opciones y valorar con ellos cuáles son las que, como familia, consideramos más apropiadas.

Uso de filtros de contenidos y controles parentales

Los filtros de contenidos son *software* que permiten monitorear y restringir las actividades digitales de nuestros hijos en sus dispositivos. Existen filtros de red wifi que son los que tradicionalmente utilizan las escuelas para que todas las personas que se conecten a esa red se encuentren protegidas, según determinadas configuraciones. La debilidad de esta modalidad es que si el usuario se conecta a cualquier otra red wifi, o utiliza la conexión 4G de su dispositivo, estas configuraciones ya no aplican. Por eso me gustan un poco más los filtros de contenido que se instalan en los propios dispositivos. A diferencia del anterior no importa a cuál red se conecten, las configuraciones se mantienen. Por lo general se valen de un VPN [87] y puede afectar el funcionamiento del dispositivo, como por ejemplo que funcione más lento o, en el caso de Netflix, que tenga acceso a películas y series disponibles en otro lugar geográfico diferente al que viven.

Antes de contratar el servicio es importante conocer qué contenidos son capaces de filtrar dentro de las plataformas de entretenimiento o redes sociales. Es decir, puede que filtre las búsquedas dentro de un buscador como Google pero no dentro de YouTube, Instagram o Netflix.

También existen opciones de filtros y controles parentales incorporados en las plataformas con las cuales uno puede configurar ciertos límites de uso cuando nuestros hijos están dentro de ellas. Por ejemplo, en YouTube y TikTok cuentan con el modo restringido,

---

87. Un VPN o Red Privada Virtual es la tecnología sobre la cual se soportan algunos filtros. Las actividades que realizan los usuarios con sus dispositivos se envían a sus servidores, por eso es una red privada, donde se aplican las configuraciones que se han establecido.

con el cual una vez activado se limita la aparición de contenidos que pudiesen resultar inapropiados. Netflix permite configurar por usuario las películas y series que pueden verse dependiendo del límite de clasificación que se haya estipulado o incluso restringir títulos en específico. Las plataformas de videojuegos y los videojuegos *per se*, también cuentan con diversas configuraciones que nos permiten a los padres ir delimitando la experiencia de juego de nuestros hijos incluyendo contenidos, tiempo invertido y posibilidades de comunicación con otros jugadores.

Los dispositivos electrónicos como tabletas y celulares tienen opciones para regular acceso y manejar tiempos. En la configuración de horarios pueden resultar bastante robustos porque no es algo externo que puedan desinstalar.

Es importante resaltar que los filtros de contenido no son infalibles. Su utilidad es que disminuyen la probabilidad de que nuestros hijos accedan de forma accidental a contenidos que consideramos inapropiados o perjudiciales para ellos, y son de gran ayuda para que uno no tenga que convertirse en un cronómetro o alarma humana. Pero no debe esperarse que sean la píldora mágica para la seguridad de nuestros hijos.

En el futuro probablemente existirán cada vez más y más opciones de seguridad disponibles para los usuarios. Sin embargo, he encontrado que el gran reto es que los padres nos tomemos el tiempo y esfuerzo necesario, no solo para configurarlos, sino también para atravesar la curva de aprendizaje que implica convivir con este tipo de herramientas.

Filtros de contenido en la adolescencia

Tanto los filtros de contenido como los controles parentales pueden ser de gran ayuda para prevenir accidentes y educar a los niños en hábitos de uso. La idea es irlos usando como «rueditas de bicicleta», mientras van desarrollando las habilidades para usar la tecnología de una forma sana y segura. Es decir, hasta que agarran el equilibrio para ir en bicicleta sin ellas. Esto ocurre en paralelo a unos hábitos de uso que no se ven muy afectados por las modificaciones en el funcionamiento del equipo que hace el filtro.

Sin embargo, como hemos mencionado en el capítulo 5, al llegar a la adolescencia, las formas de utilizar la tecnología y el contexto que rodea un mal uso cambian. Por eso, cuando me buscan padres de adolescentes pidiendo ayuda para instalar filtros o configurar controles en los dispositivos de sus adolescentes, porque se han dado cuenta de que consumen contenidos perjudiciales, mi respuesta más honesta es que, si se pretende que el filtro sea la varita mágica que por sí sola va a resolver ese problema, por allí no va la solución. Es muy probable que pierdan su tiempo y su dinero y el problema continuará allí.

Los filtros de contenido y los controles parentales en adolescentes que ya están cursando la secundaria en adelante tienen cabida cuando forman parte de una estrategia más amplia que busca atender la raíz de conductas y son instalados de común acuerdo. Algunos ejemplos de estas situaciones son:

- El desarrollo de una competencia importante que todavía no se ha adquirido y el filtro o control parental se utiliza como una herramienta aceptada por el adolescente para conseguir un objetivo como: hacer un mejor manejo del tiempo, limitar contenidos que los distraen o que ellos han identificado y reconocido que les hacen daño.
- Procesos terapéuticos en los cuales el profesional de la salud mental, los padres y el adolescente acuerdan utilizar estas herramientas porque consideran que serán claves en el tratamiento.
- Situaciones de *grooming* o *cyberbullying* y el adolescente está consciente que con estas herramientas se le brindará un mejor apoyo y ayuda para superar esta situación.

Las aplicaciones para tener acceso a la ubicación

Hay diferentes plataformas que se pueden instalar en los teléfonos inteligentes que nos permiten a los padres saber la ubicación de nuestros hijos, como por ejemplo, Life360, GPSWOX, Sygic, entre otros.

El beneficio es que para determinadas situaciones en las cuales su seguridad se encuentre comprometida, estas plataformas han demostrado que pueden servir para que los padres actúen de forma rápida y prevenir que un evento desafortunado pase a mayores.

Por otro lado, puede enloquecernos y no dejarnos dormir especialmente cuando empiezan a ir a fiestas en la noche o locales nocturnos. «Esto de poder saber en dónde están tus hijos todo el tiempo puede convertirse en un problema», me comentó una psicóloga, mamá de dos adolescentes. «Tener ese acceso a tanta información te puede mantener pegada a la pantalla de tu celular hasta que lleguen. He llegado a preferir los tiempos de mi mamá que nunca supo dónde estaba, porque no había forma y vivía un poco más tranquila».

También puede llevarnos al otro extremo, confiarnos en exceso de estas aplicaciones. No realizar nunca esa llamada a la casa que nuestros hijos dijeron que iban a ir, para ver si efectivamente están allí y en qué condiciones: ¿hay adultos presentes en la fiesta?

Como cualquier tecnología, estas también tienen sus limitaciones, como por ejemplo ¿qué pasa si el adolescente deja el celular en la casa que dijo que iba a estar y se va a otro lado sin él? Puede estar en un local nocturno que no autorizaste, mientras tú crees que duerme como un bebé en casa de su amigo.

En mi opinión, estas plataformas pueden tener sus bondades siempre y cuando los adultos encontremos nuestro propio balance y mientras su uso forme parte de soluciones y no de crear nuevos problemas.

Los contratos de uso de dispositivos

El día de Navidad del 2012, Janell Burley Hofmann y su esposo decidieron dar el primer teléfono inteligente a su hijo de trece años. El dispositivo no vino solo. Lo acompañaron de un contrato con dieciocho reglas que abarcaban las expectativas de uso; reglas y una invitación a aprovechar la vida a plenitud. Luego de conversar con su hijo, e incorporar unas adaptaciones, Janell decidió compartirlo públicamente. Lo que no imaginó fue el impacto que tendría, ni hasta dónde la llevaría el contrato. Hoy en día, es una reconocida conferencista, autora y educadora en temas de tecnología.

Desde entonces los contratos son recomendados como una estrategia para establecer las reglas de uso de los dispositivos. Es una forma de poner límites.

Sin embargo, he observado que cuando los padres tomamos estos instrumentos como un modelo de contrato de arrendamiento, de esos que no te lees con detenimiento, lo copias, pegas, cambias el nombre y listo, se transforma en algo tan impersonal que no surge el mismo efecto que tuvo Janell con su hijo. Su contrato fue el resultado de un proceso de profunda reflexión, que tenía su toque personal, y cuando su hijo lo leyó me imagino que reconoció en ese documento el amor con el cual había sido escrito. Cuando yo imprimo el contrato de Janell, le pongo el nombre de mi hijo y mi nombre, mi hijo lo recibe como lo que es: un contrato que me descargué de internet. Un trámite que todos firmamos pero que puede resultar un poco vacío. Es como comprar una tarjeta de cumpleaños de Hallmark y firmarla versus escribir una nota personal sobre su cumpleaños.

Por eso considero que los contratos son una buena herramienta mientras nos reflejen como padres y transmitan lo que nos parece verdaderamente importante a nosotros. Podemos tomar ideas y referencias de otros, pero que lo sientan nuestro, que ellos nos importan y que por eso queremos dejar en papel una referencia de lo que pensamos que es un uso apropiado del celular en pro de su bienestar.

Otra cosa importante que he observado es que a veces los padres no queremos dejar nada por fuera del contrato y parece una constitución. Es muy fácil que siempre se incumpla algún punto porque nuestros hijos son seres humanos no máquinas y evidentemente se equivocan. Se vuelve desgastante o los padres somos incapaces de hacer cumplir todo lo que pusimos en ese papel y es un arma de doble filo. Por eso, mi recomendación es solo incluir aquellos lineamientos que nos parecen más importantes en esa etapa y que además estemos en capacidad de supervisar y hacer cumplir, sino, se vuelve un papel más y nuestros hijos reciben el mensaje de que, aunque decimos que nos importan unas cosas en la práctica, podemos ser muy laxos con ellas.

En una ocasión unos padres me contactaron muy frustrados porque a pesar de haberle entregado un contrato a su hija en el momento de darle el celular, y que la niña aceptó firmar sin ningún problema, en la práctica no seguía lo que habían establecido allí. «Casi hace todo lo contrario», me dijeron. Los contratos no son mágicos. Ojalá fuese tan sencillo como hacerles firmar un papel y que todos los retos de usar tecnología desapareciesen. Recordemos que son adolescentes y algunos con tal de obtener el tan deseado teléfono inteligente son capaces de firmar lo que sea. Mi sugerencia en estos casos es reescribir esas normas juntos, hacerlos copartícipes y concentrarse en lo más importante. También es posible que el contrato como estrategia para ciertas familias no funcione. Si no es tu estilo, o no está funcionando, se pueden encontrar otras formas de establecer límites que se ajusten mejor al adolescente y a la familia.

Establecer horarios y momentos de desconexión

Para vivir de forma armoniosa y saludable con tecnología es vital contar con momentos de desconexión. Hay dos momentos que considero fundamentales:

Espacios de la comida. El hábito de sentarnos a comer en familia sin dispositivos en la mesa puede ser muy beneficioso por muchos motivos. Primero, es un momento de interacción familiar en el cual los padres podemos darnos cuenta de cómo están nuestros hijos. Segundo, podemos utilizar el momento para conocer más de su mundo y con mucha estrategia sembrar dudas y cuestionamientos para el desarrollo del pensamiento crítico.

Aprenden también de habilidades sociales. En las comidas con otras familias los adolescentes pueden observar cómo sus padres se relacionan con sus pares. Qué bromas hacemos, qué bromas aceptamos que nos hagan o cómo ponemos ciertos límites y desviamos conversaciones.

Se benefician adicionalmente de desarrollar buenos hábitos alimenticios. Cuando comemos viendo el celular nuestro cerebro se debate entre muchas funciones. Podemos terminar comiendo de más, así como no prestar atención a todos los estímulos involucrados en el proceso de comer: texturas, sabores y aromas.

Horarios de dormir. No existe ningún beneficio en dejar de dormir o en reducir las horas de sueño. Por el contrario, la ciencia cada vez nos reafirma que tener buenos hábitos de sueño es fundamental para el cuidado de la salud física y mental, así como para la prevención de enfermedades [88].

Para los adolescentes dejar de dormir tiene efectos en múltiples niveles. Solo por mencionar algunos: Afecta su estado de ánimo, la capacidad de aprendizaje y es posible que, por el cansancio, incurran en actividades en línea de mayor riesgo. Es importante destacar que al dormir se segrega la hormona del crecimiento.

Por eso mi recomendación es que generemos el hábito de retirar los dispositivos de las recámaras a determinada hora de la noche. Lo más efectivo que he encontrado hasta ahora es: Nosotros también

---

88. Walker, Matthew. *¿Por qué dormimos? La nueva ciencia del sueño.* Barcelona: Paidós, 2020.

debemos sacar los nuestros y dar el ejemplo. ¿Por qué lo propongo?, porque por lo general los adolescentes del siglo XXI son excelentes debatiendo y en este caso en particular dicen: «¿Y por qué es malo para mí y para ti no?», y tienen razón.

Algunas ideas para poner esta estrategia en acción exitosamente:

• Comprar despertadores para todos. Es la primera excusa que sale a relucir.
• Poner un centro de recarga de baterías para todos los dispositivos en un lugar de la casa.
• Dejar que el adolescente elija algo de esta nueva regla. Puede ser que él entregue el celular o que los padres pasen a recogerlo, así como escoger la hora en que los dispositivos salen de las habitaciones.

Siempre irán saliendo nuevas tecnologías que nos brindarán más y mejores opciones para proteger y formar a nuestros hijos en las competencias que se necesitan para vivir de forma sana y segura en la era digital. Las mismas plataformas seguirán trabajando en el desarrollo de inteligencia artificial, algoritmos y políticas que brinden una experiencia con mayor seguridad. Tanto cambio y a estas velocidades puede resultarnos abrumador, lo sé. Pero mientras tengamos un norte hacia dónde ir, y tengamos claro el rol que queremos que jueguen los avances tecnológicos en la vida de nuestra familia, no debemos temer. Por muy moderno que se perciba todo esto, y que nos rebase todos los días, seguimos siendo los faros que por medio de nuestra luz hacen posible que cada barco llegue a su puerto.

Recuerda que:

• Algunas de las herramientas y estrategias que podemos utilizar para facilitar las tareas de protección y supervisión son:
  ▪ Creación de contraseñas robustas.

- Activar la doble verificación en las plataformas que así lo permitan.
- Guardar las contraseñas en lugares seguros.
- Configurar opciones de seguridad y privacidad.
- Uso de filtros de contenidos y controles parentales.
- Aplicaciones que dan acceso a la ubicación de una persona.
- Contratos de uso de los dispositivos.
- Establecer horarios y momentos de desconexión.

• En la adolescencia, gran parte del éxito de cualquiera de estas medidas radica en que no sean impuestas, sino que sea una decisión de común acuerdo con el adolescente.

 Ejercicios:

1. Crea una contraseña a partir de una frase, según lo explicado en la página 366.
2. Haz una lista de todas las plataformas que usas e identifica cuáles de ellas cuentan con la doble verificación.
   - Agenda un día y hora para activarla en cada una de ellas.
   - Luego comparte con tus hijos esta experiencia. Pregúntales si conocían esta opción y si la tienen activada. En caso de que no sea así, programen una fecha para hacerlo o para que lo hagan ellos y te avisen cuando quede listo para verificar que todo haya quedado bien.
3. Pregúntales a tus hijos sobre plataformas para guardar y generar contraseñas del tipo Dashlane:
   - ¿Las conocen?
   - ¿Las utilizan?
   - ¿Valdría la pena contratar un servicio similar para la familia? ¿Por qué sí o por qué no?
4. Ve a tu perfil de la red social que más utilices y en las configuraciones explora las opciones de seguridad y privacidad que

tienes a tu disposición. Platica de esta experiencia con tus hijos:

- ¿Qué descubriste que no sabías?
- ¿Qué decidiste activar y qué no? ¿Por qué?
- ¿Cómo deciden ellos cuáles configuraciones establecer en sus cuentas?
- ¿Qué plataforma de las que ellos utilizan consideran que les proporciona las mejores configuraciones de seguridad y privacidad? ¿Por qué?
- ¿Qué te aconsejan ellos activar y qué no?

5. Dependiendo de las necesidades, dispositivos que tienen en casa y edades de tus hijos, evalúa la necesidad de configurar filtros de contenidos o controles parentales:

- ¿Para qué lo utilizarían?
- ¿En qué argumentos basarías la idea de utilizar estas herramientas?
- ¿Conoces las opciones disponibles?
- ¿Necesitarías ayuda con la instalación? ¿Quién podría brindarla?

6. Reflexiona sobre los contratos de uso de los dispositivos: ¿consideras que es una estrategia con la cual te sientes cómodo y capaz de implementar? En caso de que sea así:

- Escribe cuáles son las situaciones que quieres prevenir y los hábitos que buscar desarrollar en tus hijos.
- Escribe las reglas o lineamientos que aplican para lo anterior.
- Busca un momento apropiado para discutir el borrador en familia y una vez que se lleguen a acuerdos decidan quién escribe el documento final.
- Recuerden revisar si el contrato está resultando efectivo o necesita modificaciones.

7. Compartir en familia lo que sabemos sobre los beneficios de dormir. Se puede utilizar el Ted Talk de Matthew Walker, «Dormir es tu superpoder», para enriquecer la plática. Luego

reflexionen sobre el impacto que está teniendo el uso de la tecnología en la calidad de sueño de todos:

- ¿La mejora o empeora?
- Si la empeora, ¿qué cambios podemos hacer en nuestros hábitos para modificar esta tendencia?
- ¿Qué herramientas o estrategias podríamos utilizar para que la tecnología no afecte nuestra calidad de sueño?

Bibliografía

Burley Hofmann, Janell. *iRules, What Every Tech-Healthy Family Needs to Know about Selfies, Sexting, Gaming, and Growing up.* Pensilvania: Rodale Inc. 2014.

Carter, Christine. *The New Adolescence,* Dallas: BenBella Books, Inc. 2020.

Damour, Lisa. *Under Pressure. Confronting the Epidemic of Stress and Anxiety in Girls.* New York: Ballantine Books. 2019.

Damour, Lisa. «Why Teenagers Reject Parents' Solutions to Their Problems». *The New York Times.* 2020. https://www.nytimes.com/2020/02/18/well/family/why-teenagers-reject-parents-solutions-to-their-problems.html

Eyal, Nir. *Indistractable.* Dallas, Texas: BenBella Books, Inc. 2019.

«How to Protect Your Children From Online Sexual Predators». The New York Times. https://www.nytimes.com/2019/12/07/us/protect-children-online-sex-abuse.html

Hunter, Brenda, PhD & Kristen, Blair. From Santa To Sexting. Texas: Leafwood Publishers, 2012.

Lahey, Jessica. El regalo del fracaso: *Aprender a ceder el control sobre tus hijos.* New York: HarperCollins Español, 2017.

Sanderberg, Sheryl & Adam, Grant. Option B: *Facing Adversity, Building Resilience, and Finding Joy*. New York: Alfred A. Knopf, 2017.

Steiner, Catherine; Adair Edh with Teresa H. Barker. *The Big Disconnect*. New York: HarperCollins, 2013.

University of Colorado at Boulder. «Parental restrictions on tech use have little lasting effect into adulthood». ScienceDaily. Retrieved November 20, 2020 from www.sciencedaily.com/releases/2020/11/201118141726.htm

Walker, Matthew. *¿Por qué dormimos?: La nueva ciencia del sueño*. Barcelona: Paidós, 2020.

Apéndice

Sistemas de clasificación de contenidos en videojuegos

ESRB (Entertainment Software Rating Board): www.esrb.com

PEGI (Pan European Game Information) www.pegi.info

CERO (Computer Entertainment Rating Organization): www. cero.gr.jp

USK (Unterhaltungssoftware Selbstkontrolle): www.usk.de

OFLC (Office of Film and Literature Classification): https://www. classification.gov.au/

Plataformas de Streaming

Twitch: www.twitch.tv

Facebook Gaming: https://www.facebook.com/gaming/

YouTube Gaming: https://www.youtube.com/GAMING

Plataformas para revisar críticas

Common Sense Media: www.commonsensemedia.org

Learning Work For Kids: www.learningworkforkids

GameSpot: www.gamespot.com

Metacritic: www.metacritic.com

Plataforma para rentar videojuegos

GameFly:www.gamefly.com

Filtros de contenido

Qustodio: www.qustodio.com
Bark: https://www.bark.us/
Kaspersky: https://latam.kaspersky.com/safe-kids
Kidslox: https://kidslox.com/es
Filtro de seguridad Safe Search:
https://support.google.com/websearch/answer/510?hl=es
Modo Restringido en YouTube:
https://support.google.com/youtube/answer/174084?hl=es-419
Perfiles restringidos en Android:
https://support.google.com/nexus/answer/3175031?hl=es-419
Google Family Link:
https://families.google.com/intl/es-419/familylink/
Controles parentales en Apple:
https://support.apple.com/es-mx/HT201304

Centros de seguridad

Centro de seguridad de YouTube:
https://www.youtube.com/intl/es-419/about/policies/#staying-safe
Centro de Seguridad en Facebook:
https://www.facebook.com/safety
Centro de Seguridad de Snapchat:
https://www.snap.com/es/safety/safety-center/
Consejos de Seguridad de Instagram:
    https://www.facebook.com/help/instagram/377830165708421

Centro de Seguridad de TikTok:
https://www.tiktok.com/safety/tools/your-account?lang=es
Centro de Seguridad de WhatsApp:
https://www.whatsapp.com/security/?lang=es
Centro de Seguridad de Discord:
https://support.discord.com/hc/es
Centro de Seguridad Nintendo:
https://www.nintendo.es/Atencion-al-cliente/Padres/
    Padres-642522.html
Centro de Seguridad Xbox:
https://www.xbox.com/es-MX/community/for-everyone/
    responsible-gaming
Centro de Seguridad PlayStation:
https://www.playstation.com/es-mx/support/account/psn-safety-
    parents-guide/
Centro de Seguridad *Roblox*:
https://en.help.roblox.com/hc/es/categories/200213830-Padres-
    Seguridad-y-Moderaci%C3%B3n
Centro de Seguridad *Minecraft*:
https://help.minecraft.net/hc/en-us/articles/360042649591-How-
    to-Manage-Parental-Consent-Family-Settings-and-Realms-
    Access-for-a-Child-Account-
Controles Parentales de Netflix:
https://help.netflix.com/es/node/264?ba=SwiftypeResultClick&q=
    Controles%20parentales
Controles Parentales Disney+:
https://help.disneyplus.com/csp?id=csp_article_content&sys_kb_id
    =6182efcbdb1aac50055ceadc13961941
Controles Parentales Prime Video:
https://www.primevideo.com/help/ref=atv_nb_lcl_es_
    ES?search=Remove%20parental%20controls%20prime%20
    video&language=es_ES&ie=UTF8

Aplicaciones de autenticación

Google Authenticator:
https://support.google.com/accounts/answer/1066447?co=GENIE.
    Platform%3DAndroid&hl=es
Microsoft Authenticator:
https://www.microsoft.com/en-us/account/authenticator

Aplicaciones para guardar contraseñas

Dashlane:
https://www.dashlane.com/

Para acceder directamente a estos enlaces, lee el siguiente código QR:

Conclusión

Hace poco ayudaba a mi papá de ochenta y siete años con un trámite. Necesitaba recibir unos documentos firmados. La gestión lo tenía sumamente angustiado y cuando se pone así tiende a equivocarse más. Por eso, repetíamos las firmas una y otra vez. En un momento decidí parar y preguntarle: «Papá ¿qué pasa? Son solo unas firmas». Y me quedé boquiabierta cuando respondió: «Es que pronto van a cerrar la sucursal de DHL». Fue una revelación, parecía el final de una película de suspenso. Mi papá pensaba que los enviaríamos por *courier*, y yo asumí que él sabía que yo los iba a escanear, convertirlos en un PDF y enviar por correo electrónico. Nuestra comunicación fue alterada por una brecha tecnológica.

No pude evitar imaginarme a mí misma con ochenta y siete años frente a mis hijos. ¿Seré capaz de mantenerme actualizada? ¿Hasta qué punto podré seguirle el paso a la tecnología? Honestamente, creo inevitable que llegará el momento en que me desactualice y me cueste entender las nuevas maneras de hacer las cosas, como ahora le sucede a mi papá.

Sin embargo, aunque ese sea nuestro destino, no se anula la hipótesis de que la comunicación, el acercamiento y fortalecimiento del vínculo con las nuevas generaciones es fundamental.

El entorno tecnológico en el que vivimos, cada vez más creciente, nos invita a ejercer la paternidad de una forma diferente. El reto que tenemos con las nuevas generaciones es una gran oportunidad para que nuestros hijos vivan en una sociedad global y recíproca. Nos impulsa a vencer nuestros miedos, a estar dispuestos a aprender cuestionar creencias, cambiar, profesar el pensamiento crítico como parte de nuestros valores familiares. Cada vez más, se impone la necesidad de organizar nuestras prioridades poniendo nuestro vínculo y relación con nuestros hijos en primer lugar.

En el siglo XXI no es necesario ser ingeniero en sistemas para ejercer la paternidad en sus diferentes frentes: protección, formación, educación, aportando las herramientas necesarias que les permitan discernir entre toda la información que reciben a diario, y recordando, por supuesto, lo que nunca estará en juego, el amor incondicional por nuestros hijos.

La tecnología y los cambios, tanto culturales y sociales, han modificado la manera de jugar, entretenernos, aprender, trabajar, comunicarnos y relacionarnos con los demás. Nuestros hijos tienen eso más claro. Ellos asimilaron la tecnología de forma natural desde que llegaron al mundo. No obstante, mi esperanza se centra en que a pesar de los cambios el rol de los padres siempre será fundamental.

Vivir entre pantallas implica un crecimiento personal de todos los integrantes de la familia. Este crecimiento nos enseña, no sin ironía, que la tecnología nos reclama humanizarnos y reforzar nuestros valores. Tengamos presente que, aunque es más fácil culpar a la tecnología de nuestros males, la salida siempre está en nosotros mismos.

Mis mejores deseos en este camino.

CRISTINA FORTUNY
Querétaro, 2022

Glosario

13 Reasons Why: serie de televisión/audiovisual estadounidense de misterio y drama. Basada en la novela *Por trece razones*, de Jay Asher (RazorBill, Penguin Books, 2007). Fue adaptada para Netflix en 2017. La trama gira en torno a una estudiante de preparatoria que se suicida después de una serie de fracasos culminantes, provocados por individuos selectos dentro de su escuela. Una caja de cintas de cassette, grabadas por Hannah antes de su suicidio, detalla las trece razones por las que decidió acabar con su vida.

Apple, Inc.: compañía tecnológica norteamericana, dedicada al diseño, producción y comercialización de dispositivos digitales, programas digitales y servicios en línea.

Apple pencil: accesorio electrónico que se utiliza en las tabletas y computadoras cuya funcionalidad es similar a la de un lápiz. Desarrollado y comercializado por Apple.

Algoritmos: conjunto ordenado y finito de instrucciones o reglas definidas que permite solucionar un problema, realizar un cómputo, procesar datos y llevar a cabo otras tareas o actividades.

Anorexia: un conjunto de trastornos de la conducta alimentaria y uno de los principales desórdenes alimentarios, también llamados trastornos psicogénicos de la alimentación (tpa). Lo que distingue a la anorexia nerviosa es el rechazo de la comida por parte del enfermo y el miedo obsesivo a engordar, que puede conducirle a un estado de inanición. Es decir, una situación de gran debilidad ocasionada por una ingesta insuficiente de nutrientes esenciales. En casos graves puede desarrollar desnutrición, hambre, amenorrea y extenuación.

Arcades: los videojuegos de arcade originalmente fueron concebidos para las máquinas recreativas (llamadas también, «máquinas de arcade») que entre los años 1970 y 1980 empezaron a estar disponibles en lugares públicos de diversión, centros comerciales, restaurantes, bares, o salones recreativos especializados.

Armar bolita: expresión mexicana que se refiere a armar grupo. En el contexto que se utiliza es dar apoyo a la persona de forma grupal en familia.

Atari Home Pong: fue un videojuego de la primera generación de videoconsolas publicado por Atari, creado por Nolan Bushnell y lanzado el 29 de noviembre de 1972. Pong está basado en el deporte de tenis de mesa (o *ping-pong*). La palabra Pong es una marca registrada por Atari Interactive, mientras que la palabra genérica «*pong*» es usada para describir el género de videojuegos «bate y bola».

Backyardigans: serie de televisión infantil animada con cgi. Fue creada por Janice Burgess y coproducida por Nickelodeon Animation Studios.

Battle Royale: género de videojuegos que combina los elementos de un videojuego de supervivencia con la jugabilidad de un último jugador en pie.

Binance: es una plataforma de intercambio de criptomonedas que proporciona una plataforma para comercializar más de 100 activos digitales.

Bitch: es un modismo del inglés y jerga local que utilizan los jóvenes latinoamericanos para descalificar a una persona del sexo femenino, refiriéndose a ella como una persona odiada o mala.

Bitwarden: es una aplicación de código abierto para la generación y resguardo de contraseñas. www.bitwarden.com

Bitcoins: es un protocolo, proyecto de código abierto y red entre iguales que se utiliza como criptomoneda, sistema de pagos y mercancía.

Blog: sitio web que incluye, a modo de diario personal de su autor o autores, contenidos de su interés, que suelen estar actualizados con frecuencia y a menudo son comentados por los lectores.

Body Positive o Body Confident: es un movimiento social inicialmente creado para empoderar a personas con todo tipo de cuerpo, a la vez que desafían y cuestionan las maneras en que la sociedad presenta y observa el cuerpo humano. El movimiento defiende la aceptación de todos los cuerpos independientemente de su tamaño, género, raza o aspecto.

Breaks: palabra en inglés que se traduce en español como descanso.

Bulimia: es un trastorno alimenticio y psicológico caracterizado por la adopción de conductas en las cuales el individuo se aleja de las formas de alimentación saludables. Consume comida en exceso en períodos de tiempo muy cortos, seguido de un período de arrepentimiento, que puede llevar al individuo a expulsar el exceso de alimento a través de vómitos o laxantes. El miedo a engordar afecta directamente a los sentimientos y emociones de la persona que sufra el trastorno, influyendo de esta manera en su estado anímico que en poco tiempo desembocará en problemas depresivos.

Bullying: palabra en inglés que significa en español acoso psicológico. Práctica ejercida en las relaciones personales, consistente en dispensar de un trato vejatorio y descalificador a una persona con el fin de desestabilizarla psíquicamente.

Call of duty: en español «La llamada del deber», es una serie de videojuegos de disparos en primera persona, de estilo bélico.

Call of duty WarZone: es un videojuego de disparos en primera persona, perteneciente al Battle royale gratuito, lanzado el 10 de marzo de 2020 para PlayStation 4, Xbox One y Microsoft Windows.

Candy Crush: es un videojuego multidioma donde los jugadores completan niveles intercambiando dulces de colores en un tablero de juego para hacer una combinación de tres o más del mismo color, eliminando esos dulces del tablero y reemplazándolos por otros nuevos, lo que podría crear más coincidencias. Se considera uno de los primeros y más exitosos juegos que utiliza el modelo freemium.

Casting: es el proceso de selección del reparto o elenco de una película o de los participantes en un espectáculo (actores, modelos, presentadores, entre otros cargos similares).

Cd: es un disco óptico utilizado para almacenar datos en formato digital. Sus iniciales es una abreviatura de la palabra *Compact Disc* en inglés.

Celular analógico: es la versión de los teléfonos móviles que se refiere a la transmisión de datos a través de tecnología analógica.

Celular inteligente (Smartphone): es la nueva generación de teléfonos móviles donde la transmisión de datos ocurre a través de tecnologías digitales.

Charrería: conjunto de destrezas, habilidades ecuestres y vaqueras propias del charro mexicano. Todo ello conforma un deporte espectáculo de gran popularidad y arraigo en México. La charrería se desarrolla en ruedos similares a las plazas de toros llamados lienzos charros.

Clic: pulsación que se hace mediante un ratón u otro dispositivo apropiado de una computadora para dar una instrucción.

Common Sense Media: organización sin fines de lucro que «brinda educación y defensa a las familias para promover tecnología y medios seguros para los niños».

Cool: es un modismo anglosajón que significa excelente.

Community manager: es el responsable/gestor de comunidades de internet, virtuales, digitales o en línea, y quien actúa como auditor de la marca en los medios sociales. Es un puesto de trabajo dentro de la mercadotecnia en medios sociales, siendo su función ejecutar lo que los administradores o gestores de redes sociales planifican.

CoverMe: aplicación de mensajería que ofrece diferentes opciones de seguridad para el intercambio de mensajes privados, fotos y videos. http://www.coverme.ws/en/index.html

Criptomonedas: es un medio digital de intercambio que utiliza criptografía fuerte para asegurar las transacciones, controlar la creación de unidades adicionales y verificar la transferencia de activos usando tecnologías de registro distribuido. Las criptomonedas son un tipo de divisa alternativa o moneda digital.

Crush: es un modismo del inglés y jerga local utilizada por los jóvenes latinoamericanos para referirse a la persona a la cual se sienten atraídos y les gustaría estar en una relación amorosa.

Curar contenido: responde a la necesidad de las empresas y organizaciones, de los profesionales, estudiosos y de los propios ciudadanos, de localizar, filtrar, modificar y distribuir, de forma segmentada, parte de la ingente cantidad de contenidos que se generan en internet.

Cyberbullying: palabra en inglés que significa ciberacoso. También denominado acoso virtual, es el uso de medios digitales para molestar o acosar a una persona o grupo de personas mediante ataques personales, divulgación de información confidencial o falsa entre otros medios.

Dashlane: aplicación para la generación y resguardo de contraseñas. www.dashlane.com

Death Race: es un juego de arcade donde los jugadores chocaban contra los autos para acumular puntos. En Death Race, el objetivo era encontrar «gremlins» para obtener puntaje. El juego podía jugarse con uno o dos jugadores que controlan diferentes autos.

Discord: es un servicio de mensajería instantánea freeware de chat de voz VolP, video y chat por texto. Desde julio de 2019, la plataforma cuenta con más de 350 millones de usuarios activos.

Disney: se refiere a los parques de atracciones propiedad de The Walt Disney Company, que es el conglomerado de medios de comunicación y entretenimiento estadounidense más grande del mundo.

Donadora.org: es una plataforma digital donde los usuarios pueden recaudar fondos para una causa o proyecto. https://donadora.org

Dopamina: es un neurotransmisor liberado por el cerebro que desempeña varias funciones en los seres humanos y animales. Entre algunas de sus funciones notables están las relacionadas con: el movimiento, la memoria, los sistemas de recompensa, el comportamiento y cognición, la atención, la inhibición de la producción de la prolactina, el sueño, el humor y el aprendizaje.

Ecosistema: comunidad de los seres vivos cuyos procesos vitales se relacionan entre sí y se desarrollan en función de los factores físicos de un mismo ambiente.

Ecuaciones diferenciales: son ecuaciones matemáticas que relacionan una función con sus derivadas. En las matemáticas aplicadas, las funciones usualmente representan cantidades físicas, las derivadas representan sus razones de cambio y la ecuación define la relación entre ellas. Como estas relaciones son muy comunes, las ecuaciones diferenciales juegan un rol primordial en diversas disciplinas, incluyendo la ingeniería, la física, la química, la economía y la biología.

Emojies: es un carácter digital que se visualiza como un icono gráfico. El set original de emojis se ha ido expandiendo en sucesivas oleadas según un proceso regulado por el consorcio Unicode. Entre las imágenes que más abundan aparecen los emoticonos, animales, alimentos, banderas nacionales y símbolos varios; algunos caracteres son muy específicos de la cultura japonesa, como imágenes de geishas y comida como ramen, sushi y onigiri.

Engagement: palabra en inglés que se traduce al español como compromiso, en el mundo digital es un constructo psicológico que significa conexión emocional, pero que hace referencia a cuán activamente se encuentra involucrado o influenciado el individuo a un contenido.

Epistemológicas: perteneciente o relativo a la epistemología. La epistemología se refiere a la teoría de los fundamentos y métodos del conocimiento científico.

Escuincle: palabra utilizada en México para referirse a la persona que está en la niñez (niño).

eSports: los deportes electrónicos, también llamados ciberdeportes o esports, son competiciones de videojuegos que se han convertido en eventos de gran popularidad. Por lo general, los deportes electrónicos son competiciones de videojuegos multijugador, particularmente entre jugadores profesionales. Los géneros más comunes en los videojuegos asociados a los esports son: estrategia en tiempo real, disparos en primera persona y arenas de batalla multijugador en línea (mejor conocido por sus siglas en inglés MOBA, Videojuego multijugador de arena de batalla en línea).

ESRB (Entertainment Software Rating Board): es un sistema de clasificación estadounidense de contenido de los videojuegos que realiza de forma independiente clasificaciones, entregando lineamientos y los principios de privacidad para la industria de los videojuegos. Primero, clasifica los videojuegos según su contenido de violencia física o verbal y otros elementos como el contenido sexual. Segundo, esta clasificación orienta y ayuda a los padres y consumidores a elegir los videojuegos que son correctos para su familia, idea propuesta tras la aparición del videojuego Mortal Kombat.

Ethereum: es una plataforma *open source*, que sirve para programar contratos inteligentes. La plataforma es descentralizada a diferencia de otras cadenas de bloques. Es programable, lo que significa que los desarrolladores pueden usarlo para crear nuevos tipos de aplicaciones descentralizadas. Estas aplicaciones descentralizadas (o «dapps») obtienen los beneficios de la criptomoneda y la tecnología blockchain. Son confiables y predecibles, lo que significa que una vez que se «cargan» en Ethereum, siempre se ejecutarán según lo programado.

Euphoria: es una serie de televisión americana ofrecida por HBO que aborda los diferentes problemas que un grupo de estudiantes de secundaria experimenta durante esas edades. Retrata situaciones difíciles que involucran las drogas, el sexo, la prostitución, la identidad, el trauma, las redes sociales, la aceptación, el amor y la amistad.

EU Kids Online: es una red de investigación multinacional. Su objetivo es mejorar el conocimiento de las oportunidades, los riesgos y la seguridad en línea de los niños europeos. Utiliza múltiples métodos para mapear la experiencia de los niños y los padres en Internet, en diálogo con las partes interesadas en las políticas nacionales y europeas.

FaceTune: es una aplicación para dispositivos móviles («app») que sirve para editar, mejorar y retocar fotografías desde un dispositivo iPhone, iPad o Android. La app es usada con frecuencia para editar *selfies*, aunque no es el único uso. Las distintas opciones permiten a los usuarios blanquear sus dientes, eliminar imperfecciones, hacer que la piel parezca más homogénea, desenfocar, difuminar e incluso redefinir formas y contornos.

Feed: es una palabra en inglés que se puede traducir al español como alimentar. En el contexto de las redes sociales significa el medio donde los usuarios mantienen actualizados sus perfiles a través de contenido que suben al mismo y que pueden ser fotos, otros post o textos.

Feedback: palabra en inglés que se traduce al español como retroalimentación.

Final Fantasy: es una franquicia que se centra en una serie de fantasía y ciencia ficción de videojuegos jdr (juegos de rol).

Forest: es una aplicación de productividad que te permite manejar y reducir el uso de los dispositivos móviles a través de la recompensa de plantar árboles alrededor del mundo. La aplicación te permite ganar créditos que puedes utilizar para plantar árboles si logras mantenerte enfocado en una actividad y disminuir el uso de los dispositivos móviles. https://www.forestapp.cc

Fortnite: es un videojuego del año 2017 desarrollado por la empresa Epic Games, lanzado como diferentes paquetes de software que presentan distintos modos de juego, pero que comparten el mismo motor de juego y mecánicas.

GameFly: es un servicio privado de suscripción de alquiler de videojuegos en línea estadounidense que se especializa en proporcionar juegos para consolas de juegos y consolas de juegos portátiles.

GameQuitters: es una comunidad de apoyo para las personas con adicciones a los videojuegos.

Gamers: palabra en inglés traducida al español como jugador de videojuegos. Se refiere a aquellas personas a quienes le gustan los videojuegos.

GameSpot: sitio web de videojuegos que da información acerca de los próximos juegos que se van a lanzar en la web, y los avances, reseñas, descargas y noticias de los juegos que se van a lanzar o que ya se han lanzado.

Gaming PC: Son computadoras especializadas para jugar videojuegos que resaltan por sus características de procesamiento gráfico y velocidad de procesamiento.

Gestapo: fue la policía secreta oficial de la Alemania nazi, dirigida desde 1936 por Reinhard Heydrich hasta su muerte en el atentado de Praga en 1942. En el libro se hace mención a este término en relación al estilo de paternidad excesivamente autoritaria.

Ghandi (Mahatma Ghandi): fue el dirigente más destacado del Movimiento de independencia de la India contra el Raj británico, para lo que practicó la desobediencia civil no violenta, además de pacifista, político, pensador y abogado hinduista indio.

Googleo: es un modismo y jerga local de casi todos los países de habla hispana que se refiere a la acción de buscar algún objeto, palabra o termino utilizando el motor de búsqueda Google en el internet.

Google Lens: es una aplicación móvil de reconocimiento de imagen desarrollada por Google. Está diseñada para mostrar información relevante usando análisis visual.28

GPSWOX: aplicación satelital en línea que se utiliza para el seguimiento geográfico de dispositivos y vehículos. Su dirección en la web es: www.gpswox.com

Grand theft Auto: es una serie de videojuegos de acción y aventura con alto contenido violento y agresivo por lo que es recomendado solo para mayores de edad. El juego se basa en un mundo abierto donde los jugadores tienen que completar misiones para progresar en el mismo. Generalmente los protagonistas son antihéroes ya que involucra diferentes actividades consideradas delictivas.

Grooming: es una serie de conductas y acciones delictivas emprendidas por un adulto, a través de internet, con el objetivo deliberado de ganarse la amistad de un menor de edad, creando una conexión emocional con el mismo, con el fin de disminuir las preocupaciones del menor y poder abusar sexualmente de él. En algunos casos, se puede buscar la introducción del menor al mundo de la prostitución infantil o la producción de material pornográfico.

Halo: franquicia de videojuegos de ciencia ficción. La serie se centra en una guerra interestelar entre la humanidad y una alianza teocrática de alienígenas conocidos como Covenant o Pacto, y más tarde, se encontrarán más amenazas como los Floods y los Prometeos.

Hallmark: es una famosa compañía estadounidense que en sus principios se dedicó a la elaboración y venta de tarjetas de felicitaciones.

Harry Potter: es una serie de novelas fantásticas escrita por la autora británica J. K. Rowling, en la que se describen las aventuras del joven aprendiz de magia y hechicería Harry Potter y sus amigos Hermione Granger y Ron Weasley, durante los años que pasan en el Colegio Hogwarts de Magia y Hechicería. El argumento se centra en la lucha entre Harry Potter y el malvado mago lord Voldemort, quien asesinó a los padres de Harry en su afán de conquistar el mundo mágico.

Haters: en el mundo virtual, son personas que muestran sistemáticamente actitudes negativas u hostiles ante cualquier publicación, post, foto o comentario de otro usuario o generador de contenido y sin razón aparente.

Huácala: término utilizado para expresar asco.

Influencers: una celebridad de internet, personalidad de internet, influyente, influidor, influenciador, influente, o el anglicismo *influencer*, es una persona que se ha hecho famosa a través de internet. Estas personalidades se caracterizan por tener una comunidad de seguidores en las principales redes sociales, los cuales consideran a esas personas como líderes de opinión y están dispuestas a seguir y compartir sus mensajes.

Input: palabra en inglés que significa aporte.

Instagram: es una aplicación digital y red social de origen estadounidense, propiedad de Facebook (Meta), cuya función principal es poder compartir fotografías, videos con otros usuarios y compartir videos o sesiones en tiempo real. Se puede utilizar en diversos dispositivos digitales.

Ipad: dispositivo electrónico conocido como tableta desarrollado y comercializado por Apple.

Iphone: es una línea de teléfonos inteligentes de alta gama diseñada y comercializada por la empresa Apple Inc. Ejecuta el sistema operativo móvil iOS, conocido hasta mediados de 2010 como «iPhone OS».

Ipod: es una línea de reproductores de audio digital portátiles diseñados y comercializados por Apple Inc. Fue presentado por primera vez el 23 de octubre de 2001 por Steve Jobs.

Ir de pinta: modismo mexicano y jerga local que utilizan los jóvenes para referirse a que faltaron a clases en la escuela.

Kickboxing: es una disciplina de ejercicio basada en el deporte de combate japonés que mezcla el boxeo con las artes marciales.

Kinder: palabra en inglés que se refiere al nivel pre-escolar educativo.

La Traes: juego infantil de persecución muy popular entre los niños en edades de primaria.

Las reus: es un modismo mexicano y jerga local que utilizan los jóvenes para referirse a las fiestas o reuniones sociales que comparten entre ellos.

Learning Work for Kids: es una plataforma que provee de guías de aprendizaje detalladas para los juegos y aplicaciones más populares de la actualidad. Además promueve el entrenamiento del cerebro de los niños para el éxito con herramientas digitales para el desarrollo académico y cognitivo.

Lego: es un bloque de construcción que sirve como un juego infantil para niños en edades primarias. El nombre del bloque de construcción hace referencia al nombre de la marca, el cual es propiedad de la compañía danesa Lego System A/S.

Likes: es una característica o funcionalidad de algunas aplicaciones digitales como redes sociales, foros de internet, blogs y webs de noticias donde los usuarios pueden, a través de un botón (generalmente un emoji), expresar su opinión, reaccionar o apoyar el contenido.

Live: transmisión en vivo a través de una plataforma digital.

Live360: es una aplicación digital que te provee servicios de localización. De forma práctica permite localizar un teléfono que previamente haya dado sus permisos para ser localizado dentro de la plataforma.

Locker: palabra en inglés que traducida al español significa armario.

LSE: iniciales de la institución educativa London School of Economics.

Lyft: es una compañía estadunidense que proporciona a sus clientes servicios de transportes con conductor a través de su aplicación digital.

Mall: palabra en inglés que significa en español plaza comercial.

Marketing: el conjunto de prácticas y principios que tienen como objetivo principal aumentar el comercio, especialmente la demanda.

Masacre de Columbine: fue un tiroteo escolar ocurrido el 20 de abril de 1999 en Columbine (Colorado, Estados Unidos). El ataque también involucró una bomba de fuego para distraer al equipo de bomberos (tanques de propano convertidos en explosivos colocados en la cafetería) y 99 artefactos explosivos. Los perpetradores eran los estudiantes de último año, Eric Harris y Dylan Klebold, quienes asesinaron a 15 estudiantes y a un profesor. Además, lesionaron a otras 24 personas y tres más resultaron heridas al intentar escapar de la escuela. Los perpetradores se suicidaron posteriormente.

Me cachó: expresión de la jerga local de diferentes países de Latinoamérica que se refiere a la situación en la que una persona descubre las intenciones de otra persona.

Metacritic: es un sitio web que recopila reseñas de álbumes de música, videojuegos, películas, programas de televisión, dvd y libros.

Meter la pata: dicho popular que significa «equivocarse siendo inoportuno».

Minecraft: es un videojuego de construcción, de tipo «mundo abierto» o sandbox. Se puede utilizar en diferentes dispositivos digitales y consolas de videojuegos.

MIT Tech review: es una revista perteneciente en su totalidad al Instituto de Tecnología de Massachusetts, y editada independientemente de la universidad.

Netflix: es una empresa de entretenimiento y un servicio por suscripción estadounidense que opera a nivel mundial y cuyo servicio principal es la distribución de contenidos audiovisuales a través de una plataforma en línea o servicio de video bajo demanda por retransmisión en directo.

NFL: La National Football League (NFL), en español conocida como Liga Nacional de Fútbol Americano, es la mayor liga de fútbol americano profesional de Estados Unidos.

Nintendo Entertainment System: es la segunda consola de sobremesa de Nintendo, y es una videoconsola de ocho bits perteneciente a la tercera generación en la industria de los videojuegos. Fue lanzada por Nintendo en Norteamérica, Europa y Australia entre 1985 y 1987.

No te Freakees: Es una expresión y modismo perteneciente a la jerga local de los jóvenes que significa «No te asustes o te espantes».

Nude/Sext: palabra en inglés que significa desnudo. En el mundo digital un *Nude* o *Sext* se refiere a imágenes o videos que se envían de forma voluntaria a través de dispositivos móviles, en las cuales las personas pueden aparecer con poca ropa, en lencería, desnudos o en posiciones eróticas.

Once: Es el personaje principal de la serie *Stranger things*.

Pack: palabra en inglés que significa paquete. En el mundo digital un *Pack* se refiere al conjunto de imágenes o videos (nudes) que se envían de forma simultánea.

Páginas *web*: es un documento o información electrónica capaz de contener texto, sonido, video, programas, enlaces, imágenes, hipervínculos y muchas otras cosas, adaptada para la llamada World Wide Web (www), y que puede ser accedida mediante un navegador web. Esta información se encuentra generalmente en formato html o xhtml, y puede proporcionar acceso a otras páginas web mediante enlaces de hipertexto. Frecuentemente también incluyen otros recursos como pueden ser hojas de estilo en cascada, scripts e imágenes digitales, entre otros.

Paw Patrol: es una serie infantil de animación canadiense creada por Keith Chapman (que también ha creado Bob el constructor) y producida por Guru Studio.

Pegados: Es un modismo y jerga local que hace referencia al uso continuo y extendido de algún dispositivo digital. Su origen hace referencia a la comparación de un electrónico que necesita estar conectado constantemente a la fuente de poder para poder ser utilizado.

PEGI (Pan European Game Information): es un sistema de clasificación europeo del contenido de los videojuegos y otro tipo de software de entretenimiento. El sistema pegi se aplica en 25 países sin tener relación alguna con la Unión Europea.

Phishing: es un término informático que distingue a un conjunto de técnicas que persiguen el engaño a una víctima ganándose su confianza haciéndose pasar por una persona, empresa o servicio en el que podrían confiar (suplantación de identidad de un tercero de confianza), para manipularla y hacer que realice acciones que no debería hacer (por ejemplo revelar información confidencial o hacer *click* en un enlace).

Ping-Pong: También conocido como Tenis de mesa, es un deporte de raqueta que se disputa entre dos jugadores o dos parejas (dobles).

Pitch de ventas: es el discurso o argumentos que utilizan los vendedores para convencer a un posible cliente de que compre determinado producto o adquiera un servicio.

Podcasts: es una serie episódica de archivos de audio o vídeo que un usuario puede descargar a un dispositivo personal para escuchar fácilmente.

Popus: es un modismo mexicano y jerga local que utilizan los jóvenes para referirse a las personas populares de una institución típicamente educativa.

Por donde iba el rollo: expresión popular e informal que se refiere al entendimiento de en qué etapa se encuentra un conflicto o problema.

PornHub: es el sitio pornográfico más grande del mundo. Pornhub comenzó en Montreal, como sitio de fotografías profesionales y amateur en 2007.

Post Box: aplicación del correo electrónico que funciona con los diferentes sistemas operativos que te permite administrar de forma eficiente todos los correos que un usuario pueda tener en un solo espacio digital.

Prank: palabra en inglés que traducida al español significa broma. También se le refiere como burla que se define como la acción, ademán o palabras con que se procura poner en ridículo a alguien o algo.

ProAna: es como se denominan a las personas con anorexia que se consideran a sí mismas como un grupo o una subcultura, y que promueven la anorexia nerviosa como un estilo de vida.

ProCreate: aplicación digital para la creación de diseños, ilustraciones y pinturas en un ambiente digital. Funciona en tabletas, teléfonos inteligentes y computadoras. Esta aplicación es propiedad de Savage Interactive Pty Ltd.

ProMia: es un grupo o subcultura, que promueve y apoya la bulimia como estilo de vida, en lugar de considerarla un trastorno alimentario.

ProSI (*self injury*): foros en espacios digitales que promueven la autoagresión y automutilación.

Pro-Suicidio: son foros digitales donde los usuarios se comparten información acerca del suicidio.

PS4: PlayStation 4 (abreviada como ps4) es la cuarta videoconsola del modelo PlayStation desarrollada por la empresa Sony Interactive Entertainment.

PS5: PlayStation 5 (abreviada como PS5) es una consola de videojuegos de sobremesa desarrollada por la empresa Sony Interactive Entertainment.

Quedantes: es un modismo mexicano y jerga local que utilizan los jóvenes para referirse a la situación que describe cuando dos personas están juntas pero no se atreven a formalizar una relación amorosa.

RealiZd: es una aplicación móvil de Android que te permite realizar seguimiento de los diferentes usos de tu teléfono.

Retro: significa «Hacia atrás» y hace referencia a lo pasado, o de una época que ya pasó.

Revista *Playboy*: es una revista de entretenimiento para adultos, fue fundada en Chicago, Illinois en 1953 por Hugh Hefner. La revista se ha expandido a Playboy Enterprises, Inc. y es una de las marcas más conocidas a nivel internacional. Además, las ediciones especiales de la revista se publican por todo el mundo.

Ripple: es un proyecto de software libre y un protocolo de pagos que persigue el desarrollo de un sistema de crédito basado en el paradigma peer-to-peer. Cada nodo de la red funciona como un sistema de cambio local, de manera que la totalidad del sistema forma un banco mutualista descentralizado.

Riverdale: es una serie de televisión estadounidense de drama basada en los personajes de *Archie Comics*. La serie sigue la vida de un grupo de adolescentes en el pequeño pueblo Riverdale y explora la oscuridad oculta detrás de su imagen aparentemente perfecta.

Roblox: es una plataforma digital que alberga más de un millón de videojuegos. La particularidad de *Roblox* es que permite jugar videojuegos de forma particular o multijugador en línea en la que los usuarios pueden crear sus propios juegos, mundos virtuales e interactuar con otros usuarios.

Sábado Sensacional: es un programa de televisión de variedades y entretenimiento con gran audiencia en la televisión venezolana. Con más de 48 años de transmisión al aire, es producido y transmitido por el canal Venevisión en Venezuela, y en varios países del continente americano.

Salientes: es un modismo mexicano y jerga local que utilizan los jóvenes para referirse a la situación que se da cuando dos personas tienen interés de tener una relación entre ellas, pero aún no son pareja.

ScreenTime: es una aplicación móvil de IOS que te permite realizar seguimiento de los diferentes usos de tu teléfono.

Scrolling: Se refiere al movimiento en 2D de desplazar de forma vertical u horizontal los contenidos que conforman el escenario de un videojuego o la ventana que se muestra en una aplicación informática (por ejemplo, una página web visualizada en un navegador web).

Selfies: es un autorretrato realizado con una cámara fotográfica, generalmente una cámara digital o un teléfono móvil. Se trata de una práctica muy asociada a las redes sociales, ya que es común subir este tipo de autorretratos a dichas plataformas.

Sega Génesis: es una clásica videoconsola de sobremesa de 16 bits desarrollada por Sega Enterprises, Ltd. Mega Drive fue la tercera consola de Sega y la sucesora de Master System.

Siri: es una inteligencia artificial con funciones de asistente personal a veces con su propia personalidad para iOS, macOS, tvOS y watchOS. Esta aplicación utiliza procesamiento del lenguaje natural para responder preguntas, hacer recomendaciones y realizar acciones mediante la delegación de solicitudes hacia un conjunto de servicios web que ha ido aumentando con el tiempo.

Skins: es una palabra en inglés que se traduce como piel. En el mundo de los videojuegos se refiere a las diferentes apariencias (vestimenta, accesorios, etc.) que se pueden tener para un avatar del jugador y, dependiendo del juego, pueden tener costo o habilitarse a medida que se sube de nivel.

Snapchat: es una aplicación de mensajería para teléfonos inteligentes con soporte multimedia de imagen, video y filtros para fotos de realidad aumentada. Su mayor característica es la mensajería efímera, donde las imágenes y mensajes pueden ser accesibles solo durante un tiempo determinado, como 24 horas, es elegido por los usuarios.

Spoiler: es una palabra en inglés que se traduce como revelación. En este contexto se utiliza como la persona que revela la información y le arruina al otro la sorpresa de conocer el final de una historia.

Spotify: es una aplicación digital multiplataforma con origen sueco-estadounidense, empleada para la reproducción de música vía streaming. Puede utilizarse en teléfonos inteligentes, tabletas y computadoras entre otros dispositivos.

Stalker: palabra en inglés que informalmente significa acosador.

Stories: son publicaciones en redes sociales que pueden verse por 24 horas y luego desaparecen. Se caracterizan por aparecer en unos círculos en la parte superior de las aplicaciones.

Storytelling: palabra en inglés que significa narración. Sin embargo, en el contexto de este libro storytelling se refiere a la capacidad de contar o escribir historias.

Stranger things: es una serie de televisión web estadounidense de suspenso y ciencia ficción coproducida y distribuida por Netflix.

Streak: palabra en inglés que significa racha, sin embargo, en aplicación de mensajería Snapchat significa el número de días consecutivos (conteo) que dos personas se mandan *snaps* (imágenes o videos con o sin textos) de forma directa y consecutiva respetando la comunicación de ida y vuelta. El *streak* o racha se puede romper si se deja de mandar ida y vuelta un *snap* entre estas dos personas.

Streamers: es una persona que transmite en línea a través de una emisión en vivo o video pregrabado. El alcance de los *streamers* en línea ha crecido para incluir diferentes géneros que van desde jugar videojuegos, tutoriales o incluso chats en solitario.

Streaming de videojuegos: *Streaming* se traduce al español como transmisión en directo, por lo tanto, el streaming de videojuegos son la transmisión en directo de videojuegos.

Sygic: es una aplicación digital que se utiliza para la navegación satelital fuera de línea en dispositivos. www.sygic.com

Ted Talk: es una organización estadounidense sin fines de lucro, que se dedica a difundir ideas de gran impacto a través de conferencias de corta duración.

Tellonym: es una aplicación de mensajería gratis donde los usuarios de forma anónima hacen preguntas y buscan respuestas de otros usuarios. Es una forma fácil de recibir y dar retroalimentación de forma anónima.

Teaser: palabra en inglés que se traduce en este contexto como señuelo. Es una práctica utilizada en publicidad para atraer la atención de los potenciales consumidores a través de contenido previo a una campaña o lanzamiento de un producto o servicio que despierta el interés del consumidor.

Tetris: es un videojuego de lógica originalmente diseñado y programado por Alekséi Pázhitnov en la Unión Soviética. Su nombre deriva del prefijo numérico griego *tetra* (todas las piezas del juego, conocidas como Tetrominós que contienen cuatro segmentos) y del tenis, el deporte favorito de Pázhitnov.

The Flow: palabra en inglés que se traduce como «El flujo». También conocido como «la zona», es el estado mental operativo en el cual una persona está completamente inmersa en la actividad que ejecuta. Se caracteriza por un sentimiento de enfocar la energía, de total implicación con la tarea, y de éxito en la realización de la actividad.

The Truman Show: es una película que gira en torno al programa de telerrealidad. Su protagonista, Truman Burbank está frente a las cámaras aun antes de nacer, aunque no era consciente de este hecho. La vida de Truman es filmada a través de miles de cámaras ocultas —las 24 horas del día— y es transmitida en vivo a todo el mundo, permitiendo al productor ejecutivo Christof captar la emoción real de Truman y el comportamiento humano cuando se pone en determinadas situaciones.

Tik Tok: es una red social para compartir videos cortos que acapara una diversidad de géneros como comedia, bailes, educación, *hobbies* entre otros. Es propiedad de la empresa china Byte-Dance.

Toros Coleados: El coleo es un deporte que tiene un origen emparentado con la introducción de la ganadería en los territorios de la actual Venezuela desde mediados del siglo XVI.

Twitch: es una plataforma que permite realizar transmisiones en vivo, la cual es propiedad de Amazon, Inc., esta plataforma tiene como función principal la retransmisión de videojuegos en directo, un campo en el que tiene como competidor a YouTube. Presentado como un subproducto de otra plataforma de *streaming* de interés general, el sitio principalmente se enfoca a los videojuegos, incluyendo «playthroughs» de juegos jugados por usuarios, transmisión de eSports, y otros eventos relacionados con los videojuegos. El contenido del sitio puede ser visto en vivo o bajo demanda.

Twitter: es un servicio de microblogueo. La red permite enviar mensajes de texto plano de corta longitud, con un máximo de 280 caracteres (originalmente 140), llamados *tweets* (aunque esta última acepción no está recogida en la RAE), que se muestran en la página principal del usuario. Los usuarios pueden suscribirse a los *tweets* de otros usuarios – a esto se le llama seguir y a los usuarios abonados se les llama seguidores.

Uber: es una compañía estadounidense que proporciona a sus clientes servicios de transportes con conductor y entrega a domicilio a través de su aplicación digital.

Voleibol: juego entre dos equipos cuyos jugadores, separados por una red colocada en alto en la mitad del terreno, tratan de que el balón, impulsado con las manos, pase por encima de la red al campo contrario.

VSCO: es una aplicación móvil de fotografía dirigida a dispositivos iOS y Android creada por la empresa estadounidense Visual Supply Company.

Wattpad: es una plataforma *online* de lectura y escritura. En ella los creadores pueden publicar novelas, relatos, artículos, poemas, *blogs*, *fanfics*, y muchos otros géneros literarios que los usuarios pueden leer de forma gratuita.

WhatsApp: es una aplicación digital de mensajería instantánea para teléfonos inteligentes.

Xbox: es una marca de videojuegos creada por Microsoft que incluye una serie de videoconsolas desarrolladas por la misma compañía, de sexta a novena generación, así como aplicaciones (juegos), servicios de *Streaming* y el servicio en línea Xbox Live.

YouTube: plataforma digital para compartir videojuegos donde los usuarios pueden subir sus videos o ver videos de otros usuarios. Alberga la mayor cantidad de videos del mundo y es propiedad de Google.

Youtubers: es un productor y gestor de contenido audiovisual que usa YouTube como su plataforma de comunicación.

Zoom: es un programa de software de videochat para realizar video conferencias de forma virtual o digital.

¡Gracias!

Crecer entre pantallas fue escrito durante la pandemia COVID-19 enfrentando diferentes retos y dificultades que interrumpían el trabajo. Ante las dudas siempre platiqué con Dios y encontré en él la fuerza para seguir. Gracias por mantenerte a mi lado hasta el final.

A Víctor, mi esposo, mi reconocimiento por tu apoyo absoluto en este y en todos mis proyectos. Gracias por ser mi *cheerleader*, asesor y velar por mí como ninguna otra persona. Siempre me sentiré orgullosa de que el primer libro que leíste sobre *Parenting* haya sido *Crecer entre pantallas*.

A mis hijos Isabella e Ignacio, por ser mis grandes maestros y enseñarme a amar incondicionalmente.

Muchas gracias a Carmen Verde Arocha, editora de mi primera autopublicación, por todo tu talento y pasión por la escritura. Soy afortunada de haberte encontrado en mi camino y de haber contado con el apoyo y profesionalismo, tanto tuyo como de Rafael González García, y de todas las personas que conforman tu equipo editorial.

Quiero agradecerte Alejandra Martínez por todo tu trabajo y apoyo para conseguir que el mensaje de *Crecer entre pantallas* llegue a más familias e instituciones que puedan beneficiarse de él.

A Larisa Curiel por tu recibimiento, apertura, guía y acompañamiento en la elaboración de esta edición de *Crecer entre pantallas*.

A todos los profesionales que generosamente dedicaron su tiempo y conocimiento para revisar, darme su retroalimentación y mejorar el entendimiento y la profundidad de los contenidos de mi investiga-

412 • CRECER ENTRE PANTALLAS

ción, en especial a: los psicólogos Ángeles Perez-Verdía, Javier Martínez, Mtro. Ernesto Pérez Castro, Maribel Kuri, Lorena Aguirre, Rubén La Rosa, Gabriela Rosales, Rosario Vásquez, y también a Gonzalo Ruy-Díaz, Gabriela Muñoz, Jessica Aranalde, Ana Belén Torreslanda, Claudia Di Pierri y Gema Caubet.

Mi gratitud a todas las escuelas, organizaciones y familias que me han abierto las puertas en los últimos años, por todas sus enseñanzas obtenidas por medio de las conferencias, talleres y asesorías.

A mi familia Fortuny y Olea, porque, gracias a crecer junto a ustedes, he podido aprender a ser mejor madre, esposa, hija, profesional y persona.

Gracias también a Cristina Pérez, por ser mi mano derecha, cuidarme y hacer que muchas cosas de la vida de mi familia funcionen mientras doy conferencias y escribo un libro.

Y por último, pero no menos importante, dedico unas palabras a todos los niños y adolescentes: Ustedes que han compartido conmigo sus experiencias buenas, malas, tristes y dolorosas. Gracias por abrirme las puertas y darme la oportunidad de entender mejor cómo es para ustedes crecer entre pantallas.

C.F.

Datos de contacto

Email: hola@cristinafortuny.com
Instagram: @CristinaFortuny
Facebook: @CristinaFortuny
Twitter: @CristinaFortuny
TikTok: @CristinaFortuny
LinkedIn: @CristinaFortuny
Web: www.cristinafortuny.com